Radikal Welt verändern

Papst Franziskus und die Sozialen Bewegungen

Benedikt Kern

Radikal Welt verändern

Papst Franziskus und die Sozialen Bewegungen

Benedikt Kern

Mit einem Vorwort von Norbert Arntz

Edition ITP-Kompass, Bd. 24
Münster 2018

Bibliographische Information der Deutschen Bibliothek: Die Deutsche Nationalbibliothek verzeichnet diese Publikation in der Deutschen Nationalbibliographie; detaillierte bibliographische Daten sind im Internet über <http://dnb.dnb.de> abrufbar.

Radikal Welt verändern

Papst Franziskus und die Sozialen Bewegungen

Benedikt Kern

Umschlaggestaltung: David Hellgermann

Satz/Layout: Benedikt Kern

Münster 2018

Druck: Books on Demand GmbH, Norderstedt
ISBN: 978-3-9816982-7-5

„Sagen wir es ganz unerschrocken: Wir brauchen und wir wollen eine Veränderung. [...] Ich frage mich, ob wir fähig sind zu erkennen, dass diese zerstörerischen Wirklichkeiten einem System entsprechen, das sich über den ganzen Globus erstreckt. Erkennen wir, dass dieses System die Logik des Gewinns um jeden Preis durchgesetzt hat, ohne an die soziale Ausschließung oder die Zerstörung der Natur zu denken? Ja, so ist es, ich beharre darauf, sagen wir es unerschrocken: Wir wollen eine Veränderung, eine wirkliche Veränderung, eine Veränderung der Strukturen. Dieses System ist nicht mehr hinzunehmen; die Campesinos ertragen es nicht, die Arbeiter ertragen es nicht, die Gemeinschaften ertragen es nicht, die Völker ertragen es nicht... Und ebenso wenig erträgt es die Erde."

(Papst Franziskus, 2015)

„Jede erfolgreiche Blockade von neofaschistischen Demonstrationen, jede Überwindung einer Polizeikette für Klimagerechtigkeit, jedes Aufmucken gegen Rassismus in der Öffentlichkeit, jedes Verlieren der Angst angesichts angedrohter polizeilicher Ermittlungen, das Geradestehen am Arbeitsplatz für Solidarität, das Einstehen für Feminismus, jedes durchgesetzte Kirchenasyl, jede antifaschistische Konferenz und besiegter Miethai: All diese Handlungen sollten für uns kein individueller Ungehorsamsakt sein, sondern der politische Widerstand gegen die autoritäre Formierung unserer Gesellschaften und ein Akt für die Erringung unserer kollektiven Freiheit in Solidarität."

(Interventionistische Linke, 2018)

Inhalt

Vorwort

Rückenwind für eine kulturelle Revolution

Norbert Arntz

„Wenn es um das Evangelium der Ausgegrenzten geht, steht unsere Glaubwürdigkeit auf dem Spiel“, sagte Papst Franziskus am 15. Februar 2015 den neu ernannten Kardinälen.[1]

An dieser und vielerlei ähnlichen Aussagen des Papstes wird eine „kulturelle Revolution von oben“ in der katholischen Kirche erkennbar. Benedikt Kern legt in diesem Buch Argumente dafür vor, dass und wie die Sozialen Bewegungen, die Bewegungen der „Armen mit Geist“ einen Orientierungspunkt darstellen können für die Kirche, die ihre imperiale Vergangenheit verlassen und zu einer Kirche an der Seite der „kleinen Leute“ werden will. Einer solchen Kirche geht es darum, ihre parteiliche, prophetische und messianische Sendung im Blick auf das Reich Gottes immer glaubwürdiger leben zu können. Der Leser und die Leserin haben also ein Buch in der Hand, das diese von Papst Franziskus angestoßene „kulturelle Revolution“ nicht nur begleitet und beschreibt, sondern darüber hinaus ihre weiter reichenden Herausforderungen analysiert und bewertet.

---

1 Papst Franziskus: Predigt anlässlich der Eucharistiefeier mit den neuen Kardinälen. Rom, 15.02.2015. http://w2.vatican.va/content/francesco/de/homilies/2015/documents/papa-francesco_20150215_omelia-nuovi-cardinali.html. Abgerufen am 24.03.2018.

Option wegen der Armen

Bislang waren die Armen zumeist Objekte der Solidarität, sie waren die EmpfängerInnen guter Werke, besonders zu Weihnachten. In vielen kirchlichen Kreisen war eindeutig, dass man sich um die Armen zu kümmern hatte. Man folgte sogar einer „Option *für* die Armen", wie sie in Lateinamerika formuliert war, hatte aber nicht ausreichend verstanden, dass es dabei nicht um Fürsorge für die „Schwachen" der Gesellschaft ging. Der Mangel an Verständnis für die Armen hatte mit dem Mangel an Verständnis für die Realität der Armen und für den Zusammenhang zwischen Armut und Reichtum zu tun.

Ein Beispiel: Die hungrigsten Wesen mit der größten Kaufkraft sind heute die Autos. Sie verlangen nach Getreide und verfügen über Kaufkraft. Also wird Getreide an Autos verfüttert. Hungernde Menschen dagegen haben keine Kaufkraft. Also gewinnen die Autos und verschlingen die kleinen Leute. Man steigert die Getreideproduktion, um Biotreibstoffe herzustellen, und senkt die Nahrungsmittelproduktion für die Menschen, macht aber außerdem die Nahrungsmittel zum Spekulationsobjekt. So *ver-rückt* ist unsere derzeitige Welt. An dieser *Ver-rücktheit* wird die globale Krise, in der wir stecken, sichtbar, deren erste Opfer die Ausgegrenzten sind.

Deshalb trifft Papst Franziskus eine Option *wegen* der Armen. Mit Franziskus haben die Armen ohne Mitspracherecht und ohne Organisation, die Hilfsbedürftigen einen entschiedenen und kenntnisreichen Anwalt. Er ist davon überzeugt, dass die organisierten Armen die Stärke besitzen, die Geschichte zu verändern. Er – und wir mit ihm – glauben: Die Geschichte der Menschheit wird sich solange nicht ändern, bis ein Weg gefunden ist, das Prinzip der Gleichheit und uneingeschränkten Menschenwürde auf die Armen der Erde auszudehnen.

Als erster Papst der Neuzeit sucht Franziskus den direkten Kontakt zu Verantwortlichen von Sozialen Bewegungen aus aller Welt. Bei mehreren Treffen in Rom und in Bolivien bestärkt er Frauen und Männer aus allen Erdteilen in ihrer Selbstorganisation; Männer und Frauen, die engagiert sind in den Bewegungen landloser Bauern, ausgeschlossener Arbeitender, VertreterInnen selbstgeführter Betriebe, MigrantInnen und BewohnerInnen von Elendsvierteln.

> „Die Zukunft der Menschheit liegt nicht allein in den Händen der großen Verantwortungsträger, der bedeutenden Mächte und der Eliten. Sie liegt grundsätzlich in den Händen der Völker; in ihrer Organisationsfähigkeit und auch in Euren Händen. [...] Keine Familie ohne Wohnung, kein Campesino ohne Grund und Boden, kein Arbeiter ohne Rechte, kein Volk ohne Souveränität, kein Mensch ohne Würde, kein Kind ohne Kindheit, kein Jugendlicher ohne Möglichkeiten, kein alter Mensch ohne ein ehrwürdiges Alter. Macht in Eurem Kampf weiter und sorgt bitte dringend für die Mutter Erde!", sagt Franziskus beim Treffen in Bolivien.[2]

Das Evangelium der Ausgegrenzten

Evangelisieren hat nichts mit Proselytenmacherei zu tun, Mission nichts mit „geistlicher Eroberung". Dem Evangelium dienen heißt, seine Botschaft von der göttlichen Würde jedes Lebens zu bezeugen. Missionarisch sein heißt, für den Aufbau einer besseren Welt einzutreten; Initiativen in Gang zu bringen, die das Reich Gottes gegenwärtig machen, indem sie es aufzeigen und ausweiten. Aber eben ausgehend von den Armen, von den Letzten, von denjenigen, welche die Gesellschaft als „Abfall" betrachtet. Das Evangelium ist für den Papst „die Revolution der zärtlichen Liebe". „Der ganze Weg unserer Erlösung ist von den Armen geprägt. Dieses

---

2 Papst Franziskus: Ansprache zur Teilnahme am Welttreffen der Volksbewegungen, Messegelände „Expo Feria", Santa Cruz de la Sierra, 09.07.2015. http://w2.vatican.va/content/francesco/de/speeches/2015/july/documents/papa-francesco_20150709_bolivia-movimenti-popolari.html. Abgerufen am 24.03.2018. Abgedruckt im Anhang. Zitiert als: Ansprache 2015.

Heil ist zu uns gekommen durch das ‚Ja' eines einfachen Mädchens aus einem kleinen abgelegenen Dorf am Rande eines großen Imperiums" (EG 197). In diesen wenigen Worten wird das Evangelium der Ausgegrenzten charakterisiert; es überwindet die Spaltung zwischen spiritueller Orientierung einerseits und den politischen, kulturellen bzw. ökonomischen Verhältnissen andererseits, weil es um das Heil des ganzen Lebens geht.

Entschieden erteilt der Papst daher allen Mächten und Gewalten eine Absage, die das Leben von Mensch und Natur bedrohen. Ja, er gibt dieser Absage den Rang des Tötungsverbots aus dem Dekalog: „Ebenso wie das Gebot ‚Du sollst nicht töten' eine deutliche Grenze setzt, um den Wert des menschlichen Lebens zu sichern müssen wir heute Nein sagen: Nein zu einer Wirtschaft der Ausschließung, also einer Wirtschaft, die tötet" (EG 53-60).

Evangelisieren heißt, den Gott des realen und konkreten menschlichen Lebens gegen die Götzen des Todes in Stellung zu bringen. Es geht dem Papst nicht mehr in erster Linie um die Bekämpfung von Atheismus, Rationalismus oder Relativismus, sondern um die Entlarvung des Götzendienstes. Nur wenn man Abschied nimmt von den Götzen von Macht und Markt, wird man den Gott des Lebens entdecken, der keine Menschenopfer will. Der vielmehr will, dass der reale und konkrete Mensch, mit Leib, Seele und Geist, daher auch mit seinem Beziehungsnetz zu anderen Menschen und zur Mutter Erde wieder in seinen Vorrang vor allen gesellschaftlichen Institutionen eingesetzt wird. „Der Sabbat ist für den Menschen da, nicht der Mensch für den Sabbat!" (Mk 2,27).

Ton und Inhalt der bisher bekannten katholischen Soziallehre machen mit Franziskus einen qualitativen Sprung: Die heutige Wirtschaft ist weder rational noch säkularisiert, sondern beherrscht vom „Fetischismus des Geldes". So wie Israel gegen das „goldene Kalb" zu kämpfen hatte, hat die Jesus-Bewegung heute gegen den Götzendienst von Geld, Markt und Kapital zu kämpfen. Das sind irdische Götter, keine metaphysischen Größen, die jenseits der Wolken in eine religiöse Konkurrenz zum Gott des Lebens treten. Diese irdischen Götter haben vielmehr reale Macht über die Gedanken, Herzen und Gehirne der Menschen. Sie verlangen Menschenopfer und bestreiten den Vorrang des menschlichen Lebens vor dem Sabbat und allen Institutionen. Aber die Menschen merken gar nicht mehr, dass in der Wirtschaft, die tötet, Menschenopfer dargebracht werden. Ihre Gedanken und Herzen sind bereits so verformt, dass sie es für „marktkonform" halten, wenn Menschen überflüssig gemacht und als Abfall betrachtet werden.

Was auf dem Spiel steht

Wir haben es heute mit einem politisch-theologischen Komplex zu tun, der die Kirche zu instrumentalisieren trachtet. Man verwendet die theologische Argumentation (selektiv gesiebter) kirchlicher Tradition im westlich-kapitalistischen Interesse. Westliche Industrielle, PolitikerInnen und Militärs suchen auf geschickte Weise, die eigenen ordnungs- und geopolitischen mit den kirchenoffiziellen Interessen zu liieren. Der ehemalige Präsident von Uruguay (1984-1989 und 1995-2000), Julio Sanguinetti, verlangte kürzlich vom Papst eine marktkonforme Einstellung:

> „Als Bürger möchte ich jedoch, dass er [der Papst] dazu beiträgt, die Freiheit des Einzelnen, demokratische Systeme und eine moderne Wirtschaft zu verteidigen, die - von stets reparierenden Sozialgesetzen reguliert - Wohlstand schafft, den sie verteilen kann."[3]

Es geht der politischen Klasse darum, die Armen von den Brosamen, die von den Tischen der Reichen fallen, leben zu lassen, aber nicht, die Armut zu beseitigen. Letztlich wollen sie die „Kirche der Armen" als Weltkirche verhindern. Sie wittern – nicht zu Unrecht – eine Gefahr: Wenn im Himmel eine Revolution stattfindet, lässt

3 Sanguinetti, Julio: Entre el cielo y el barrio. https://elpais.com/elpais/2018/-02/13/opinion/1518543806_514377.html. Abgerufen am 24.03.2018.

sie auf der Erde nicht lange auf sich warten. Genau aus diesem Grunde darf die Kirche das Spiel der ungerechten, hinterhältigen und eigennützigen Systeme nicht mitspielen, die die Armen am liebsten unsichtbar machen würden.

Schon während der Kampagne gegen die Befreiungstheologie, und verstärkt seit der „neoliberal-kapitalistischen Revolution" in den 80er und 90er Jahren des 20. Jahrhunderts, insbesondere aber seit Steve Bannon, der ehemalige Trump-Berater, und seine Breitbart-News in den USA sowie die AfD und ihre „Freie Welt" in Deutschland, Papst Franziskus als Marxisten – oder noch schlimmer: als Kommunisten – auf dem Papststuhl angreifen, können institutionelle Form, Amtsausübung und lehramtliche Theologie in der Kirche also nicht mehr allein unter „religiösen" Vorzeichen betrachtet werden.

Auf diesen streitbaren Dialog mit seinen Auswirkungen auf das Wachstum im Verständnis des Evangeliums, im Selbstverständnis der Kirche und deren Dienst in der Welt lässt Benedikt Kern sich in diesem Buch ein. Er tut es in der Überzeugung, über diese Themen ein wahres Wort mitsprechen zu können. Wahr ist sein Wort aus der Rückbindung an die Ur-Kunde unseres Glaubens, aus Nähe und Erleben des Kampfes von Ausgegrenzten und der Reflexion einer durch Papst Franziskus in Gang gesetzten kirchlichen Mobilisierung.

Benedikt Kerns Argumentation steht im Einklang mit dem Kriterium, das Papst Franziskus jeder und jedem, die Theologie treiben wollen, abverlangt:

> „Die Fragen der kleinen Leute, ihre Leiden, ihre Auseinandersetzungen, ihre Träume, ihre Kämpfe, ihre Sorgen besitzen einen hermeneutischen Wert, den wir nicht unbeachtet lassen dürfen, wenn wir das Prinzip der Menschwerdung ernst nehmen wollen. Ihre Fragen tragen dazu bei, dass wir uns Fragen stellen. Ihre Probleme stellen uns vor Probleme. All das hilft uns, das Geheimnis des Wortes Gottes zu vertiefen:[...] Unser Gott hat diesen Weg gewählt. Er ist in dieser von Konflikten, Ungerechtigkeiten, Gewalt

durchzogenen, von Hoffnungen und Träumen durchzogenen Welt, Mensch geworden. Uns bleibt daher kein anderer Ort, ihn zu suchen, als diese konkrete Welt. Auf ihren Straßen, in ihren Stadtvierteln, in ihren Menschen - dort wirkt er bereits sein Heil. [...] Die Menschen und ihre verschiedenen Konfliktsituationen, die Randgebiete sind keine Optionen, sondern notwendig für ein größeres Glaubensverständnis. Daher ist es wichtig, sich zu fragen: An wen denken wir, wenn wir Theologie betreiben? Welche Menschen haben wir vor Augen?“[4]

Benedikt Kern hat die Ausgegrenzten in Europa vor Augen, wenn er in diesem Buch Theologie treibt. Ich wünsche seinen Reflexionen ein wirksames Echo in der Gesellschaft und Kirche Deutschlands. Und ich hoffe, dass damit der Rückenwind für eine kulturelle Revolution stärker wird, die Oscar A. Romero bereits gefordert hatte: „Gott wird geehrt, wo und wenn die Armen leben können!“

Kleve, den 24. März 2018
dem Gedenktag des Märtyrerbischofs der Menschenrechte
Oscar A. Romero,
den die kleinen Leuten bereits heilig gesprochen haben.

Norbert Arntz

4 Papst Franziskus: Botschaft zum 100. Jahrestag der theologischen Fakultät der katholischen Universität von Argentinien. 01.-03.09.2015. http://w2.vatican.va/content/francesco/es/messages/pont-messages/2015/documents/papa-francesco_20150903_videomessaggio-teologia-buenos-aires.html. Abgerufen am 24.03.2018.

1. Hinführung

Papst Franziskus und die Sozialen Bewegungen – eine unübliche Verbindung

Radikal Welt verändern, das ist gewissermaßen das Programm Sozialer Bewegungen, die sich weltweit in einer neoliberal-kapitalistischen Wirklichkeit gegen Kriege, Ausbeutung, Umweltzerstörung, Rassismus, Sexismus, Antisemitismus, Nationalismus und gesellschaftliche Ausgrenzung richten und ihre kollektive Solidarität als als eine Gegenmacht stark machen. *Radikal Welt verändern* ist aber auch das Programm von Papst Franziskus, der sich zum Ziel gesetzt hat, eine Kirche der Armen aufzubauen, die sich entgegen einer „Globalisierung der Gleichgültigkeit"[5] an die Peripherien begibt und prophetisch zur Veränderung der Strukturen, die entsetzliches menschliches Leid erzeugt, beiträgt. *Radikal Welt verändern* ist also eine gemeinsame Perspektive, die die AkteurInnen sozialer Kämpfe und Franziskus eint.

Die Welttreffen der Sozialen Bewegungen, zu denen Papst Franziskus bereits dreimal seit 2014 eingeladen hat, können als außergewöhnliche Ereignisse dieses Pontifikats betrachtet werden. Dies liegt zum einen daran, dass es bisher noch keine solche Treffen von emanzipatorischen Basisbewegungen im Vatikan gab und zum anderen an den politisch und theologisch sehr bemerkenswerten Ansprachen, die Papst Franziskus hier gehalten hat.

---

5 Die „Globalisierung der Gleichgültigkeit" hat Papst Franziskus bei seinem Besuch auf der Insel Lampedusa angeklagt und seit dem diesen Begriff immer wieder aufgenommen (vgl. Papst Franziskus: Predigt beim Besuch auf der Flüchtlingsinsel Lampedusa, 08.07.2013. http://w2.vatican.va/content-/francesco/de/homilies/2013/documents/papa-francesco_20130708_omelia-lampedusa.html. Abgerufen am 09.06.2017.)

Den dort versammelten AktivistInnen vermittelte er in seiner Ansprache auf dem dritten Welttreffen 2016 in Rom:

> „Manchmal denke ich, dass ihr tut, was Jesus tat, wenn ihr, die organisierten Armen, eure eigenen Arbeitsplätze erfindet dadurch, dass ihr Kooperativen bildet, eine bankkrotte Fabrik übernehmt und zum Leben erweckt, den Abfall der Konsumgesellschaft recycelt, trotz rauen Wetters auf einem Platz etwas verkauft, ein Stück Land reklamiert, um es zu bebauen und die Hungrigen zu speisen. Dann tut ihr, was Jesus tat, weil ihr die verdorrten Hände des herrschenden sozio-ökonomischen Systems, nämlich die Arbeitslosigkeit, zu heilen versucht, wenn auch nur ein wenig, wenn auch nur vorübergehend. Kein Wunder, dass auch ihr manchmal unter Beobachtung steht und verfolgt werdet. Und es wundert mich auch nicht, dass die Arroganten keinerlei Interesse an dem haben, was ihr zu sagen habt."[6]

Hier weist Franziskus den Sozialen Bewegungen eine politisch zentrale Rolle zu, vergleicht ihre Praxis mit dem Handeln Jesu und verleiht ihr somit auch eine theologische Bedeutung. Das Außergewöhnliche dieser Welttreffen ist also auf der politischen Ebene eine überraschend neue Allianz von römischer Kirche und Sozialen Bewegungen. Gab es doch in der Kirchengeschichte meist ein eher reserviertes, wenn nicht sogar ablehnendes bis antagonistisches Verhältnis der kirchlichen Institutionen zu linken Basisbewegungen. Allzu sehr waren die Päpste und weites Teile des Klerus in der Geschichte meist auf Seiten der Herrschenden positioniert und sahen ihre Aufgabe darin, den Status quo der gesellschaftlichen Verhältnisse durch einen entsprechende ideologischen Überbau zu stützen. Allerdings gab es auch immer Traditionslinien innerhalb der Kirchen, die für eine Positionsübernahme auf Seiten der Armgemachten und Entrechteten standen, wie beispielsweise die Armutsbewegung im Mittelalter, die Waldenser,

6 Papst Franziskus: Ansprache an die Teilnehmer der 3. internationalen Begegnung der Volksbewegungen, Aula Paolo IV, Rom, 05.11.2016. http://w2.vatican.va/content/francesco/de/speeches/2016/november/documents/papa-francesco_20161105_movimenti-popolari.html. Abgedruckt im Anhang. Abgerufen am 09.06.2017. Zitiert als: Ansprache 2016.

der radikale Flügel der Reformation (Thomas Müntzer und die Täuferbewegung), die Jesuitenreduktionen in Lateinamerika, den christlichen Sozialismus und Anarchismus im 19. Jahrhundert, die Arbeiterpriesterbewegung und schließlich die Befreiungstheologie. Vor allem in Lateinamerika gab es eine lange verbindliche Zusammenarbeit in den sozialen Kämpfen von Basisbewegungen und der verfassten Kirche. So wird deutlich, dass es immer auch ChristInnen gab, die theologisch begründet an der progressiven und emanzipatorischen Veränderung der sozialen Verhältnisse gearbeitet haben – auch wenn dies innerhalb der Kirchen meist eine marginale und oft auch unterdrückte Position war und dies auch bis heute ist.

Worauf basiert nun dieses Interesse auf Seiten von Teilen der römischen Kirchenleitung, die strukturellen Ursachen von Verarmung, Ausbeutung und Umweltzerstörung zu bekämpfen und gesellschaftliche Veränderungen zu realisieren? Und wenn dieser Papst in den Sozialen Bewegungen relevante PartnerInnen für die Veränderungen der globalen gesellschaftlichen Verhältnisse erkennt, lässt dann diese Allianz Rückschlüsse für das Verständnis einer Kirchenreform und die Konstituierung einer Kirche der Armen im 21. Jahrhundert zu?

Ebenso stellt sich jedoch auch die Frage, inwiefern diese anfängliche Allianz auch auf theologischer Ebene als eine überraschende Umkehr gesehen werden muss – erst recht vor dem Hintergrund des Reformprogramms, das Franziskus seit dem Beginn seines Pontifikats unter die Vision einer Kirche der Armen gestellt hat. Worin besteht das theologische Konzept einer Kirche, die sich an den Kämpfen an der Peripherie beteiligt?

Gerade aus einer befreiungstheologischen Perspektive ist es von hoher Relevanz, die Welttreffen sowohl politisch als auch theologisch in den Blick zu nehmen, sie einzuordnen und daraus einerseits Rückschlüsse für die Ekklesiologie und Pastoral und andererseits für die politische Praxis zu ziehen.

Dieses Buch will einen Beitrag dazu leisten, die in der Öffentlichkeit kaum wahrgenommenen und in der Theologie weitestgehend unbeachteten Auseinandersetzungen um die Welttreffen der Sozialen Bewegungen mit Papst Franziskus zu popularisieren. Zum zweiten soll damit die hohe Relevanz von emanzipatorischen Sozialen Bewegungen als Akteurinnen *von unten* in den globalen und lokalen Kämpfen um Veränderung verdeutlicht und aufgezeigt werden, dass dies von zentraler Bedeutung für die Theologie und die Praxis von ChristInnen ist. Drittens ist die Intention dieses Buches, einen Interpretationsrahmen für das Reformprogramm von Papst Franziskus zu eröffnen. Dies kann wichtige Ansatzpunkte liefern für befreiungstheologische Überlegungen zu den Möglichkeiten und Grenzen der Kirche in ihrem Beitrag zur befreienden Praxis. Denn es geht schließlich um nichts weniger als *radikal* die *Welt* zu *verändern.*

Für uns als Institut für Theologie und Politik schließen die Welttreffen und die daraus entstehenden politischen und theologischen Fragen sehr konkret an unsere 25-jährige befreiungstheologische Arbeit an der Schnittstelle zwischen Theologie, Kirche und Sozialen Bewegungen an. Dies umfasst eine theologische Auseinandersetzung mit der notwendigen Allianz von ChristInnen mit linken Bewegungen und verortet unser Theologietreiben in unserer konkreten Praxis in Bewegungen, wie den Krisenprotesten gegen die europäische Austeritätspolitik, den Aktionen des Klima-Bündnisses *Ende Gelände*, den antikapitalistischen und globalisierungskritischen Gipfelprotesten wie bei G-20 in Hamburg, der Kirchenasylarbeit und der Mitarbeit in verschiedenen bundesweiten und lokalen politischen Gruppen und Bündnissen. Dabei spielt die Frage nach der Organisierung von linken ChristInnen und ihrer Beteiligung in gesellschaftlichen Auseinandersetzungen mit nicht-kirchlichen politischen AkteurInnen eine wichtige Rolle. Hierbei machen wir die Erfahrung, dass die Kirchen umkämpfte Räume im Ringen um theologische und politische Positionen sind und dass es deshalb darin eine klare Positionierung im Sinne einer parteilichen Kirche der Armen braucht. Dies befreiungstheologisch weiter zu denken, Strategien zu entwickeln und zur Organisierung und widerständigen Praxis anzustiften, ist uns ein wichtiges Anliegen.

So haben wir seit 2014 sehr interessiert die drei Treffen, die Erklärungen der BewegungsvertreterInnen und die Ansprachen des Papstes verfolgt. 2016 waren unsere KollegInnen Julia Lis und Michael Ramminger sowie Tomas Imholz als Vertreter für Blockupy, als deutschsprachige Teilnehmende zum dritten Welttreffen nach Rom eingeladen. Hier konnten wir einen näheren Einblick in die Struktur der Treffen, die dort verhandelten Themen und die politischen Arbeitsfelder der anderen TeilnehmerInnen bekommen. Dies hat dazu beigetragen hierbei einen kritischen Blickwinkel einzunehmen, der sowohl die Chancen als auch die Vorläufigkeiten der Welttreffen ernst nimmt. Im Rahmen meiner Abschlussarbeit im Fach Magister Theologiae konnte ich zwischen 2015 und 2017 hierzu die wissenschaftliche Reflexion verschriftlichen, die die Grundlage für dieses Buch ist.

Die Einblicke, die wir durch die Teilnahme aber auch durch die wissenschaftliche Bearbeitung der Ansprachen des Papstes auf den Treffen sowie der Erklärungen der BewegungsvertreterInnen gewonnen haben, haben uns in der These bestärkt, dass diese Ereignisse ein hermeneutischer Schlüssel zu Franziskus' Verständnis der Kirchenreform in seinem Lehrschreiben *Evangelii Gaudium* (EG)[7] sind: Um eine evangeliumsgemäße Kirche der Armen zu werden, muss sich die Kirche den Kämpfen der organisierten Armen und derer, die an progressiven, solidarischen gesellschaftlichen Strukturen arbeiten, anschließen. Die ersten Schritte hierfür

---

7 Papst Franziskus: Apostolisches Schreiben EVANGELII GAUDIUM des Heiligen Vaters Papst Franziskus an die Bischöfe, an die Priester und Diakone, an die Personen geweihten Lebens und an die christgläubigen Laien über die Verkündigung des Evangeliums in der Welt von heute. 24.11.2013. Sekretariat der Deutschen Bischofskonferenz (Hg.), Bonn 2013. Zitiert als: EG.

hat Franziskus im Austausch mit den Sozialen Bewegungen gewagt. Einer Umkehr der Kirche ist hier anfanghaft ein neuer Raum eröffnet worden. Ihn gilt es jetzt auszubauen und zu verstetigen. Dann kann sich eine Kirche der Armen sowohl in der Praxis der Herstellung neuer globaler Verhältnisse als auch in der notwendigen Veränderung ihrer internen Organisationsform verwirklichen – dann bleibt sie keine selbstgenügsame Kirche mehr, sondern ist um so mehr Erinnerungs- und Verstetigungsort der befreienden Erzählung des Christentums.

Dass ausgerechnet der Papst in diesem Prozess der Umkehr der Kirche eine zentrale Rolle spielt, erscheint paradox und ist keinesfalls frei von Widersprüchen, wie der doppelten Gefahr der Erwartung sowie der Ablehnung von Veränderungen *von oben*. Aus diesem Grund ist es uns wichtig, sich hierzu in ein kritisches Verhältnis zu setzen, damit wirklich eine handlungsfähige Allianz zwischen der Kirche der Armen und den Sozialen Bewegungen möglich wird.[8]

Im Folgenden ist es nun zunächst wichtig zu fragen, was Soziale Bewegungen ausmacht und wie sie für die radikale Weltveränderung von unten kämpfen. Im zweiten Schritt geht es um das Verhältnis der Kirche zu diesen Bewegungen. Im Folgenden werden die drei Welttreffen näher beschrieben und der Fokus auf die Ansprachen des Papstes gerichtet. Auf diesem Hintergrund können dann auch Rückschlüsse für die Kirche der Armen und ihre theologische Bestimmung gezogen werden. Im abschließenden Kapitel dieses Buches wird schließlich eine Kontextualisierung und ein Ausblick für die BRD gewagt.

---

8 Geitzhaus, Philipp: Christ_innen, soziale Bewegungen und das Prinzip Kirche. In: Geitzhaus, Philipp/Lis, Julia/Ramminger, Michael: Auf den Spuren einer Kirche der Armen. Zukunft und Orte befreienden Christentums. Münster 2017. 135-151, hier 149. Zitiert als: Geitzhaus: Christ_innen.

2. Kapitel

Soziale Bewegungen – die Welt von unten verändern

Um die Brisanz der Welttreffen besser einordnen zu können, ist es hilfreich, die Sozialen Bewegungen als politische AkteurInnen in den Blick zu nehmen. Der Begriff Soziale Bewegungen ist dabei nicht so eindeutig und die vom Vatikan in den Dokumenten vorgeschlagene Übersetzung aus dem Spanischen des Begriffes *movimientos populares* lautet *Volksbewegungen.* Im Spanischen bezeichnet *movimientos populares* in erster Linie linke Bewegungen und grenzt sich von *movimientos sociales* ab, zu denen auch Bewegungen zu zählen sind, die für reaktionäre Veränderungen stehen können.[9] Hier wird jedoch aus zweifachem Grund der Begriff Soziale Bewegungen[10] verwendet: Zum einen ist dies seit den 1960er Jahren ein feststehender Begriff aus der deutschsprachigen Bewegungsforschung in den Politik- und Sozialwissenschaften zur Kennzeichnung emanzipatorischer Protest- und Befreiungsbewegungen. Zum anderen ist der Begriff *Volksbewegung* im deutschsprachigen Kontext vor allem mit chauvinistischen und nationalistischen Bewegungen assoziiert, um die es an dieser Stelle natürlich nicht geht.[11]

9 Vgl. http://losmovimientos.es/12499dc_445. Abgerufen am 19.04.2017.

10 *Sozial* soll hierbei mit einem großen *S* geschrieben werden, um die Bedeutung als Eigenname zu kennzeichnen.

11 Beispielsweise bezieht sich das PEGIDA nahestehende Internetportal https://volksbewegung.wordpress.com/ sehr direkt auf den Begriff der Volksbewegung. Doch auch die nationalistische Bürger- und Friedensbewegung bezieht sich positiv auf diesen Begriff. Vgl. http://volksbewegung-nordth.de/. Beide abgerufen am 19.04.2017.

Soziale Bewegungen – eine Geschichte des Protests von unten

Bereits seit dem Ende des 18. Jahrhunderts gibt es die Form kollektiven Handelns, die wir als Soziale Bewegungen bezeichnen können. Themen dieser Bewegungen waren die Demokratisierung, die Arbeits- und Lebensbedingungen und die Abschaffung der Sklaverei, die sich weltweit ausgebreitet hatte. Darunter stellt die Arbeiterbewegung die wohl prominenteste und umfassendste Soziale Bewegung dar, da sie in einer großen Breite Kämpfe miteinander vereinigt hat. Im 19. Jahrhundert wurde die Praxis der Demonstrationen immer zentraler, um den Forderungen durch die Zahl ihrer UnterstützerInnen Nachdruck zu verleihen.[12] Karl Marx und Friedrich Engels gehörten zu den ersten, die sich systematisch mit Sozialen Bewegungen auseinandergesetzt haben. Sie erarbeiteten eine Theorie der um gesellschaftliche Vorherrschaft ringenden Kräfte. Sie analysierten deren ideologische und materielle Voraussetzungen und entwarfen politischen Strategien, die diese Bewegungen als Zielperspektive brauchen, um „alle Verhältnisse umzuwerfen, in denen der Mensch ein erniedrigtes, ein geknechtetes, ein verlassenes, ein verächtliches Wesen ist."[13] Zur Veränderung, so Marx und Engels, könnten angesichts der Folgen der Bürgerlichen Revolution weder die Staaten, noch ihre Herrscher als die wesentlichen AkteurInnen entscheidend beitragen, sondern allein Soziale Bewegungen, die in den Kämpfen der Arbeiterbewegung ihren Höhepunkt fänden. Die Bewegungen seien demnach in ihrer historischen Funktion nicht nur Anstoß zur Veränderung, sondern vielmehr Ausdruck des antagonistischen Klassenkampfes. Das heißt, nach Marx und Engels ist die kämpfende

---

12 Vgl. Haunss, Sebastian: Geschichte und Perspektiven sozialer Bewegungen. In: Hüttner, Bernd u.a. (Hg.): Vorwärts und viel vergessen – Beiträge zur Geschichte und Geschichtsschreibung neuer sozialer Bewegungen. Neu-Ulm 2005. 27-42. Hier: 30f. Zitiert als: Haunss: Geschichte und Perspektiven.

13 Marx, Karl: Zur Kritik der Hegelschen Rechtsphilosophie. Einleitung. In: MEW 1. Berlin 1976. 385.

proletarische Bewegung „die selbstständige Bewegung der ungeheuren Mehrzahl im Interesse der ungeheuren Mehrzahl.“[14]

Im 20. Jahrhundert differenzierten sich die Sozialen Bewegungen immer weiter aus. Es gab immer mehr behandelte Themen, Aktionsformen und eine globale Ausbreitung der Kämpfe sowie ihrer Sichtbarkeit. Immer wieder wurden dabei in einzelnen Bewegungen positionierte Akteurinnen in den zentralen Konflikten gesehen: wie z.B. die Indigenenbewegungen als historische Akteurinnen im Nord-Süd-Konflikt oder in Deutschland die Anti-AKW-Bewegung als antagonistische Kraft in der post-industriellen, technokratischen gesellschaftlichen Formation.[15]

Ab 1968 gab es in Westeuropa eine große Ausbreitung Sozialer Bewegungen, die bis Ende der 1980er als StudentInnen-, Frauen-, Schwulen- und Lesben-, Umwelt-, Friedens-, internationalistische Solidaritätsbewegung uvm. einen großen Wirkungsbereich entfalteten. Die Soziologie sprach sogar von der „Bewegungsgesellschaft“, in der Protest alltäglich geworden sei.[16] Man sprach in Unterscheidung zu den traditionellen Bewegungen, wie der Arbeiterbewegung, nun von Neuen Sozialen Bewegungen, die als eine nachhaltige Irritation der etablierten parlamentarischen Politik verstanden wurden.[17] Um so größer war dann die Ernüchterung, als spätestens in den 1990ern sichtbar wurde, wie wenig die Bewegungen gegen die hegemonialen Gesellschaftsstrukturen ausrichten konnten. Die Folge war ein Boom von NGOs, der ein Ende der Relevanz von Sozialen Bewegungen zu markieren schien. Erst durch die Ende der 1990er in vielen Ländern wachsende Anti-Globalisierungsbewegung mit ihren viel beachteten Protesten in Se-

---

14 Marx, Karl/Engels, Friedrich: Manifest der Kommunistischen Partei. In: MEW 4. Berlin 1972. 472.

15 Vgl. Haunss: Geschichte und Perspektiven. 29.

16 Vgl. Neidhardt, Friedhelm/Rucht, Dieter: Auf dem Weg in die »Bewegungsgesellschaft«? Über die Stabilisierbarkeit sozialer Bewegungen. In: Soziale Welt (44/1993). 305–326.

17 Vgl. Haunss: Geschichte und Perspektiven. 29.

attle, Stockholm und Genua, waren Soziale Bewegungen wieder als Akteurinnen im öffentlichen Bewusstsein verankert.[18]

Zugleich kam es auch zu Einschnitten durch massive Repression, beispielsweise auf dem G-8-Gipfel in Genua und später in Evian. Dies ließ wiederum bewegungsnahe Organisationen wie Attac[19] anwachsen. Als neue Aktionsform wurde 2001 parallel zum Weltwirtschaftsgipfel von Davos in Porto Alegre das erste Weltsozialforum als Gegenveranstaltung ausgerichtet, mit dem Ziel unter dem viel zitierten Motto „Eine andere Welt ist möglich" auf jährlichen Treffen der Alternativlosigkeit des Neoliberalismus die Themen Demokratie, Menschenrechte, Ökologie, autonome Selbstverwaltung, selbstbestimmte Migration, Geschlechterverhältnisse u.a. entgegenzusetzen, sich zu vernetzen, die sozialen Kämpfe zusammenzuführen und internationale Verbindungen zu knüpfen. Am ersten Weltsozialforum nahmen schätzungsweise 100.000 AktivistInnen aus der ganzen Welt teil.[20]

18 Vgl. Haunss: Geschichte und Perspektiven. 27f.

19 Attac ist ein Netzwerk mit ca. 90.000 Mitgliedern in 50 Ländern und versteht sich als Teil einer globalen Bewegung. In Deutschland bildet Attac ein breites Bündnis, zu dem VertreterInnen von den Gewerkschaften Verdi und GEW über den Umweltverband BUND oder die katholische Friedensorganisation Pax Christi bis hin zu kapitalismuskritischen Gruppen zählen. Vgl. http://www.attac.de/was-ist-attac/. Abgerufen am 01.05.2017.

20 Vgl. Abbas, Nabila: Widerstand und Resignation auf dem Weltsozialforum 2015 – Ein Echo aktueller Bewegungen? In: Forschungsjournal Soziale Bewegungen (2/2015). 103-107, hier: 103. Zitiert als: Abbas: Widerstand und Resignation. Vgl. hierzu auch Rucht: „Die sehr heterogene Forumsbewegung war zumindest vorübergehend, insbesondere in den Jahren 2003 bis 2006, ein wichtiger Bestandteil des weiter gespannten und losen Verbunds globalisierungskritischer Bewegungen, der einen Teil der neuen sozialen Bewegungen absorbierte, teilweise aber auch eine neue Generation junger Aktivisten anzog, die sich von traditionellen linken Gruppierungen, insbesondere Parteien, fernhalten wollten. Ein wichtiges und stabilisierendes Element innerhalb der globalisierungskritischen Bewegungen bildete das Netzwerk attac, das überwiegend in westlichen Ländern Fuß fassen konnte. Ein zweites Element bestand aus herkömmlichen linken Parteien und Gewerkschaften verschiedener ideologischer Schattierungen. Ein drittes Element verkör-

In Deutschland kam es Mitte der Nuller-Jahre zu einer erneuten Dynamisierung Sozialer Bewegungen: Ein neuer Schwung breiter Proteste entstand 2007 gegen den G-8-Gipfel in Heiligendamm.[21] Der besondere Zulauf dieser Massenblockaden lässt sich einerseits erklären durch die Suchbewegung traditioneller Bewegungen, wie der Autonomen- und der Anti-AKW-Bewegung, doch auch durch das Entstehen neuer postautonomer Bündnisse und Organisationen, wie der Interventionistischen Linken[22]. Die Erfahrung gemeinsamen, vernetzten und solidarischen Handelns erzielte Wirkungen über die Proteste hinaus und sie stärkte auch

---

perten die autonomen, zum Teil auch aus kirchlichen Kreisen kommenden Graswurzelbewegungen. Weniger einflussreich, aber symbolisch bedeutsam waren dabei Basisbewegungen aus dem globalen Süden, darunter die ihre Rechte und ihre Kultur verteidigenden indigenen Völker, die Landlosenbewegung Brasiliens und anderer Südländer sowie die Kampagnen gegen Staudammprojekte, Bergbaukonzerne, Palmölplantagen etc. Ein Teil dieser Gruppen war in dem Netzwerk Peoples' Global Action präsent." (Rucht, Dieter: Neuere kapitalismuskritische und antikapitalistische Bewegungen. In: Forschungsjournal Soziale Bewegungen (3/2016). 121-134, hier 126).

21 Banse/Habermann ordnen heute die Proteste von Heiligendamm folgendermaßen in der Rückschau ein: „Eigentlich gab es die Globalisierungsbewegung schon gar nicht mehr, als sie erst ihren eigentlichen Höhepunkt in Deutschland erfuhr: in Heiligendamm 2007." (Bense, Frauke/Habermann, Friederike: Vom Ende der Globalisierungsbewegung – und dem, was kommt. In: Forschungsjournal Soziale Bewegungen (1/2012). 51-60, hier 54. Zitiert als: Bense/Habermann: Globalisierungsbewegung).

22 Die Interventionistische Linke (IL) wurde 2005 gegründet als ein linksradikales, außerparlamentarisches Bündnis aus rund 30 deutschen und österreichischen Ortsgruppen sowie Einzelpersonen. Im Selbstverständnis ist die IL ein post-autonomer Zusammenhang, der eine handlungsfähige radikale und zugleich gesellschaftliche Linke herauszubilden versucht. Die IL beschreibt sich als multizentrische Organisation, der es um eine überregionale und transnationale Handlungs- und Interventionsfähigkeit geht. Als Ziele lassen sich nennen: Feminismus, Klimaschutz, Selbstbestimmung, radikale Demokratie, weshalb sie sich gegen die neoliberal-kapitalistischen Verhältnisse, Rassismus, Faschismus, Antisemitismus und Sexismus wendet. Vgl. www.-interventionistische-linke.org. Aktionen Zivilen Ungehorsams. Abgerufen am 01.05.2017.

andere politische Auseinandersetzungsfelder in Deutschland, wie z. B. Blockaden von Nazi-Aufmärschen und Castor-Transporten.[23]

Die angesichts der Finanzkrise entstandene, sich von den USA aus ausbreitende Occupy-Bewegung, die gegen die europäische Austeritätspolitik ausgerichtete Indignados-Bewegung in Spanien, doch auch Proteste in Griechenland und die europaweit agierende Blockupy-Bewegung waren das Ergebnis von Politisierungsprozessen, die stellenweise eine breite gesellschaftliche Akzeptanz erreichen konnten. Auch die Ereignisse des Arabischen Frühlings, Platzbesetzungen in der Türkei und in Brasilien waren ab 2011 Teil dieser neuen Dynamik von Bewegungsprotesten. Gerade der Arabische Frühling zeigt jedoch, dass es zugleich auch zu massiven Rückschlägen durch sich neu formierende reaktionäre Kräfte kam, so dass „sich in die Erinnerung an hoffnungsvolle Frühlingstage ein schaler Beigeschmack“ gemischt hat, da „der Aufbau einer neuen, gerechten Gesellschaft in weite Ferne gerückt zu sein scheint.“[24] Auch die seit 2012 wachsende Geflüchtetenbewegung in Deutschland, zu der sowohl Refugee-Selbstorganisationen als auch Willkommens- und Unterstützungsinitiativen gezählt werden können, erlebt eine erstarkende Gegenwehr durch rechte und neonazistische Bewegungen. So ist beispielsweise auch die Kirchenasylbewegung in den letzten Jahren unter immer stärkeren Druck geraten, obwohl die Zahl sich dort engagierender Menschen aufgrund zunehmender Abschiebezahlen ansteigt.[25] Derzeit im starken Wachstum begriffen ist hingegen die Klimabewegung, die mit ihren Anti-Braunkohle-Protesten der Kampagne „Ende Gelände“ immer mehr Menschen erreichen kann.[26]

23 Vgl. Bense/Habermann: Globalisierungsbewegung. 55-58.

24 Lis: Aufruhr und Aufbruch. 9.

25 Vgl. Kern, Benedikt: Das Kirchenasyl ist umkämpft – um so mehr gilt es daran festzuhalten! Zur aktuellen Lage des Kirchenasyls. In: Institut für Theologie und Politik/Netzwerk Kirchenasyl Münster (Hg.): KIRCHEN.-ASYL. Kirchenasyl ist Menschenrechtsschutz – eine Handreichung. Münster 2016. 46-51.

26 Vgl. https://www.ende-gelaende.org/de/. Abgerufen am 01.05.2017.

Während seit 1968 Soziale Bewegungen in Europa v.a. in der gebildeten Mittelschicht verankert sind, ist dies in vielen Ländern des globalen Südens nicht der Fall.[27] Beispielsweise sind in Lateinamerika seit den 1960ern zusätzlich zu den Campesino-, Basisgewerkschafts- und Indigenenbewegungen eine Vielzahl von neuen Frauen-, Umwelt- und Menschenrechtsbewegungen entstanden, die in ihrer inhaltlichen Ausrichtung sehr viel enger mit den Kämpfen um die ökonomische Dimension von Unterdrückungsverhältnissen verbunden sind, als dies in den vielen ausdifferenzierten, jedoch auch unbeständigeren Bewegungen in Europa oft der Fall ist.[28] Soziale Bewegungen sind in Europa hingegen meist direkter auf das Feld politischer Auseinandersetzungen bezogen und weniger auf die unmittelbare Lösung sozio-ökonomischer Probleme der Beteiligten; eine Ausnahme hiervon sind Bewegungen in den vor allem von der Austeritätspolitik betroffenen südeuropäischen Ländern.[29]

Als große Schwierigkeit der Sozialen Bewegungen kann eine mangelnde globale Vernetzung mit dem Ziel gemeinsamer Handlungsperspektiven, dem Zusammenführen von Partikularinteressen und einer strategischen Auseinandersetzung gesehen werden.[30] Ein möglicher Ort hierfür hätte durch die Weltsozialforen verstetigt werden können. Doch seit Beginn der 2010er erschwert ihr Credo einer Vielfalt der politisch-ideologischen Positionen, das Einbeziehen finanzkräftiger AkteurInnen und sogar RegierungsvertreterInnen eine Erarbeitung gemeinsamer emanzipatori-

27 Vgl. Boris, Dieter: Soziale Bewegungen als Form des Unterschichtenprotests. Das Beispiel Lateinamerika. In: Forschungsjournal Soziale Bewegungen (1/2007). 81-88, hier 81. Zitiert als: Boris: Soziale Bewegungen.

28 Vgl. Ebd. 81.

29 Vgl. Geitzhaus, Philipp/Ramminger, Michael: Kurzbericht zu Sozialen Bewegungen in Deutschland. Ein Beitrag zur Vorbereitung des 3. Welttreffens der Popularen Bewegungen mit Papst Franziskus in Rom 2016. Münster 2015. 1f. http://www.itpol.de/wp-content/uploads/2014/11/Geitzhaus-Ramminger-Bericht-zu-Sozialen-Bewegungen.pdf. Abgerufen am 22.04.2017.

30 Vgl. Abbas: Widerstand und Resignation. 107.

scher Anliegen und strategischer Perspektiven. Die Folge war in den letzten Jahren eine zunehmende Einflussnahme durch NGOs und Stiftungen sowie eine abnehmende Beteiligung, vor allem von Bewegungen aus dem globalen Süden.[31]

Zum Ausblick auf die Handlungsfähigkeit Sozialer Bewegungen hat Haunss konstatiert, dass sie immer stärker nicht nur mit staatlichen oder institutionellen Herrschaftsstrukturen konfrontiert werden, sondern zunehmend auch mit der Macht anderer rechtspopulistischer, islamistischer oder antifeministischer Bewegungen. Eine engere internationalistisch ausgerichtete Zusammenarbeit, gerade zwischen Bewegungen des Nordens und des Südens, werde eine bleibende Herausforderung darstellen, um an einem einigenden Projekt zu arbeiten. Des Weiteren sei es wichtig, dass Soziale Bewegungen sich zunehmend der institutionellen Vermachtungslogik und zugleich der deliberativen Hoffnung auf politisch-interessensfreie Konfliktlösungen widersetzten. Hiervon würde unter Umständen abhängen, ob die Sozialen Bewegungen langfristig Alternativen zur bestehenden Ordnung entwickeln und durchsetzen können.[32]

Veränderung kann nur von unten kommen

Wenn man dem nachgehen will, was das Wesen Sozialer Bewegungen ausmacht, wird man feststellen, dass eine klare Definition Sozialer Bewegungen mit ihrer Funktions- und Aktionsweise, ihrer politischen Ausrichtung und Zielrichtung nicht gerade einfach ist. Der Ansatz von Dieter Rucht kann jedoch aufschlussreich sein und ist auch in einer globalen Perspektive anwendbar: „Eine soziale Bewegung ist ein auf gewisse Dauer gestelltes und durch kollektive Identität abgestütztes Handlungssystem mobilisierter Netzwerke von Gruppen und Organisationen, welche sozialen Wandel mit Mitteln des Protests – notfalls bis hin zur Gewaltan-

31 Vgl. ebd. 107.
32 Vgl. Haunss: Geschichte und Perspektiven. 37.

wendung – herbeiführen, verhindern oder rückgängig machen wollen."[33] Da es hier jedoch noch keine Aussage über die politische Orientierung gibt, muss die Spezifizierung von Hofmann hinzugefügt werden: „Soziale Bewegung ist Emanzipationsbewegung"[34], um ihren progressiven Charakter zu unterstreichen.

Soziale Bewegungen klagen Probleme und Missstände an, die sie als solche analysieren, von denen sie selbst direkt betroffen sind oder indem sie sich mit Leidtragenden solidarisieren. Dabei sind sie mobilisierende, kollektive Akteurinnen, bestehend aus Individuen mit gemeinsamen Zielen. Hierdurch artikuliert sich ein Konflikt mit der bestehenden Ordnung, der mindestens Teile dieser Ordnung infrage stellt. Das bedeutet nicht unbedingt, dass Soziale Bewegungen revolutionär sein müssen, sondern dass ihre politischen Forderungen innerhalb des Bestehenden von etablierten Kräften keinen Platz finden. Ihr zentrales Moment ist, dass sie jenseits des „Normalfalls" Handlungsalternativen eröffnen. Aus diesem Grund greifen diese Bewegungen mit verschiedenen Organisations- und Aktionsformen zu Veränderungspraxen und Protest, um eine Veränderung herbeizuführen oder aber sich Transformationen zu widersetzen.[35]

Ein häufig angewandtes politisches Mittel ist die Praxis des Zivilen Ungehorsams, bei dem bewusst Regelverletzungen und Normübertretungen unter dem Risiko der Sanktionierung eingegangen werden. Dies ist in vielen Fällen keine unmittelbar wirksame Intervention, die direkte Veränderungen herbeiführt, sondern sie verleiht Forderungen und Positionen Nachdruck und Sichtbarkeit in der Öffentlichkeit, deren Interesse durch Aktionen Zivilen Un-

33 Rucht, Dieter: Modernisierung und neue soziale Bewegungen. Deutschland, Frankreich und USA im Vergleich. Frankfurt/M. 1994. 76f.

34 Hofmann, Werner: Ideengeschichte der sozialen Bewegung des 19. und 20. Jahrhunderts. Berlin 1970. 7.

35 Vgl. Haunss, Sebastian: Geschichte und Perspektiven sozialer Bewegungen. In: Hüttner, Bernd u.a. (Hg.): Vorwärts und viel vergessen – Beiträge zur Geschichte und Geschichtsschreibung neuer sozialer Bewegungen. Neu-Ulm 2005. 27-42, hier 30. Zitiert als: Haunss, Geschichte und Perspektiven.

gehorsams geweckt wird. Ziviler Ungehorsam kann somit ein Mittel von Bewegungen zur Einwirkung auf die öffentliche Meinungsbildung sein.[36]

Doch auf was ist die Praxis Sozialer Bewegungen ausgerichtet? Für ein näheres Verständnis dessen, wogegen sich Soziale Bewegungen als zivilgesellschaftliche Akteurinnen richten, ist der Hegemonieansatz Gramscis nützlich.

Gramscis Gesellschaftsanalyse zufolge besteht die Absicherung und Reproduktion der liberal-kapitalistischen Verhältnisse innerhalb der industriell fortgeschrittenen Gesellschaft in der starken Funktion der Zivilgesellschaft. D.h. der Staat mit seinen Institutionen (und den drei Gewalten Parlament, Justiz und Regierung) ist nicht allein Hüter der Ordnung bestehender Verhältnisse, sondern er ist in die Zivilgesellschaft hinein gesellschaftlich erweitert („ethischer Staat" bezeichnet die Zivilgesellschaft)[37]. Die Zivilgesellschaft wird hierbei durch einen „spontanen Konsens", die Hegemonie, konstituiert, was einen Prozess der Willensbildung und geteilten Überzeugungen bezeichnet. Die (bürgerliche) Hegemonie umfasst nach Gramsci den staatlichen Apparat und den zivilgesellschaftlichen Konsens, der wiederum über korporatistische Zugeständnisse, z.B. im Sozialstaat, hergestellt wird.[38] Diese Zugeständnisse umfassen aber keine grundsätzlichen Anfragen an die Gesellschaftsform und ihre Machtverteilung.

Der dadurch erzeugte Konsens im Interesse des Bestehenden betrifft die Ebene, die Gramsci als „Alltagsverstand" bezeichnet, welcher Orientierung gibt und dessen Internalisierung sich durch Medien, Literatur, Kunst, Wissenschaft, Religion etc. vollzieht.[39]

36 Vgl. Ebert, Theodor: Erfolg durch Zivilen Ungehorsam? In: Fachjournal Soziale Bewegungen (1/2012). 60-65, hier 63.

37 Vgl. Gramsci, Antonio: Gefängnishefte I. Herausgegeben von Bochmann, Klaus/Haug, Wolfgang Fritz. Hamburg 1991. Heft 6, §88. Zitiert als: Gramsci: Heft.

38 Vgl. ebd.

39 Vgl. Gramsci: Heft 3, §49.

„Alltagsverstand bedeutet dabei weder Entfremdung von den eigentlichen Interessen noch die Existenz eines falschen Bewusstseins, durch das die Subalternen getäuscht werden“[40], sondern seine Entwicklung findet durch die herrschende ideologische Struktur der Meinungsbildung statt. Hegemoniebildung geschieht somit alltäglich in den unterschiedlichen gesellschaftlichen Bereichen und wird beständig reproduziert. Der Hegemonieansatz ist jedoch in keiner Weise zu verwechseln mit einer verschwörungstheoretischen Interpretation gesteuerter Bewusstseinsbildung. Die Stärke hegemonialer Kraft besteht gerade darin, dass sie auf der Widersprüchlichkeit der neoliberal-kapitalistischen Gesellschaftsformation basiert, die einerseits Freiheit verspricht, andererseits durch eine Ökonomisierung aller zu verwertbaren Lebensbereiche eine grundsätzliche Abhängigkeit des Subjekts hervorbringt, die der banalen wie entscheidenden Losung des neoliberalen Projektes folgt: ‚Jeder ist seines Glückes Schmied.‘[41] Hierdurch entsteht eine gesellschaftliche Machtförmigkeit gegenüber dem Individuum, die vor allem auf die „Produktion einer bestimmten Subjektivität“[42] ausgerichtet ist und durch Selbstoptimierung und Marktförmigkeit die oder den Einzelnen maßgeblich prägt.

Ein der bestimmenden Hegemonie entgegengestellter, dem Konsens gegenüber abweichender Gegenpol ist deshalb vor die Aufgabe gestellt, ebenso auf den ‚Alltagsverstand‘ einzuwirken und hegemonial zu werden. Dies macht die Zivilgesellschaft, die dementsprechend kein neutrales Feld der Aushandlung in der Freiheit von ökonomischen und Machtinteressen ist, zu einem umkämpften Terrain um die Hegemonie. Hegemonie stellt dann weniger ein rein diskursives oder theoretisches System dar, sondern sie ist eine

40 Vey: Gegen-hegemoniale Perspektiven. 44.

41 Vgl. Hellgermann, Andreas: Erziehung zur 'Inkompetenz' – Messianisch-widerständiger Religionsunterricht statt neoliberaler Kompetenzgehirnwäsche. Arbeitspapier II. Münster 2013. 8.

42 Ebd. 6.

Praxis, die alle gesellschaftlichen Bereiche umfassend betrifft.[43]

Innerhalb dieser Praxis kommt den Sozialen Bewegungen eine wichtige Stellung zu. Sie sind im Konflikt um Hegemonie nicht einfach ein Zusammenschluss von StaatsbügerInnen, die ihre Interessen und Forderungen in die Öffentlichkeit und die politischen Institutionen tragen, sondern ihre Praxis ist verortet in der Austragung der Auseinandersetzung um Hegemonie.[44] Und diese betrifft die Diskurse, Deutungen und kulturelle Selbstverständnisse ebenso, wie die konkrete, globale Organisationsform der (Re-) Produktion. Die Praxis vieler Sozialer Bewegungen soll an dieser Stelle mit Gramscis Hegemonieansatz als ein Versuch interpretiert werden, eine Gegenhegemonie wirksam zu machen, um Solidarität, Gleichheit und Autonomie an die Stelle von Kapitalakkumulation, Ausschluss und Abhängigkeit zu setzen.

Man kann einige Faktoren benennen, die Einfluss darauf nehmen, ob Soziale Bewegungen politische Prozesse verändern können: Zum einen hängt die Einflussmöglichkeit von der Geschlossenheit oder Offenheit des politischen Systems ab. Je repressiver ein System ist, umso schwieriger bzw. gefährlicher ist eine gesellschaftliche Praxis für AktivistInnen. Bei offenen Systemen kann es zur Integration und Entschärfung politischer Forderungen kommen, was Bewegungen auch schwächen kann. Die Handlungsmöglichkeit ist auch abhängig von der Stabilität bzw. Instabilität politischer Konstellationen und der Verfügbarkeit von Bündnis- und UnterstützungspartnerInnen in den verschiedenen gesellschaftlichen Bereichen und Institutionen. Es muss eine materielle Basis der Ressourcen Geld und Arbeitszeit gegeben sein, damit arbeitsfähige Strukturen entstehen können. Allerdings

43 Vgl. Demirović, Alex: Politische Gesellschaft – Zivile Gesellschaft. Zur Theorie des integralen Staates bei Antonio Gramsci. In: Buckel, Sonja /Fischer-Lescano, Andreas (Hg.): Hegemonie gepanzert mit Zwang. Zivilgesellschaft und Politik im Staatsverständnis Antonio Gramsics, Baden-Baden 2007. 21–41, hier 28.

44 Vgl. Vey: Gegen-hegemoniale Perspektiven. 46.

führt ein großer finanzieller Handlungsspielraum nicht unbedingt zur Durchsetzung der Bewegungsziele. Der wahrscheinlich wichtigste Faktor ist die Fähigkeit einer Bewegung, ihre Anliegen so darzustellen, dass sowohl ein interner Zusammenhalt als auch eine Anschlussfähigkeit für andere AkteurInnen gegeben ist.[45] Manchmal zeige sich, so Haunss, dass der Erfolg von Sozialen Bewegungen nicht von der Konsensfähigkeit ihrer Forderungen abhängig ist, sondern oftmals gerade dann eintritt, wenn sie Raum für radikalere oder auch widersprüchliche Forderungen bieten.[46] Soziale Bewegungen zeichnen sich auch dadurch aus, dass sie nicht nur einmalig in Erscheinung treten, sondern die Protestepisoden eine gewisse Dauer aufweisen.[47] Da sie einen geringeren Grad an Institutionalisierung als beispielsweise NGOs oder Parteien haben, können sie flexibler und spontan auf gesellschaftliche Zuspitzungen reagieren, was jedoch die Schwierigkeit einer Verstetigung ihrer politischen Arbeit und des Erhalts ihres Mobilisierungspotentials über längere Zeiträume mit sich bringt. Damit es zu einer (auch längerfristigen) Mobilisierung kommen kann, bedarf es politischer Gelegenheiten, doch vor allem muss die Möglichkeit gegeben sein, dass Ereignisse, Missstände und soziale und ökonomische Fragen Menschen zum politischen Engagement animieren oder herausfordern.[48] Hierbei spielt die Überzeugung und

45 Vgl. Haunss: Geschichte und Perspektiven. 33f.

46 Vgl. ebd. 34.

47 Vgl. Haunss: Geschichte und Perspektiven. 30.

48 Zur Untersuchung der Mobilisierungsfähigkeit durch Soziale Bewegungen wurde in den 1980ern der Framing-Ansatz entwickelt, der davon ausgeht, dass objektive Missstände erst der Interpretation der AkteurInnen bedürfen, um Proteste zu initiieren. Die AkteurInnen geben dabei Erfahrungen und Ereignissen eine Bedeutung. Bewegungen müssen dementsprechend für eine erfolgreiche Mobilisierung sogenannte Frames (Deutungsrahmen) zur Verfügung stellen, die einen Anreiz zum Aktivismus geben und zu ähnlichen Problemdefinitionen und Lösungsansätzen führen. Vgl. die Darstellung und Kritik an diesem liberalen Ansatz bei Judith Vey (Vey, Judith: Gegen-hegemoniale Perspektiven. Analyse linker Krisenproteste in Deutschland 2009/2010. Hamburg 2015. 31-38. Zitiert als: Vey: Gegen-hegemoniale Perspektiven).

Verbindung mit der Lebenswirklichkeit der AkteurInnen eine besondere Rolle, da nicht allein ein gesellschaftlich-strategisches Interesse ausreichend ist. Im Gegenzug kann gerade auch ein Mobilisierungsprozess und politische Aktivität Überzeugungen, Sinngebung und politische Identitäten erzeugen. Wie bei allen Deutungen und daraus entwickelten Handlungsoptionen finden diese auch für AktivistInnen Sozialer Bewegungen nicht isoliert vom gesellschaftlichen Hintergrund statt, wodurch Widersprüchlichkeiten und die Reproduktion von Herrschaftsverhältnissen nicht verhindert werden können.[49] Dies müssen Engagierte in Sozialen Bewegungen kritisch mitreflektieren, denn es stellt sich Bewegungen grundsätzlich die Frage nach einer Veränderung, die weitreichender ist, als Partikularforderungen in bestimmten gesellschaftlichen Teilbereichen oder Veränderungen der vor allem lebensweltlichen Praxen durch eine ‚Politik der ersten Person', die hauptsächlich die persönlichen Belange oder Lebensformen der jeweiligen AktivistInnen betreffen.[50] Denn es geht schließlich um grundlegende – radikale – Veränderungen.

49 Vgl. Vey: Gegen-hegemoniale Perspektiven. 35f.

50 Vgl. Haunss: Geschichte und Perspektiven. 35. Sowie: Lis, Julia: Aufruhr und Aufbruch – Zeichen der Zeit. In: Institut für Theologie und Politik (Hg.): „Anders Mensch sein in einer anderen Kirche...". Werkbuch II. Münster 2014. 9-13, hier 11f. Zitiert als: Lis: Aufruhr und Aufbruch.

3. Kapitel

Katholische Kirche und Soziale Bewegungen – alte Vorbehalte und neue Allianzen

Die Welt und ihre gesellschaftlichen Bedingungen so zu verändern, dass Mensch und Natur gut leben können, ist ein konstituierendes Element eines befreienden Christentums. Deswegen ist aus einer befreiungstheologischen Perspektive, in der die Veränderung durch die Option für die Armen zum Fundament der Kirche wird, ein Bezug zu den Sozialen Bewegungen unabdingbar.

Alberto da Silva Moreira hat sehr deutlich die strukturelle Verwandtschaft von religiösen Gemeinschaften und Kirchen mit Sozialen Bewegungen aufgezeigt. Er spricht von einer sehr direkten Weise des Aufzeigens der Widersprüche in der hegemonialen Kultur durch die Bewegungen und einer befreiend-religiösen Kritik: Prophetie und Soziale Bewegungen würden grundsätzlich an der Erweiterung des Wünschenswerten und Möglichen arbeiten.[51] Sowohl Kirchen oder Religionsgemeinschaften, als auch Soziale Bewegungen vermitteln Sinn und Identifikation und können durch Transformationsprozesse Mentalitäten und Sensibilitäten verändern. Sie sind emotionale und moralische Gemeinschaften mit gemeinsamen Werten, Analysen und Zielen, die sich als Teil eines großen Ganzen begreifen.[52]

---

51 Vgl. da Silva Moreira, Alberto: Spiritualität der Konfliktivität. Eine Sicht aus der Befreiungstheologie. In: Collet, Giancarlo/Sattler, Dorothea (Hg.): In Konflikten leben. Mit Zorn und Zärtlichkeit an der Seite der Armen. Berlin 2012. 57-82, hier 77. Zitiert als: Moreira: Spiritualität.

52 Vgl. Rucht, Dieter: Engagement in sozialen Bewegungen – Voraussetzungen, Formen, Wirkungen. In: Kolf, Felix/Bewegungsstiftung (Hg.): Damit sich was bewegt – Wie soziale Bewegungen und Protest die Gesellschaft verändern. Hamburg 2007. 13-44, hier: 17.

Unterstützung bekommen Bewegungen und religiöse Gruppen vor allem dadurch, dass sich Menschen mit ihnen identifizieren. Dies hängt einerseits von ihrer Fähigkeit ab, ob sie das, wonach sie streben, universalisierbar machen können. Andererseits ist es wichtig, dass es sich um die Praxis überzeugter, mutiger und überzeugender bzw. begeisternder, selbsthingebender Menschen handelt. Denn, so Moreira, gehe es schließlich um eine „pädagogische und politisierende Rolle für den Rest der Gesellschaft [...], indem sie dazu beitragen, die Weltanschauung und die Haltung der Menschen zu verändern."[53]

Er unterstreicht jedoch auch, dass die Sozialen Bewegungen breitere Rahmenbedingungen für die Mitwirkung haben, als Konfessionen oder religiöse Gruppen dies anbieten könnten und dass eine Beteiligung religiöser Gruppen in einer Sozialen Bewegung den Verzicht des Proselytismus voraussetze, im Gegenzug jedoch auch die religiöse Identität respektiert werden müsse. Hinzu komme die Gefahr, dass nicht von vornherein garantiert sei, dass ein Verhältnis zwischen Sozialen Bewegungen und religiösen Gemeinschaften in jedem Fall eine befreiende Wirkung erziele: „Kirche und Religionen können wegen ihrer Interessen und der kulturellen Symbiose mit der Bewegung konservative, intolerante, gewalttätige und sogar philofaschistische Tendenzen und Gruppen unterstützen."[54]

In den letzten Jahren hat die katholische Kirche, vor allem die vatikanischen Behörden, sich nicht gerade um eine Nähe oder gar Allianz mit progressiven Bewegungen bemüht. Vielmehr gab es eine verstärkte Zusammenarbeit mit konservativen Bewegungen wie beispielsweise fundamentalistischen AbtreibungsgegnerIn-

53 Moreira: Spiritualität 78.
54 Ebd. 78.

nen[55] oder anti-feministischen und homophoben Bewegungen[56].

Bei all den oben beschriebenen verbindenden Aspekten lässt sich feststellen, dass die Praxis Sozialer Bewegungen in vielen Fällen die kirchliche Praxis und ihren historischen Bund mit den Mächtigen kritisch infrage gestellt hat und dies bis heute noch tut. Die Kritik zielt darauf, was Sánchez Suárez als die verbreitete „Unfähigkeit der Religionen auf die globale Krise zu reagieren, die die Menschheit quält"[57] bezeichnet, wenn sich die Kirchen durch Ungerechtigkeit in Form von Schweigen, Passivität und Mittäterschaft auszeichnen.

Die im 19. Jh. aufkommende Arbeiterbewegung entstand teilweise in Abgrenzung zur katholischen Kirche, die wiederum ihre Soziallehre ausformulierte und in vielen Ländern die katholische Aktion ins Leben rief, um ArbeiterInnen eine sich vom Sozialismus unterscheidende Antwort auf ihre Probleme geben zu können. So erkannten beispielsweise Adolph Kolping und Wilhelm Emmanuel von Ketteler zwar, dass die Antworten auf die Soziale Frage nur durch die unterdrückte und organisierte Klasse gegeben werden könne, zugleich sahen beide eine anti-religiöse Gefahr in der Arbeiterbewegung und sahen die Aufgabe der Kirche darin, die Führungsrolle innerhalb der Arbeiterschaft zu übernehmen.

---

55 Katholische Bischöfe haben beispielsweise am Berliner *Marsch für das Leben* im September 2016 teilgenommen: RBB: Tausende Teilnehmer beim „Marsch für das Leben". Protest gegen Abtreibung und Sterbehilfe. 17.09.16. https://www.rbb-online.de/politik/beitrag/2016/09/demonstration-abtreibungsgegner-berlin.html. Abgerufen am 30.04.2017.

56 Die katholische Kirche hat u.a. in Frankreich sehr die Demonstrationen (*Manif pour tous*) gegen die *Ehe für alle* unterstützt: Lindell, Henrik: Les évêques doivent-ils participer à la Manif pour tous? La Vie (31.01.2014). http://www.lavie.fr/debats/chretiensendebats/les-eveques-doivent-ils-participer-a-la-manif-pour-tous-31-01-2014-49338_431.php. Abgerufen am 30.04.2017.

57 Sánchez Suárez, José Guadalupe: Hoffen gegen alle Hoffnung. Christentum und Widerstände in Lateinamerika. In: Geitzhaus, Philipp/Lis, Julia/Ramminger, Michael: Auf den Spuren einer Kirche der Armen. Zukunft und Orte befreienden Christentums. Münster 2017. 167-185, hier 175. Zitiert als: Sánchez Suárez: Hoffen gegen alle Hoffnung.

Sie setzten auf eine Veränderung der Sittlichkeit und Moral, um die Situation der ArbeiterInnen zu verbessern.[58] Die Gefahren der kapitalistischen Modernisierung wurden von den Kirchen zwar erkannt, weshalb man die die durch Ausbeutung verelendeten Bevölkerungsschichten zunehmend in den Blick nahm. Doch eine grundsätzliche Veränderung der gesellschaftlichen Ordnung konnte aus kirchlicher Perspektive nicht in Frage kommen. So fehlte beispielsweise Ketteler und Kolping die notwendige selbstkritische Perspektive auf die Rolle der Kirche in der Stabilisierung ausbeuterischer Verhältnisse durch die Allianz mit den herrschenden Klassen.[59]

Die entstehenden Bewegungen waren hingegen Zusammenschlüsse außerhalb der Kirche, die somit in stark volkskirchlich geprägten Ländern nicht mehr, wie vorher weitestgehend üblich, die einzige Akteurin in der Bevölkerung war. Doch innerkirchlich gab es zugleich Verbände und Gruppierungen, wie z.B. die Christliche Arbeiterjugend oder die Arbeiterpriester (ab den 1940ern), die sehr bewusst den Kontakt zu (Basis-) Gewerkschaften und sozialistischen Bewegungen suchten, um die Arbeitskämpfe aktiv mit zu unterstützten.[60] Dies hatte kirchenintern viele Konflikte zur Folge, wie beispielsweise das Verbot der Arbeiterpriester Mitte der 1950er Jahre, bei dem die Sorge um eine strikte Trennung von kirchlicher und Bewegungspraxis von Seiten der Kirchenleitung besonders deutlich wurde.[61]

---

58 Vgl. Lis, Julia: ChristInnen und SozialistInnen – Gegner oder Bündnispartner? In: Ramminger, Michael/Segbers, Franz (Hg.): „Alle Verhältnisse umzuwerfen…und die Mächtigen vom Thron zu stürzen". Das gemeinsame Erbe von Christen und Marx. Hamburg 2018. 58-68, hier 62f.

59 Vgl. ebd. 66f.

60 Vgl. Puertas, Pilar: Die Entstehung der Theologie der Befreiung in Mexiko. In: Geitzhaus, Philipp/Lis, Julia/Ramminger, Michael: Auf den Spuren einer Kirche der Armen. Zukunft und Orte befreienden Christentums. Münster 2017. 21-34, hier 27-33. Zitiert als: Puertas: Die Entstehung.

61 Vgl. Paetzold, Christoph: Die Entwicklungsgeschichte der französischen Arbeiterpriesterbewegung von ihren Anfängen bis zu ihrem Verbot 1954. htt-

Die sich seit Mitte des 20. Jh. entwickelnde Theologie der Befreiung ist in den unterschiedlichen kontinentalen Kontexten jedoch nicht denkbar, ohne einen intensiven Kontakt zwischen ChristInnen und den sozialen Kämpfen von Bewegungen an den Peripherien.[62] Besonders nachvollziehbar ist dies am Beispiel Lateinamerikas, ließe sich allerdings auch bei der US-amerikanischen *Black Theology*, der befreienden Theologie unter den Bedingungen der Apartheid, des Faschismus, Patriarchats und Kolonialismus aufzeigen. Die Konfrontation mit der sozialen Realität führte zum Anschluss überzeugter ChristInnen an die (revolutionären) Befreiungsbewegungen in vielen Ländern Lateinamerikas, was wiederum Auswirkungen auf die christlichen Gemeinden – besonders auf die stark politisierten Basisgemeinden – hatte.[63] Die Gemeinden teilten gemeinsame Ideale wie die Suche nach einer gerechten und freien Gesellschaft, die Durchsetzung von Menschenrechten der Armen, einer partizipativen Demokratie und der Anerkennung indigener Traditionen.[64] Durch die Mitarbeit von ChristInnen in Bewegungen gab es einen Austausch in der reflexiven Auseinandersetzung mit der Analyse der Wirklichkeit und den gemeinsamen Zielperspektiven. Dies wurde dementsprechend auch in der eigenen Glaubenstradition verankert und systematisiert. So entstand durch diese Begegnung die Befreiungstheologie, die in den Kämpfen der Armen, „der leidvollen Praxis integraler Befreiung der Armen dieser Erde"[65], verortet ist.

---

ps://www.uni-muenster.de/imperia/md/content/fb2/d-praktischetheologie/-missionswissenschaft/arbeiten/christoph.pdf. 24f. Abgerufen am 22.04.2017.

62 Vgl. Moreira: Spiritualität. 79.

63 Vgl. Puertas: Die Entstehung. 27f. Ebenso: da Silva Moreira, Alberto: Lateinamerikanische Theologie der Befreiung. Oder: Wie kann man ChristIn sein in einer Welt voller Ungerechtigkeit. In: Arntz, Norbert/Geitzhaus, Philipp/Lis, Julia: Erinnern und erneuern. Provokation aus den Katakomben. Münster 2018. 143-174, hier 147ff.

64 Vgl. Oliveros, Roberto: Die Rezeption der Befreiungstheologie in Lateinamerika. In: Fornet-Betancourt, Raúl: Befreiungstheologie: Kritischer Rückblick und Perspektiven für die Zukunft. Bd. 1. Mainz 1997. 84-111, hier 108.

65 Ebd. 109.

Kirchliche AkteurInnen unterstützten vielerorts Soziale Bewegungen ideell, materiell, personell und teilweise bis hin zum Martyrium wie beispielsweise in Chile, El Salvador, Nicaragua, Haiti oder Brasilien. Durch die starke innerkirchliche Bekämpfung der Befreiungstheologie in den 1980ern kehrten jedoch viele in Bewegungen aktive ChristInnen der Kirche den Rücken zu.[66]

In Nordamerika und Europa gab es vielerorts nach 1968 eine enge Verbindung von Nord-Süd-Solidaritätsbewegungen, der Friedens- und der Ökologiebewegung und ChristInnen. So waren ChristInnen präsent in der Anti-AKW-Bewegung, beteiligten sich sichtbar an den Protesten gegen die Golfkriege und die Nato-Interventionen im Kosovo, Irak und Afghanistan und der Willkommensbewegung in den 1990ern und den 2000ern. Letztere ist spätestens seit 2015 in Deutschland durch eine aktive Präsenz von ChristInnen geprägt,[67] die jedoch größtenteils stärker caritativ und weniger gesellschaftspolitisch ausgerichtet ist. Eine Zusammenarbeit vieler ChristInnen mit Sozialen Bewegungen entspricht in der Regel jedoch nicht einer offiziellen amtskirchlichen Praxis, sondern ist bis heute in einzelnen Gemeinden, Gruppierungen und Initiativen verortet.

Was vor allem im europäischen Kontext Soziale Bewegungen und die Kirchen verbindet, ist ihre schwache Position innerhalb der Gesellschaft, die sich z.B. in größer werdenden Schwierigkeiten in der Vergemeinschaftung und dauerhaften Solidarisierung zeigt. Wenn es auch immer wieder Allianzen gibt, überwiegt in der Gesamtschau jedoch eine große gegenseitige Distanz in Bezug auf die gesellschaftliche Positionierung, die politische Option, die Organisationsform und die Bündnispraxis.[68] Insgesamt muss man

66 Vgl. Sánchez Suárez: Hoffen gegen alle Hoffnung. 176.

67 Vgl. Hafenrichter, Marion: Zeit spenden, um Menschen willkommen zu heißen. Ehrenamtliche Flüchtlingsarbeit im Bistum Münster. In: Unsere Seelsorge (12/2015). 32-33.

68 Vgl. Geitzhaus, Philipp/Lis, Julia: Kirche(n) in (sozialer) Bewegung. Der Papst, die Kirche und Perspektiven für eine Theologie der Befreiung in Eu-

feststellen, dass die katholische Kirche in den Prozessen der Sozialen Bewegungen keine zentrale Rolle spielt und der christliche Beitrag hierbei weder strategisch initiierend noch primär motivierend ist.[69]

Dies liegt im europäischen Kontext zum einen an der Tatsache, dass die Kirchen vor allem durch bürgerliche und konservative Milieus geprägt sind und somit die gesellschaftspolitische Interessenslagen nicht unbedingt mit den emanzipatorischen Anliegen von Bewegungen zusammengebracht werden können. Dies führt dazu, dass die Kirchen oftmals von BewegungsvertreterInnen nicht als geeignete Bündnispartnerinnen wahrgenommen werden können. Zum anderen sind linke ChristInnen zunehmend marginaler innerhalb der Kirchen, was Allianzen erschwert.

Umso überraschender ist die Initiative der Welttreffen der Sozialen Bewegungen, die an keine spannungsfreie Geschichte anschließen, auf die jedoch von Seiten der Kirchenleitung und Bewegungsengagierten eine große Hoffnung gesetzt wird und die als einer der außergewöhnlichsten Aufbrüche in diesem Kontext der letzten Jahre betrachtet werden können.

---

ropa. In: ChristInnen für den Sozialismus (Hg.): Widerstand und biblische Inspiration. Norderstedt 2017. 54-69, hier 57f. Zitiert als: Geitzhaus/Lis: Kirche(n) in (sozialer) Bewegung.

69 Vgl. Ramminger, Michael: Kirchenkritische Bewegungen in der BRD und Theologie der Befreiung. In: Fornet-Betancourt, Raúl: Befreiungstheologie: Kritischer Rückblick und Perspektiven für die Zukunft. Bd. 3. Mainz 1997. 113-128, hier 118.

4. Kapitel

Die Welttreffen der Sozialen Bewegungen mit Papst Franziskus – ein Bekenntnis zum gemeinsamen Kampf um Veränderung

Das Welttreffen der Sozialen Bewegungen mit dem Papst im Jahr 2014 war das erste seiner Art in der Geschichte. Es fand auf Initiative von Papst Franziskus im Vatikan statt und ist in seiner Form und Ausrichtung eine völlig neuartige Etappe des Verhältnisses zwischen Sozialen Bewegungen und der katholischen Kirche. Die mit der Vorbereitung betrauten BewegungsvertreterInnen formulierten zum Hintergrund dieses ersten Welttreffens, dass Franziskus durch sein Denken und seine kontinuierliche Begleitung der Kämpfe der Armen sowie seine Überzeugung von der Notwendigkeit ihrer Organisierung die Initialzündung und die Motivation zu diesem Treffen gegeben habe.[70] Man habe deutlich festgestellt, dass der Papst Brücken zu den Sozialen Bewegungen der ganzen Welt schlagen wollte.[71] Vor dem Hintergrund der persönlichen Verbindung des Papstes mit den argentinischen Bewegungen prekärer ArbeiterInnen gab es erste Gespräche darüber, inwiefern ein weltweites Zusammentreffen Sozialer Bewegungen zu initiieren sei. Ende 2013 gab es im Vatikan unter Mitwirkung der Päpstlichen Akademie der Wissenschaften und des Päpstlichen Rates

70 Vgl. das Programmheft zum ersten Welttreffen: http://www.casinapioiv.-va/content/dam/accademia/booklet/booklet_movements.pdf. Abgerufen am 23.04.2017.

71 Vgl. Stédile, João: Papst Franziskus und die Volksbewegungen – Die Bedeutung einer historischen Annäherung. Amerika 21 (2015). https://amerika21.de/blog/2015/07/124322/franziskus-soziale-bewegungen. Abgerufen am 23.05.2017. Zitiert als: Stédile: Papst Franziskus.

Justitia et Pax Planungsgespräche und es fand ein erstes Seminar zur Situation globaler Ungerechtigkeit aus der Perspektive Sozialer Bewegungen statt. Auf dieser Grundlage wurde die konkrete Planung des ersten Welttreffens in Angriff genommen, zu dem von Seiten der vatikanischen Behörden keinerlei inhaltliche Bedingungen gestellt worden seien.[72]

Dem Selbstverständnis nach sollen die Welttreffen, von denen es bereits drei gegeben hat, Sozialen Bewegungen der organisierten Armen auf den fünf Kontinenten einen Raum bieten, um Veränderungsprozesse zu unterstützen: Die Welttreffen der Sozialen Bewegungen würden einberufen, um eine Begegnungskultur zu ermöglichen mit dem Ziel, dass ihre Kämpfe zusammengeführt würden, ohne Hochmut aber mit Mut, ohne Gewalt aber mit Beharrlichkeit, mit Würde und zum Schutz von Natur und sozialer Gerechtigkeit. In diesem Sinne würden die Treffen auf die Notwendigkeit der Organisierung der Ausgeschlossenen antworten, um von unten eine menschliche Alternative zu schaffen zur ausschließenden Globalisierung, die die heiligen Rechte auf Arbeit, Wohnung und Land verweigere.[73]

Die Tatsache, so heißt es in der Presseerklärung vor dem ersten Welttreffen, dass sich so viele in den sozialen Kämpfen Engagierte, viele davon KatholikInnen und viele Nicht-KatholikInnen, auf den Welttreffen vereinen könnten, sei

> „Ausdruck einer Umarmung durch Franziskus und stärkt uns unserer Überzeugung weiter zu folgen, dass eine bessere Welt möglich ist. Mehr noch als auf diese große Sehnsucht, nach den großen Idealen von Frieden und Gerechtigkeit, die obwohl fern wie die Sterne uns auf unserem Weg begleiten, antwortet unser Treffen auf konkrete Bedürfnisse, simple und einfache, die wir

72 Vgl. ebd.

73 Vgl. Selbstvorstellung des EMMP. http://movimientospopulares.org/es/quienes-somos/. Abgerufen am 23.04.2017.

> alle teilen und die wir für unsere Kinder und Enkel ersehnen, die aber den Mehrheiten der Weltbevölkerung immer weiter entfernt scheinen: Land, Dach, und Arbeit."[74]

Die drei Welttreffen der Sozialen Bewegungen fanden am 27.-29. Oktober 2014 in Rom,[75] am 7.-9. Juli 2015 im Rahmen der Reise des Papstes nach Bolivien in Santa Cruz de la Sierra und am 2.-5. November 2016 wieder in Rom statt. Die Einladenden waren der Päpstliche Rat Justitia et Pax, dessen Präsident Kardinal Peter Turkson ist, 2014 auch die päpstliche Akademie der Wissenschaften sowie die Organisationskomitees der drei Treffen, die aus VertreterInnen verschiedener Sozialer Bewegungen bestanden. Unter ihnen ist Juan Grabois, Sprecher der Bewegung der Ausgeschlossenen Werktätigen (MTE) und Mitglied der Gewerkschaft der Beschäftigten der Volkswirtschaft (CTEP) aus Argentinien als einer der InitiatorInnen der Welttreffen besonders zu nennen. Er ist ein Vertrauter von Papst Franziskus noch aus dessen Zeit als Erzbischof in Buenos Aires und mittlerweile beratendes Mitglied des Päpstlichen Rates Justitia et Pax.[76]

Weitere Verantwortliche der Welttreffen sind u.a. João Pedro Stédile, Sprecher der brasilianischen Landlosenbewegung Movimiento de los Trabajadores Rurales Sin Tierra (MST)[77] und von La

---

74 Erklärung anlässlich der Pressekonferenz vom 24.10.2014. http://movimientospopulares.org/wp-content/uploads/2014/10/Conferencia-de-Prensa-24-octubre-2014-Juan-Grabois.pdf. Abgerufen am 23.04.2017.

75 Nur wenige Tage nach der kirchenpolitisch durchaus bedeutsamen Familiensynode am 05.-19.10.2014.

76 Vgl. http://www.zoominfo.com/p/Juan-Grabois/-2010285292. Abgerufen am 23.04.2017.

77 Die Basisbewegung MST organisiert seit 1984 in Brasilien soziale Kämpfe wie Landbesetzungen, Streiks und Kampagnen für die Rechte von Landlosen und KleinbäuerInnen, gründet Genossenschaften und folgt einem antikapitalistischen, kollektiven Politikansatz. Es gibt eine enge Verbindung zur Befreiungstheologie. Vgl. Lassak, Sandra: „Wir brauchen Land zum Leben!" Widerstand von Frauen in Brasilien und feministische Befreiungstheologie. Ostfildern 2011. 156–193.

Via Campesina International[78], Xaro Castello, Präsidentin des Movimiento Mundial de Trabajadores Cristianos (MMTC)[79], Joaquín Sánchez Sánchez, Mitbegründer der spanischen Plataforma de Afectados por la Hipoteca (PAH)[80], Rose Molokoane, Sprecherin der South African Federation of the Urban Poor[81], Jockin Arputham, Vertreter der National Slum Dwellers Federation of India und Slum Dwellers International (SDI)[82] sowie Bischof Silvano Tomasi und Michael Czerny SJ vom Päpstlichen Rat Justitia et Pax.[83]

Die Teilnehmenden wurden repräsentativ aus allen Kontinen-

78 La Via Campesina umfasst mehr als 100 Kleinbauern-, Landarbeiter-, Landlosen- und Indigenenorganisationen aus Europa, Amerika, Afrika und Asien. Die Bewegung setzt sich für eine umweltfreundliche, kleinbäuerliche Landwirtschaft ein, die in erster Linie die Versorgung der lokalen Bevölkerung sicherstellen soll, für Landreformen und gegen den Einsatz von Gentechnik in der Landwirtschaft. Vgl. https://viacampesina.org/en/. Abgerufen am 23.04.2017.

79 Die WBCA wurde 1966 gegründet und vereinigt heute mehr als 40 Organisationen in vier Kontinenten. Die Mitgliedsorganisationen der WBCA richten sich an alle, die mit fester Arbeit, Gelegenheitsarbeit oder von Ersatzeinkommen leben. Die Mitgliedsorganisationen sensibilisieren ihre Mitglieder dazu, solidarisch zu handeln und sich aktiv zur Verbesserung der sozialen Bedingungen, entsprechend des Dreischrittes Sehen – Urteilen – Handeln, einzusetzen. Vgl. http://mmtc-infor.com/de/presentacion-3/quienes-somos. Abgerufen am 23.04.2017.

80 Die PAH ist ein Zusammenschluss von lokalen Plattformen, in denen Betroffene von Zwangsräumungen und mit diesen solidarische Menschen vor Ort zusammenarbeiten. Sie ist 2009 im Zuge der Immobilien- und Finanzkrise in Spanien entstanden. Vgl. http://afectadosporlahipoteca.com/. Abgerufen am 23.04.2017.

81 Die Federation of the Urban and Rural Poor (FEDUP) unterstützt Menschen, die in informellen Siedlungen leben, um diese zu empowern zur gemeinsamen Selbstsorge in der Schaffung von Unterkunft, Landbebauung und lokalen Netzwerken. Die Bewegung ist vor allem in Südafrika verortet, arbeitet jedoch eng mit der indischen Slum Dwellers International zusammen. http://sasdialliance.org.za/about/fedup/. Abgerufen am 23.04.2017.

82 Vgl. http://sdinet.org/. Abgerufen am 23.04.2017.

83 Vgl. KoordinatorInnen des Treffens von 2014. http://movimientospopulares.org/emmp-2014/participantes-2/participantes/. Abgerufen am 23.04.2017.

ten und aus über 50 Ländern eingeladen: An erster Stelle VertreterInnen von ArbeiterInnenorganisationen aus dem Bereich temporärer, informeller, selbstverwalteter und prekärer Arbeit, die nicht über eine soziale Sicherheit, gewerkschaftliche Anerkennung oder arbeitsrechtlichen Schutz verfügen. Zudem waren LandarbeiterInnenbewegungen vertreten, wie Landlosenorganisationen, VertreterInnen von Indigenen, die ihres Landes enteignet sind, und Bewegungen, die sich gegen Landgrabbing und Agrarspekulationen richten. Hinzu kamen organisierte BewohnerInnen marginalisierter urbaner Stadtteile, Gruppierungen Abgeschobener, Organisationen, die sich gegen Ausschluss, Marginalisierung und Privatisierung von Wohnraum engagieren, aktivistische Kollektive sowie bewegungsnahe Basisgewerkschaften und Menschenrechtsorganisationen, wissenschaftliche BeobachterInnen, JournalistInnen und KirchenvertreterInnen.[84]

Exemplarisch zu nennen ist die Landlosenbewegung MST aus Brasilien, die in Asien und Afrika agierende Organisation Slum Dwellers International, der sambische Obdachlosen- und Armen-Verband, eine kurdische Jugendorganisation aus Syrien sowie eine Vereinigung koreanischer Bäuerinnen, die auf allen drei Welttreffen vertreten waren. Ein Großteil der teilnehmenden Bewegungen ist in den Ländern des globalen Südens tätig. Es nahmen jedoch nicht bei allen drei Treffen die gleichen Bewegungen teil, in Santa Cruz gab es eine besonders hohe Teilnahme lateinamerikanischer VertreterInnen (ca. 1500 Personen). Beim dritten Treffen nahmen erstmalig auch VertreterInnen aus dem deutschsprachigen Raum (Refugee-Welcome-Bewegung, Blockupy und Institut für Theologie und Politik) teil.[85] Insgesamt ist die Zahl der

84 Listen der teilnehmenden Bewegungen, ihrer VertreterInnen und der BeobachterInnen der drei Welttreffen der Sozialen Bewegungen sind einsehbar unter: http://movimientospopulares.org. Abgerufen am 24.04.2017.

85 Vgl. Lis, Julia/Ramminger, Michael: Neue strategische Allianz? Das ITP auf dem Welttreffen der Sozialen Bewegungen in Rom. In: Institut für Theologie und Politik: ITP-Rundbrief Nr. 46 (03/2017). 2-3. Sowie: Institut für Theolo-

Beteiligten beim Welttreffen in Rom von 2016 gegenüber 2014 gestiegen. Fand die Begegnung aller TeilnehmerInnen mit Papst Franziskus 2014 in der alten Synodenaula des Vatikan noch in einem sehr kleinen Rahmen statt, so waren die Begegnungen bei den folgenden Welttreffen mehr oder weniger öffentliche Veranstaltungen mit vielen zusätzlich eingeladenen Gästen.

Die mehrtägigen Welttreffen waren strukturiert durch Podien, Arbeitsgruppenphasen, Slots zur Zusammenführung der Themen und die Begegnung mit dem Papst, dem eine Erklärung, die jeweils aus den Ergebnissen der thematischen Arbeit formuliert war, überreicht wurde und seiner Ansprache. Darüber hinaus gab es fakultativ Gottesdienste und ein kulturelles Programm. Die Arbeitssprachen waren Spanisch, Englisch, Französisch, Italienisch und Portugiesisch.[86]

Die RednerInnen der interkontinental besetzten Podien kamen aus den Bewegungen, doch auch prominente Gäste wie Evo Morales,[87] bolivianischer Präsident und Repräsentant des Weltrates der indigenen Völker sowie der ehemalige Guerillero und Präsident von Uruguay, Pepe Mujica[88] haben die Gelegenheit bekommen, sich mit Beiträgen einzubringen. Kardinal Turkson hielt auf allen Treffen eine Ansprache, in der er jeweils die programmatische Perspektive der Welttreffen darlegte und die Zusammenarbeit der teilnehmenden Sozialen Bewegungen und der katholischen Kirche bekräftigt hat.[89]

---

gie und Politik: Pressemitteilung: ITP auf dem Welttreffen der Sozialen Bewegungen. http://www.itpol.de/?p=2458. Abgerufen am 24.04.2017.

86 Vgl. ebd.

87 Vgl. http://movimientospopulares.org/emmp-2014/ und http://movimientospopulares.org/emmp-2015-2/. Abgerufen am 24.04.2017.

88 Vgl. http://movimientospopulares.org/audios-emmp-2016/. Abgerufen am 24.04.2017.

89 Vgl. Turkson, Peter: Statement zur Pressekonferenz vom 07.07.2015. http://movimientospopulares.org/wp-content/uploads/2015/06/2015.07.07-p-kat-intro.pdf und Turkson, Peter: Ansprache zu Beginn des 3. Welttreffens vom 02.11.2016. http://movimientospopulares.org/speech-of-cardinal-turk-

Die bisher stattgefundenen ersten drei Welttreffen haben sich orientiert an dem methodologischen Dreischritt Sehen, Urteilen, Handeln, wobei diese drei Phasen auf allen Treffen nicht trennscharf chronologisch zur Anwendung kamen.[90]

Wozu die Welttreffen dienen sollen

Die Ziele der Welttreffen hatte das Organisationskomitee im Vorhinein zum ersten Treffen anhand von vier Punkten formuliert:[91]

Erstens die Sichtbarmachung der Sozialen Bewegungen und ihrer Kämpfe als organisierte VerliererInnen der globalen Verhältnisse, bei denen die Armen nicht nur die unter Ungerechtigkeit Leidenden, sondern sich dagegen wehrende Subjekte sind. Dem Organisationskomitee war es wichtig, hierfür VertreterInnen jener Bewegungen einzuladen, die die am stärksten Verarmten und Verfolgten repräsentieren.[92] Die Tatsache, dass Soziale Bewegungen weltweit marginalisiert, ignoriert oder gar verfolgt werden, erklärt schlüssig, warum eine Verbreiterung der öffentlichen Wahrnehmung durch solche Treffen – erst Recht auf Initiative des Papstes – strategisch eine hohe Relevanz hat. Um handlungsfähiger zu werden, ginge es, wie Juan Grabois gegenüber den Medien erklärte, perspektivisch um die Einrichtung eines Rates der Volksbewegungen, der daran arbeitet, Instanzen zu schaffen, die eine dauerhafte Artikulation auf globaler Ebene sicherstellen können.[93]

Ein zweites Ziel der Welttreffen ist die Schaffung einer Kultur der Verständigung unter den Bewegungen und die Zusammen-

son/. Abgerufen am 25.04.2017.

90 Vgl. http://movimientospopulares.org. Abgerufen am 25.04.2017.

91 Vgl. Pressemeldung zum ersten Welttreffen der Sozialen Bewegungen, Oktober 2014: http://movimientospopulares.org/wp-content/uploads/2014/10/Rencontre-mondiale-des-Mouvements-populaires.pdf. Abgerufen am 25.04.2017.

92 Vgl. Grabois, Juan: Erklärung in der Pressekonferenz vom 24.10.2014. http://movimientospopulares.org/wp-content/uploads/2014/10/Conferencia-de-Prensa-24-octubre-2014-Juan-Grabois.pdf. Abgerufen am 25.04.2017. Zitiert als: Grabois: Pressekonferenz 2014.

93 Vgl. ebd.

führung ihrer Organisations- und Veränderungspraxen. Dieser Dialog basiere darauf, die gemeinsamen Erfahrungen zusammenzubringen, zu verstehen und auf dieser Basis im Dienste der Armen, der verarmten Völker und der Kirche der Armen zu handeln. Es gehe um ein Lernen von den lebendigen Erfahrungen derer, die von gewaltvoller Ungleichheit in Arbeit, Wohnung und Land am meisten betroffen seien.[94] Teil dessen solle, so Grabois, auch die Evaluation der Rolle der Bewegungen in den Prozessen des Aufbaus von Frieden und Umweltschutz sein, besonders in den Gebieten, die von bewaffneten Konflikten oder von Rechtsstreitigkeiten über die natürlichen Ressourcen betroffen sind.[95]

Drittens sollen die Welttreffen einen Raum zur Analyse, Diskussion und Schaffung von Handlungsperspektiven in Bezug auf die Rechte auf Arbeit, Land und Wohnen eröffnen. Dies solle im Zusammenhang von Krieg und Wirtschaft, Gewalt und sozialer Ungleichheit, Umweltzerstörung und ökonomischen Interessen, Ausschluss, Konsumismus und Wegwerfgesellschaft bearbeitet werden. Die am meisten von Ausschluss betroffenen Sektoren, die „drei T", *tierra, techo* und *trabajo* (Boden, Wohnung und Arbeit), stehen besonders im Mittelpunkt, sind jedoch im Laufe der Treffen um die Themenbereiche partizipative Demokratie und Migration erweitert worden. Die Ergebnisse der Erarbeitung sind jeweils in unter den Teilnehmenden konsensfähigen Abschlusserklärungen veröffentlicht worden. In diesen wird auch deutlich, dass die Treffen dazu dienen sollten, tiefgehende Antworten auf diese Fragen zu finden, nicht um sich in abstrakte Debatten zu verstricken, sondern um eine Perspektive zu finden, wie die Sozialen Bewegungen und die Kirche gemeinsam den Wandel gestalten können.[96]

94 Vgl. Grabois, Juan: Einleitung zum Programmheft des 3. Welttreffens. 2f. http://movimientospopulares.org/wp-content/uploads/2016/10/Documents-_ingles_web.pdf. Abgerufen am 25.04.2017.

95 Vgl. Grabois: Pressekonferenz 2014.

96 Vgl. ebd.

Das vierte Ziel der Treffen, die unter der Schirmherrschaft des Papstes stattfinden und dessen Texte ausdrücklich in die Beratungen einbezogen wurden, ist, die Beziehungen zwischen der katholischen Kirche und den Sozialen Bewegungen zu stärken und eine gemeinsame Artikulation und kontinuierliche Zusammenarbeit zu etablieren. Es gehe den Bewegungen darum, die Herausforderung des Papstes anzunehmen und mit Mut und Intelligenz radikale Ansätze zu suchen, um die Probleme der Armen von Grund auf anzugehen.[97] Juan Grabois unterstrich in einem Interview, dass zwar KirchenvertreterInnen teilnehmen würden, jedoch die Sozialen Bewegungen unabhängig blieben im Dialog mit der katholischen Kirche.[98]

Keine Resignation der organisierten Armen

Im Rahmen der Welttreffen wurden Erklärungen verfasst, die sowohl dem Papst überreicht wurden als auch von ihren jeweiligen VertreterInnen als Ergebnisdokument in die Bewegungen gebracht wurden, um zur weiteren Auseinandersetzung dienen zu können.[99] Diese Erklärungen fassen die wesentlichen gemeinsamen Forderungen zusammen und halten fest, auf welcher Grundlage die daran beteiligten Sozialen Bewegungen mit ihren unterschiedlichen Ursprüngen, Kontexten, Auseinandersetzungsfeldern und Traditionen ihre Veränderungspraxis verstehen. Sie sollen der

---

97 Vgl. ebd.

98 Vgl. Grabois, Juan: Prawo do pracy, domu i ziemi [Recht auf Arbeit, Wohnung und Land]. https://www.tygodnikpowszechny.pl/prawo-do-pracy-domu-i-ziemi-68356. Zitiert als: Grabois: Prawo do pracy. Abgerufen am 25.04.2017.

99 Die drei Erklärungen sind abrufbar unter: Erklärung zum Abschluss des weltweiten Treffens Sozialer Bewegungen Vom 27. bis 29. Oktober in Rom. http://www.itpol.de/?p=1596. Zitiert als: Erklärung 2014. Ebenso: Carta de Santa Cruz 2015. http://movimientospopulares.org/wp-content/uploads/2015/06/Documento-final-EMMP.pdf Zitiert als: Erklärung 2015. Sowie: Erklärung des Welttreffens sozialer Bewegungen 2016. http://www.itpol.de/?p=2451#more-2451 Zitiert als: Erklärung 2016. Abgerufen am 25.04.2017.

Öffentlichkeit zusammenfassend darüber Auskunft geben, was auf den Welttreffen erarbeitet wurde.[100] Es handelt sich hierbei nicht um tiefergehende Analysetexte oder konkrete Handlungsanleitungen. So ist beispielsweise die Erklärung von 2014 auch als *Brief der Ausgeschlossenen an die Ausgeschlossenen* (Erklärung 2014) betitelt worden, der eine möglichst große Verbreitung erfahren sollte. 2015 ist die Abschlusserklärung in Form einer Selbstverpflichtung zu einer politischen Praxis in den behandelten Themenbereichen verfasst worden und trägt die Überschrift *Brief von Santa Cruz*. In der Erklärung von 2016 sind Vorschläge formuliert worden, die zwar recht allgemein bleiben, jedoch einen Diskussionsrahmen zu weiteren Auseinandersetzung und strategischen Bestimmung aufmachen können. Besonders hervorzuheben ist an dieser Stelle der erste Punkt der Erklärung von 2016, in dem an Bertha Cáceres, Teilnehmerin des ersten Welttreffens, die am 03.03.2016 ermordet wurde, erinnert wird und damit die Forderung nach einem Ende der Repression gegen die Sozialen Bewegungen verbunden wird.

Auf den Welttreffen wurde vor allem zusammengetragen, was die Perspektive der Armen und der armen Völker aus dem Blickwinkel der „Bauernfamilien, aus Sicht von Arbeitenden in ungesicherten Arbeitsverhältnissen wie aus der Sicht von Bewohnerinnen und Bewohnern von Armenvierteln" (Erklärung 2014) ist.

Als die grundlegend geteilte Analyse auf den Treffen kann gelten, dass die Wurzel der sozialen und ökologischen Probleme im Charakter des neoliberal-kapitalistischen globalen Wirtschaftssystem liegt, auch wenn nicht allein in den ökonomischen Verhältnissen alle Unterdrückungsmechanismen begründet sind (vgl. ebd.). In der Analyse bedienen sich die Sozialen Bewegungen einer säkularen Sprache, die sich von Papst Franziskus unterscheidet, dessen ökonomische Analyse eine götzenkritische Betrach-

[100] Documents World Meeting of Popular Movements. http://movimientospopulares.org/wp-content/uploads/2016/10/Documents_ingles_web.pdf. Abgerufen am 26.04.2017

tung ist. Juan Grabois macht dies daran deutlich, dass „auf den Treffen viel von der ökonomischen Tyrannei des Kapitalismus gesprochen worden [sei], was nicht genau das Gleiche [sei], wie das, was der Papst über den Götzen Geld sagt."[101]

Die in Bezug auf die „drei T" entworfenen Perspektiven basieren auf der Feststellung eines unveräußerlichen und universalen Rechts auf gerechte Arbeit, Wohnraum und Land, das durch ökonomische Interessen von Staaten und Unternehmen nicht beschnitten werden darf: „Wohnung und Nachbarschaft sind unverletzliche Größen, [...] das Land gehört als gemeinschaftliches Gut allen, die es bearbeiten, so dass Landraub unmöglich gemacht wird; ein menschenwürdiger Arbeitsplatz ist die strukturelle Bedingung für ein Lebensprojekt" (Erklärung 2014).

Diese als Menschenrechte postulierten Forderungen, die qua Erklärung noch keine Wirksamkeit besitzen, haben in den Selbstverpflichtungen der Erklärung von 2015 den Charakter zu erkämpfender Rechte bekommen: Die Bewegungen des Treffens erklärten ihr Engagement für die Verteidigung der Arbeit wider eine Eliminierung von Arbeitsrechten durch den Neoliberalismus, die damit verbundene Etablierung neuer Formen von Sklaverei und Ausbeutung und den Ausschluss informeller Arbeit. Hierzu wollen sie alternative Ökonomiemodelle, eine populare Vergemeinschaftungsform, in der die Solidarität vor dem Profit steht, und ein universelles Grundeinkommen, das die Absicherung des Lebens gewährleistet, voranbringen. In Bezug auf die Vermarktung und Spekulation von Wohnraum und Land gibt es eine scharfe Verurteilung von Zwangsräumungen – was sicherlich auch der Teilnahme Betroffener auf den Welttreffen zu verdanken ist. Doch auch die Kriminalisierung jener, die sich gegen Vertreibung und Segregation einsetzen, wird kritisiert und als Auseinandersetzungsfeld der Bewegungen formuliert. Entsprechend kom-

---

101 Vgl. Grabois: Prawo do pracy.

me es auf öffentliche, partizipative Politikformen an, die ein Recht auf Wohnraum, städtische Integration der marginalisierten (Armen-)Viertel sowie sicheres und würdiges Wohnen ermöglichen (vgl. Erklärung 2015).

Neben der Thematisierung der „drei T" wurden auf den Treffen jedoch auch übergeordnete (z.B. Demokratie und Partizipation) und zusätzliche Themen (Migration u.a.) diskutiert.

In der Erklärung von 2016 ist hinsichtlich der Migration eine deutliche Forderung nach einem universellen Bürgerrecht enthalten, durch das kulturelle Identitäten nicht verleugnet, jedoch die Ausschlussmechanismen und Abschottungspolitiken überwunden werden können. Die Ökologie betreffend gibt es im gleichen Dokument eine Verknüpfung mit der sozialen Frage und einen deutlichen Rekurs auf Papst Franziskus und dessen Forderung in *Laudato si* nach einer ganzheitlichen Ökologie sowie einen Bezug auf das indigene Konzept des *Buen vivir*.

In der Erklärung von 2016 wird bezüglich einer partizipativen Demokratie vorgeschlagen, den Zugang Sozialer Bewegungen, originärer Gemeinschaften und der Völker zu gesellschaftlichen Entscheidungsprozessen institutionell verankert zu garantieren.

Weitere aufgeführte Auseinandersetzungsfelder der Treffen, zu denen Ergebnisse in den Erklärungen festgehalten wurden, sind u.a. Imperialismus und Krieg, Rechte von Frauen und Kindern, Ernährungssouveränität und Wasserprivatisierung, verschiedenartige Diskriminierungsformen, Meinungs- und Pressefreiheit, Technologie und Wissenschaft im Dienste des Menschen, Konsumismus und Kollektivität.

Es gibt in den Erklärungen auch Aussagen zur Funktion der Sozialen Bewegungen, die in Ansätzen als Selbstverständnis verstanden werden können. In der Erklärung von 2014 wird festgehalten: „Wir gefallen uns nicht im Selbstmitleid und im Klagelied über all diese zerstörerischen Realitäten, wir erheben vielmehr als Soziale Bewegungen, vor allem als die bei diesem Treffen Versammelten, den Anspruch, dass wir Ausgegrenzten, wir Unterdrückten, wir Nicht-Resignierten, sondern organisierten Armen uns mit all unseren Kräften der chaotischen Situation stellen können und müssen, in die uns dieses System gebracht hat" (Erklärung 2014). Die auf den Welttreffen von den RepräsentantInnen vorgestellten Beispiele aus der widerständigen und verändernden Praxis aus autonomen Betrieben, selbstorganisierten Arbeitsplätzen in der Solidarwirtschaft, zurückerobertem Nutzland, dem Aufbau, Schutz und Verbesserung von Wohnungen und Siedlungen etc. hätten gezeigt, dass ein selbstermächtigtes Handeln der Sozialen Bewegungen Perspektiven aufweisen kann: Nämlich „[d]ass die kleinen Leute, die Schichten des einfachen Volkes wieder eine aktive Rolle in den Demokratien spielen, die von der Wirtschaft in Geiselhaft genommen wurden bzw. nur noch als Plutokratie funktionieren, ist für die Transformationsprozesse, die notwendig sind, unverzichtbar" (Erklärung 2014). Hierbei ist sichtlich nicht allein die Rede von den anwesenden Bewegungen, sondern es wird eine erweiterte Perspektive eingenommen, mit Blick auf all jene Prozesse, die weltweit an Alternativen zum Bestehenden arbeiten.

Die Forderungen der Erklärung werden als Schrei vorgetragen: „Unser Schrei, welcher jener der am meisten Vernachlässigten und Marginalisierten ist, fordert die Herrschenden zum Verstehen auf, dass es nicht wie bisher weitergehen kann", denn die Marginalisierten wollten weder ausbeuten, noch ausgebeutet werden, weder ausschließen, noch ausgeschlossen werden. Vielmehr wollten sie eine Lebensweise entwickeln, bei der die Würde den ersten Platz einnehme (vgl. Erklärung 2015). Um dies zu verwirklichen, werden die darauffolgenden Selbstverpflichtungen dieses *Briefes von Santa Cruz* formuliert. Der Protestschrei verdeutlicht somit eine grundlegende Kritik am Status quo und zeigt auf, was für Schritte für das gute Leben gegangen werden müssen – ohne hierbei bereits einen ausformulierten Plan zu haben. Das so artikulierte Selbstverständnis der Bewegungen zeigt eine doppelte Handlungsdimension auf: Die der Analyse, Entlarvung und Anklage sowie des Kampfes für einklagbare Rechte.

Weniger zentral erscheint hier, und darin liegt sicherlich eine Schwierigkeit der Diskussionsprozesse auf den Treffen und der daraus entstandenen Erklärungen, dass es zur Durchsetzung von Veränderungen vor allem um die Errichtung einer Gegenhegemonie, d.h. einer Veränderung der materiellen Bedingungen, wie auch des ideologischen Rahmens der Deutung, Reproduktion und Veränderung der gesellschaftlichen Verhältnisse geht. Es kann der Eindruck entstehen, dass in den Erklärungen vor allem einzelne Bereiche in den Blick genommen werden sollen, in denen Veränderungen vollzogen werden müssen. Der Bezug zum Ganzen gesellschaftlicher und globaler Wirklichkeit wird hierbei eher implizit mitgedacht.

Einer der zentralen OrganisatorInnen der Welttreffen, Juan Grabois, macht hierzu deutlich, dass trotz der festgehaltenen gemeinsamen Positionen in den Erklärungen darin auch ersichtlich würde, dass die transformative Kapazität im Kampf um die „drei T", in der Errichtung von Alternativen angesichts der ausschließenden Globalisierung, der Grad an Vereinigung, Organisierung und Mobilisierung in der historischen Mission als ProtagonistInnen des Wandels noch nicht ausgeschöpft sei. Gerade deshalb sei ein Voranschreiten des gemeinsamen Prozesses auf den Welttreffen perspektivisch wichtig.[102] Folglich: Die Bewegungen hätten noch eindeutiger eine stärkere Zusammenführung ihrer unterschiedlichen Themen, Kämpfe und Verortungen zum Ausdruck bringen können. Eine Frage, die sich hier ergibt, ist, wie der angestrebte Prozess an Verbindlichkeit und Kontinuität gewinnen kann, um langfristig Wirkung entfalten zu können.

---

[102] Vgl. http://movimientospopulares.org/wp-content/uploads/2016/10/Documents_ingles_web.pdf. Abgerufen am 20.04.2017.

Wunsch nach einer Kirche an der Seite der Bewegungen

Interessant ist in der Auseinandersetzung mit den Erklärungen, in welcher Rolle dort die Kirche gesehen wird und was sich die, tendenziell eher kirchenfernen und -kritischen, Bewegungen von dieser Institution für ihre eigene politische Arbeit erhoffen. Dabei ist zunächst wichtig zu erinnern, dass Papst Franziskus der Ideengeber der Treffen war. Dies bestätigt auch João Stédile von der brasilianischen Landlosenbewegung MST und Mitorganisator der Treffen. Er unterstreicht, dass bei der Einladung der Bewegungen aus der ganzen Welt nicht nach der Religion, Ethnie, Sexualität usw. gefragt worden sei.[103] Franziskus habe seine moralische Autorität genutzt, um einen Diskussionsraum im Vatikan zu eröffnen, in dem sich die VertreterInnen der Sozialen Bewegungen wertgeschätzt wissen könnten.[104] Insofern wurde das Interesse der Bewegungen, durch die Begegnung mit dem Papst eine Legitimität und Öffentlichkeit für ihre Anliegen zu bekommen, erfüllt.

Die BewegungsvertreterInnen auf den Treffen standen meist in keiner aktiven Verbindung zur Kirche. Dies bedeutet jedoch nicht, dass nicht auch katholische ChristInnen an den Treffen teilgenommen haben, die ihren politischen Aktivismus aus dem Glauben heraus begreifen.[105] Auch in der Pastoral Tätige waren anwesend, unter ihnen auch Bischöfe, Priester und Ordensleute aus verschiedenen Ländern, die in Sozialen Bewegungen mitarbeiten

---

103 Vgl. Stédile, João: Interview 10.03.2017, siehe Anhang dieses Buches. Zitiert als: Stédile: Interview. An dieser Stelle ist allerdings festzustellen, dass beispielsweise weder dezidiert feministische Bewegungen oder Kirchenreformbewegungen zu den Treffen eingeladen wurden.

104 Vgl. Stédile: Interview.

105 Es fanden auf allen Welttreffen auch gemeinsame Gottesdienste statt. Die Erklärung von 2014 geht sogar in einem Absatz sehr ausführlich auf die mit Kardinal Turkson gefeierte Messe ein, in der es eine aktive Beteiligung der BewegungsvertreterInnen durch die Präsentation verschiedener Symbole ihrer „Sehnsucht, [...] Misere und [...] Konflikte“ gab (Erklärung 2014).

oder eng mit ihnen verbunden sind. Ihnen gegenüber wurde erklärt, dass man sich erhoffe, „dass sie in ihrer Arbeit noch stärker unterstützt werden sollten" (Erklärung 2014).

Es lässt sich in der Gesamtschau der Dokumente konstatieren, dass die Bewegungen auf den Treffen die Kirche vor allem mit der Aufforderung adressiert haben, sie in ihren Kämpfen materiell und ideell zu unterstützen durch Infrastruktur, Räumlichkeiten, Finanzmittel, Gemeindenetzwerke und kirchliche Initiativen, personelle Hilfe, die in vielen Ländern des Südens öffentlichkeitsrelevante gesellschaftliche Position der Kirche etc. Besonders der Anhang zur Erklärung von 2016[106] enthält einige direkt an die Kirche bzw. den Papst gerichtete Forderungen, wie beispielsweise die Bitte um Mediation in den Friedensverhandlungen in Venezuela, Kolumbien und zwischen Süd- und Nordkorea, um Einsatz für die Opfer der Gewalt in der Republik Kongo, um Kritik an theokratischen Staaten, die sich an rassistischen und intoleranten Praktiken beteiligen, um Engagement für den Schutz von Indigenen, ihres Landes und ihrer kulturellen und religiösen Eigenständigkeit. Die explizit von der Kirche als Institution eingeforderten Punkte sind beispielsweise die Abgabe von 10% des Landes in Kircheneigentum zur Errichtung von Wohnraum, die Einrichtung eines globalen Fonds für die Sozialen Bewegungen und dass die Kirche ihre Mitglieder und Menschen guten Willens aufrufen solle, Geld für die Bewegungen zur Verfügung zu stellen. Dass diese Forderungen jedoch nicht auf der gleichen Ebene anzusiedeln sind wie die grundsätzlichen nach den „drei T" etc. ist dadurch ersichtlich, dass sie eben nur als Partikularforderungen einzelner AkteurInnen aufgelistet sind.

Nach Stédile wird aus den Erklärungen und Forderungen deutlich, dass überkommene Vorstellungen sowohl von internationalen Organisationen als auch von den Repräsentationen der Kirche

106 Vgl. Liste der ergänzenden Forderungen. http://movimientospopulares.org/-mociones-en-espanol/. Abgerufen am 30.04.2017.

(wie z.B. Nuntiaturen, Vertretungen in internationalen Organisationen etc.) durch die Sozialen Bewegungen gemieden werden müssten, da dies andere Räume seien, als jene, in denen die Bewegungen strategisch zu agieren versuchten.[107] Das Verhältnis zur Kirche soll insofern in erster Linie so sein, wie es in der Struktur der Welttreffen bereits aufscheint: Die Treffen zeigen, wie kirchliche Infrastruktur und Finanzierungshilfen nutzbar gemacht werden können, um den weltweiten Vernetzungsprozess der Sozialen Bewegungen zu unterstützen. Kardinal Turkson bekräftigte dies in seiner Eröffnungsrede des zweiten Treffens:

> „Die Kirche möchte ihre Hände in diese Prozesse [der Gründung von Bewegungen der Armen; B.K.] einbringen und ihnen helfen, sodass sich jeden Tag ihre sozialen Kooperativen, ihre Nachbarschaftsverwaltungen, ihre kleinbäuerlichen und indigenen Gemeinschaften stärken, damit sich mehr und bessere Bedingungen für die integrale Entwicklung der Ausgeschlossenen als Personen, Familien und Völker bieten können."[108]

Dabei ist den Bewegungen zugleich sehr wichtig, dass der Organisierungsprozess nicht von den kirchlichen Strukturen abhängt, da die Kirche und die Sozialen Bewegungen unterschiedliche Räume und Organisationsformen sind. Justitia et Pax solle unter der Leitung von Kardinal Peter Turkson die Sozialen Bewegungen stärken, wie es im Interesse von Papst Franziskus liege.[109] Von der Kirche wird somit eine Begleitung des Organisierungsprozesses gewünscht – es soll weder zu einer Verschmelzung noch zu einer gegenseitigen Vereinnahmung beider Räume kommen.

Die Erklärung von 2016 hat allerdings unter Rekurs auf die gemeinsame Verwirklichung der Veränderungen mit Papst Franziskus auch direkt die kirchliche Basis adressiert, damit sie ihren aktiven und verbindlichen Beitrag zu diesen Wandlungsprozes-

---

107 Vgl. Stédile: Papst Franziskus.

108 Turkson, Peter: Eröffnungsrede des 2. Welttreffens in Santa Cruz. 07.07.2015. http://movimientospopulares.org/wp-content/uploads/2015/06/2015.07.07-p-kat-intro.pdf. Abgerufen am 30.04.2017.

109 Vgl. Stédile: Interview.

sen leistet.[110] Es ist jedoch auffällig, dass die Kirche auf den Welttreffen und auch in den Erklärungen insgesamt als eine Kooperationspartnerin, ein unterstützendes Gegenüber der Anliegen der Bewegungen betrachtet wird: Ein theologisches Verständnis von Kirche, als Gemeinschaft derer, die sich gemeinsam für eine Welt ohne Ungerechtigkeit und Ausbeutung engagieren, taucht außerhalb der Reden des Papstes kaum auf.[111]

Besonders auf den ersten beiden Welttreffen wurden die zentralen Texte des Papstes, *Evangelii Gaudium* und *Laudato si*, sehr intensiv bearbeitet. *Evangelii Gaudium* habe man, so die Erklärung von 2014, vor allem diskutiert, „um zu ethischen Leitlinien für das Leben von Individuen, Gruppen und Gesellschaft zurückzufinden“ (Erklärung 2014). Doch auch die Ansprachen des Papstes wurden sehr ausführlich diskutiert und als Dialog mit den eigenen Auseinandersetzungen betrachtet. Stédile sagte hierzu, dass zu ihrer Überraschung „Franziskus grundsätzlich zu jedem Thema, das wir in diesen vier Jahren angesprochen und diskutiert haben, immer eine Position, eine ideologische Gegenwehr, fortgeschrittener und auch progressiver als viele von uns, die wir in den popularen Bewegungen sind“, gehabt habe.[112] Wo die Bewegungen ihre Meinungen demonstriert hätten, habe Franziskus seine Position dargelegt, „als Denker, als Pastor einer Gruppierung der universalen Gesellschaft.“[113] Dass die Worte des Papstes keine zweideutige Interpretation in Bezug auf die Armen, die Solidarität mit dem oft riskanten politischen Einsatz der Sozialen Bewegungen und die Unumgänglichkeit eines erlösenden Wandels zulassen, wird in der Erklärung von 2014 bekräftigt. Im Gegenzug wird bei

110 Unterstützt durch den Ausruf: „Lang lebe Papst Franziskus und seine Arme Kirche für die Armen!“ (Erklärung 2014).

111 Vgl. Lis, Julia/Ramminger, Michael: Eine erstaunliche Initiative. Die Welttreffen der sozialen Bewegungen. In: Informationsstelle Lateinamerika (ila) Nr. 404. (04/2017). 49-50, hier 50. Zitiert als Lis/Ramminger: Die Welttreffen.

112 Stédile: Interview.

113 Ebd.

genauer Betrachtung auch eine Schutzfunktion gegenüber Franziskus eingenommen, indem unterstrichen wird, dass sich die Auseinandersetzungen und Forderungen der Welttreffen auf der Basis der kirchlichen Soziallehre befinden. Grabois erklärte, dass es diesbezüglich nicht um ideologische Diskussionen auf den Treffen gehe, sondern es handle sich um die Soziallehre der Kirche, von der aus man sich globalen Problemen zuwende:

> „Wieso ist es so schwierig geworden in Würde zu arbeiten, eine Unterkunft zu haben oder den Boden zu bebauen? Warum ist es für unsere Jugendlichen so schwierig geworden, ein freies, würdiges kreatives Leben zu führen? Warum scheint es eine unerreichbare Utopie, dass alle Menschen und Völker in kultureller und religiöser Diversität zusammenleben, im Respekt vor ihren individuellen wie kollektiven Rechten, ohne Gewalt und Unterdrückung?“[114]

Es ist nicht von der Hand zu weisen, dass die kirchliche Soziallehre sich mit diesen Fragen auseinandergesetzt hat und dies bis heute tut. Es wird hierdurch jedoch auch der wichtiger Punkt außen vor gelassen, dass die Befreiungstheologie ganz wesentlich auf diesen Fragen nach einer gerechten Gesellschaftsform und den Befreiungskämpfen von Sozialen Bewegungen fußt und dies sehr viel fundamentaler in Angriff genommen hat als die kirchliche Soziallehre. Ebenso wie Franziskus stellen auf den Welttreffen auch die BewegungsvertreterInnen keinen Bezug zu dieser (v.a. in Lateinamerika entscheidenden) Geschichte der Theologie der Befreiung, ihrer Entstehung in den Basisbewegungen und ihrer Wirkungsweise in emanzipatorischen Prozessen her. Vor allem in Lateinamerika wäre die Geschichte vieler Bewegungen ohne die Befreiungstheologie undenkbar. Sicherlich hängt der fehlende Bezug hier bei vielen BewegungsaktivistInnen damit zusammen, dass sie heute keine konfessionelle Bindung mehr haben und und dadurch das Verständnis für Befreiungstheologie und befreiendes Christentum abnimmt. Seitens des Organisationskomitees der Welt-

114 Grabois: Pressekonferenz vom 24.10.2014.

treffen ist es jedoch möglicherweise auch strategisch bedingt, weil nicht in innerkirchliche Streitpunkte (und einer daraus möglicherweise folgenden Delegitimation der Zusammenarbeit mit den Bewegungen) eingegriffen werden soll.

Vorhandenes Konfliktpotential zeigt sich in der innerkirchlichen Kritik an den Welttreffen und dem Vorwurf, Papst Franziskus lasse sich mit diesen Treffen auf KommunistInnen ein,[115] was dieser bereits in seiner ersten Ansprache problematisiert. Juan Grabois, der von konservativen Kreisen hinter vorgehaltener Hand als kommunistischer Papstberater betitelt wird[116], erklärte, dass zwar auf den Welttreffen vor allem linke AktivistInnen anwesend gewesen seien, das Ziel der Treffen jedoch nicht die Auseinandersetzung mit Ideologien sei, sondern die Forderung nach der Umsetzung grundlegender Menschenrechte, etwa anhand der „drei T". Es würde ein mediales Interesse an der Teilnahme von Menschen mit solchen politischen Positionen erzeugt, hingegen führe es nicht zu einem Skandal, wenn VertreterInnen von Ölkonzernen im Vatikan empfangen würden.[117] Ebenfalls sehr kritisch aufgefasst wurde in der konservativen Presse die Beteiligung von Evo Morales an den ersten beiden Welttreffen. Ein kurzer Bericht vom Treffen in Santa Cruz des KNA-Journalisten Ludwig Ring-Eifel verdeutlicht beispielhaft die Sorge vor einer zu großen Nähe zwischen dem Papst und den Sozialen Bewegungen mit dezidiert linker Positionierung.[118]

Tatsächlich gibt es eine Nähe der Welttreffen zu linken Regierungsprojekten, was die Teilnahme von Morales und Mujica zeigt.

---

115 Vgl. Plattform Belo Monte: „Welttreffen der Volksbewegungen" in Rom beendet. http://plattformbelomonte.blogspot.de/2014/10/welttreffen-der-volksbewegungen-in-rom.html. Abgerufen am 02.05.2017.

116 Vgl. Grabois: Prawo do pracy.

117 Vgl ebd.

118 Vgl. Ring-Eifel, Ludwig: Geballte Fäuste und Polit-Parolen. Papst Franziskus beim Treffen der Volksbewegungen. Domradio (10.07.2015). https://www.-domradio.de/themen/papst-franziskus/2015-07-10/papst-franziskus-beim-tr-effen-mit-volksbewegungen. Abgerufen am 02.05.2017.

Hierin liegt ein Widerspruch, da dies der Logik der Sozialen Bewegungen als außerparlamentarische und staatskritische Akteurinnen entgegensteht. Gleichzeitig ist es auffällig, dass beispielsweise von Ring-Eifel eine Nähe des Vatikans zu RegierungsvertreterInnen, die für die Beibehaltung des Status quo verantwortlich sind, nicht problematisiert wird.

Auch in der medialen Berichterstattung wurde größtenteils nicht auf die Verbindung der Theologie der Befreiung mit den Sozialen Bewegungen hingewiesen, sondern die Annäherung von Kirche und Bewegungen als völlig neues Phänomen betrachtet.[119] Dass jedoch auch ein Bewusstsein für die theologische Dimension der Bewegungspraxis vorhanden ist, zeigt die abseits der offiziellen Verlautbarungen getroffene Aussage von João Stédile, dass er aufgrund seiner Erfahrungen mit der Kirche der Armen in Brasilien hoffe, dass die katholische Kirche die Befreiungstheologie wieder aufgreife, „die genau die Verbindung der pastoralen Arbeit, der Bewusstseinsbildung der Leute bezüglich der Existenz der Probleme, ihren wahren Ursachen darstellt und die das Volk ermutigt sich zu organisieren und zu kämpfen, um Auswege zu finden und ihre Probleme zu lösen."[120]

119 Vgl. Ramonet, Ignacio: Le Pape François: «Quand je défends les pauvres, certains m'accusent d'être communiste!». Mémoire de luttes (29.10.2014). http://www.medelu.org/Le-Pape-Francois-Quand-je-defends. Abgerufen am 03.05.2017. Die Deutschen Welle titelte hingegen vorab zum Welttreffen in Bolivien: „Es ist wie in alten Zeiten: In Lateinamerika proben soziale Bewegungen und katholische Kirche erneut den Schulterschluss. Wird sich der Papst bei seinem Besuch von den Gastgebern politisch vereinnahmen lassen?" Deutsche Welle: Jubel für den Papst, nicht für Politiker. Deutsche Welle (08.07.2015). http://www.dw.com/de/jubel-f%C3%BCr-den-papst-nicht-f%C3%BCr-politiker/a-18567059. Abgerufen am 02.05.2017.

120 Stédile: Interview.

Wie es mit den Treffen weitergeht

Die ersten drei Welttreffen haben eine Dynamik entwickelt, die dazu führte, dass bereits zwei Regionaltreffen ausgerichtet wurden: ein kleineres am 24. September 2016 in Buenos Aires, Argentinien, und ein großes und weltweit medial wahrgenommenes Treffen am 16.-19. Januar 2017 im kalifornischen Modesto. Das Ziel ist vor allem, die bei den Begegnungen der Welttreffen aufgeworfenen Themen zu kontextualisieren und mit weiteren Bewegungen in die Diskussion zu treten. Dadurch soll eine regionalisierte, jedoch auf die Welttreffen bezogene Handlungsperspektive entwickelt werden.[121] An diesen Treffen nahmen neue BewegungsvertreterInnen teil, doch auch Bischöfe und andere VertreterInnen der Kirche.

Das US-Regionaltreffen von Modesto wurde im Wesentlichen verantwortet von den AkteurInnen Direct Action & Research Training Center, Gamaliel Foundation, Homeboy Industries, Interfaith Worker Justice, Jesuit Ministries of the Jesuit Conference of Canada & the United States, National Domestic Workers Alliance, PICO (People Improving Communities through Organizing) National Network, Service Employees International Union und U.S. Federation of Worker Cooperatives. Es gab ca. 600 TeilnehmerInnen, darunter VertreterInnen aus Sozialen Bewegungen, einige der OrganisatorInnen der Welttreffen, 35 Bischöfe und eine Delegation des neuen vatikanischen *Dikasteriums für den Dienst zugunsten der ganzheitlichen Entwicklung des Menschen* unter der Leitung von Kardinal Turkson.[122]

Der Papst übermittelte eine Botschaft an die Teilnehmenden, in der er alle Beteiligten von neuem ermutigte, ihre Kämpfe um Wohnung, Arbeit und Land fortzusetzen – gerade an den historischen Wendepunkten der Krise, die eine Gefahr und zugleich eine

121 Vgl. http://popularmovements.org/about/. Abgerufen am 20.04.2017.
122 Vgl. ebd.

Chance für die widerständige Menschlichkeit darstelle.[123] Die von den Bewegungen verfasste Erklärung des US-Treffens richtet sich vor allem gegen Rassismus und den Ausschluss aufgrund sozialer und ökonomischer Hierarchien.[124] Es gibt eine implizite Kritik an der Politik Trumps und der hinter ihm stehenden weißen privilegierten Klasse, die unbeirrt das kapitalistische System mit seiner Vergötterung der Reichtums-Akkumulation vor den menschlichen Bedürfnissen verteidige („Racism and White Supremacy are America's original sins. They continue to justify a system of unregulated capitalism that idolizes wealth accumulation over human needs"').[125] Deswegen werden acht zentrale Punkte für eine Bewegungspraxis im US-amerikanischen Kontext benannt: Stärkung der Sanctuary-Praxis von Kirchengemeinden und Städten, der Einsatz von Körperkraft, Geld und institutioneller Macht zum Schutz vor Abschiebungen – auch mit dem Mittel des Zivilen Ungehorsams, eine Verstärkung der prophetischen Praxis der Glaubensgemeinschaften, eine neue Klarheit in der Einheit des gemeinsamen Kampfes, ohne sich spalten zu lassen, eine Weiterentwicklung popularer Bildungsprogramme, die sich an der katholischen Soziallehre orientieren sowie die Einberufung ähnlicher Zusammenkünfte auf Ebene der Bundesstaaten.[126]

Auffällig ist in diesem Dokument das sehr viel selbstverständlicher formulierte Verhältnis von Kirche und Sozialen Bewegungen als Verbündete in einer gemeinsamen gesellschaftlichen Praxis mit einer klaren Option für die Veränderung der sich in den USA zuspitzenden politischen Verhältnisse. Es gab auf dem Treffen sehr positionierte Beiträge von Bischöfen: So rief der Bischof

---

123 Vgl. Papst Franziskus: Botschaft aus Anlass der Begegnung der Volksbewegungen in Modesto, Kalifornien, 10.02.2017. https://w2.vatican.va/content/-francesco/en/messages/pont-messages/2017/documents/papa-francesco_20-170210_movimenti-popolari-modesto.html. Abgerufen am 03.05.2017.

124 Vgl. Botschaft von Modesto, 19.2.2017. http://popularmovements.org/news/-message-from-modesto/. Abgerufen am 03.05.2017.

125 Vgl. http://popularmovements.org/about/. Abgerufen am 03.05.2017.

126 Vgl. ebd.

von San Diego, Robert McElroy, auf dem Treffen zum Widerstand gegen unmenschliche Maßnahmen der Trump-Regierung auf: Es seien nun „Störenfriede“ notwendig, um Widerstand gegen die Politik Trumps zu leisten, der sich selbst im Wahlkampf als „Störenfried“ bezeichnet hatte. Man müsse jene stören, „die Soldaten auf unsere Straße senden wollen, um Menschen ohne Papiere abzuschieben und dabei Mütter und Väter von ihren Familien zu trennen“ sowie diejenigen, „die Flüchtlinge nicht Geschwister in Not, sondern Feinde nennen. Wir müssen jene stören, die uns darin schulen, Muslime als Angstauslöser statt als Kinder Gottes zu sehen. Wir müssen jene stören, die den Armen die Gesundheitsversorgung und sogar Kindern Essensmarken und Ernährungsprogramme wegnehmen wollen.“[127] McElroy verteidigte auch die Kapitalismuskritik des Papstes und Erzbischof Jose Gomez rief zu einer Reform der US-Einwanderungspolitik auf, nachdem er die Abschiebepraxis der Präsidenten Barack Obama und Donald Trump verurteilte.[128] Es scheint so, als habe die Kirchenleitung in den USA ein großes Interesse an der Allianz mit Sozialen Bewegungen. Dies kann jedoch unter Umständen auch daran liegen, dass die am US-Regionaltreffen teilnehmenden Sozialen Bewegungen weniger dezidiert links (-radikal) positioniert waren, als dies beispielsweise bei lateinamerikanischen Bewegungen auf den Welttreffen der Fall ist.

Wie dieser begonnene Prozess in den USA voranschreiten wird und ob er auch auf andere Länder des globalen Nordens übertragbar sein wird, gilt es jetzt weiter abzuwarten.

Doch auch abseits der Treffen gibt es vereinzelt eine direkte Bezugnahme auf diesen neu begonnenen Prozess. So wurden beispielsweise die Forderungen der Welttreffen „Keine Familie ohne

127 Katholische Presseagentur Österreich: Bischof ruft zum „Stören“ der Politik Trumps auf. Katholische Presseagentur Österreich (20.02.2017). http://www.kathpress.at/goto/meldung/1473554/bischof-ruft-zum-stoeren-der-politik-trumps-auf. Abgerufen am 03.05.2017.

128 Vgl. ebd.

Haus, kein Bauer ohne Land, kein Arbeiter ohne Rechte" von 99 brasilianischen Bischöfen im April 2017 explizit aufgegriffen, als diese zum Generalstreik angesichts der Gesetzesinitiativen der Temer-Regierung zum Abbau von ArbeitnehmerInnenrechten und Sozialversicherungen aufgerufen haben.[129]

Insgesamt muss man aber festhalten, dass im öffentlichen und innerkirchlichen Bewusstsein die hier beschriebenen strategischen Annäherungen von katholischer Kirche und Sozialen Bewegungen (noch) nicht besonders tief verankert sind, was in der sehr geringen Wahrnehmung und zurückhaltender Berichterstattung sowie wissenschaftlicher Auseinandersetzung erkennbar ist. Zum einen liegt die Ursache hierfür in der marginalisierten Position Sozialer Bewegungen und ihrer fehlenden Verbindung zur Weltkirche. Insofern ist eine Interpretation der Bedeutung und strategischen Chance dieser Allianz wichtig, die ihre Relevanz untermauern. Welche Konsequenzen der Dialog zwischen Kirche und Bewegungen hat, soll nun mit einem genaueren Blick in die Ansprachen von Papst Franziskus beleuchtet werden.

129 Vgl. Domradio: Gesellschaftliche Verantwortung übernehmen. 99 brasilianische Bischöfe rufen zum Generalstreik auf. Domradio (28.04.2017). https://www.domradio.de/themen/weltkirche/2017-04-28/99-brasilianische-bischoefe-rufen-zum-generalstreik-auf und Adveniat: Pressemitteilung, 30.03.2017: Brasiliens Bischöfe rufen zu Protesten auf. http://www.adveniat.de/presse/pressemitteilungen/brasiliens-bischoefe-rufen-zu-protesten-auf.html. Abgerufen am 29.04.2017.

5. Kapitel

„Ihr tut, was Jesus tat“ – Papst Franziskus auf den Welttreffen der Sozialen Bewegungen

Man kann sagen, dass Papst Franziskus eine Zäsur sowohl in der jüngeren Geschichte des Papstamts, als auch in der nachkonziliaren Kirchengeschichte darstellt. Seine Konzeption einer Kirche der Armen sorgt sein Beginn seines Pontifikats im März 2013 für Irritationen, sie bringt neuartige Prozesse in Gang und sorgt zugleich für innerkirchliche Konflikte.

Er ist als Oberhaupt der katholischen Kirche aufs Engste mit dieser Institution verbunden und zugleich übt er eine radikale Kritik an ihr. Aus seiner Perspektive ist die Kirche krank und benötigt Heilung, um ihrer eigentlichen Berufung, der Evangelisierung, die ihre tiefste Identität ausmacht, gerecht zu werden.[130] Es geht ihm, wenn er von der Kirche spricht, nicht um ihr Idealbild, sondern er nimmt in seinem apostolischen Lehrschreiben *Evangelii Gaudium* (EG) eine ausführliche Analyse vor, um sich ihres Zustands bewusst zu werden. Seit dem Beginn seines Pontifikats hat er den Grundsatz des II. Vatikanischen Konzils, dass die Kirche einer stetigen Erneuerung bedarf (LG 9) ins Gedächtnis der Gläubigen gerufen und dafür in *Evangelii Gaudium* sehr klare Analysen vorgelegt. Eine zentrale Problemanzeige in seiner fundamentalen Kirchenkritik ist die Selbstbezüglichkeit der Kirche, die er besonders ihrer Führungsetage vorwirft: „Die Führer der Kirche waren oft narzisstisch, von Höflingen umschmeichelt und zum Üblen angestachelt. Der Hof ist die Lepra des Papsttums.“[131] Konkretisiert

---

130 Vgl. Papst Franziskus/[Bergoglio, Jorge Mario]: Offener Geist und gläubiges Herz. Freiburg 2013. 48.

131 Scalfari, Eugenio: Papa Francesco a Scalfari: così cambierò la Chiesa „Giova-

hat Papst Franziskus seine Kritik an der Kurie in seinem Katalog der 15 Krankheiten der Kurie: Die Kirchenverwaltung leide an „existenzieller Schizophrenie" und „geistlichem Alzheimer", es herrsche eine „Krankheit einer mentalen und spirituellen Erstarrung", die zum Verlust der nötigen menschlichen Empathie führe.[132] Er teilt eine auf den Vatikan und seine Interessen ausgerichtete Leitungsform nicht und der Heilige Stuhl müsse im Dienst des Volkes Gottes stehen.

Einer der Gründe dieser kurialen Krankheiten ist Franziskus' Analyse zufolge neben dem Klerikalismus der Zentralismus der katholischen Kirche: „Eine übertriebene Zentralisierung kompliziert das Leben der Kirche und ihre missionarische Dynamik, anstatt ihr zu helfen" (EG 32). Dabei schließt er das Papstamt in die Kritik mit ein: „Ich glaube [...] nicht, dass man vom päpstlichen Lehramt eine endgültige oder vollständige Aussage zu allen Fragen erwarten muss, welche die Kirche und die Welt betreffen. [...] In diesem Sinn spüre ich die Notwendigkeit, in einer heilsamen ‚Dezentralisierung' voranzuschreiten" (EG 16), schreibt er direkt zu Beginn seines Lehrschreibens *Evangelii Gaudium.*

Mit seiner Kritik am narzisstischen, zentralisierten Kirche-Sein geht es Franziskus darum, diese Krankheiten der Kirche zu heilen und zu überwinden. Metaphorisch macht er dies dadurch deutlich, dass es vielmehr darauf ankomme, eine „Verletzungsgefahr" einzugehen. Das Eingehen von möglichen Verletzungen ist auf der bildlichen Ebene fundamental unterschieden von einer chronischen Erkrankung, die den ganzen Organismus in Mitleidenschaft zieht. Sein Appell zielt auf den Mut, sich Blessuren zuzuziehen, die im Handgemenge, in Auseinandersetzungen und dem

---

ni senza lavoro, uno dei mali del mondo". Repubblica. 01.10.2013. http://www.repubblica.it/cultura/2013/10/01/news/papa_francesco_a_scalfari_cos_cambier_la_chiesa-67630792/. Abgerufen am 20.04.2017.

132 Papst Franziskus: Ansprache anlässlich des Empfangs für die Leiter der römischen Kurie, 22.12.2014. http://de.radiovaticana.va/news/2014/12/23/die_-papstansprache_an_die_kurie/1115831. Abgerufen am 20.04.2017.

„Dazwischen-Gehen" entstehen können: „Mir ist eine ‚verbeulte' Kirche, die verletzt und beschmutzt ist, weil sie auf die Straßen hinausgegangen ist, lieber, als eine Kirche, die aufgrund ihrer Verschlossenheit und ihrer Bequemlichkeit, sich an die eigenen Sicherheiten zu klammern, krank ist." (EG 49).

Wichtig ist an dieser Stelle der Hinweis, dass Papst Franziskus nicht nur die kurialen Strukturen kritisiert, sondern dass er sehr konkret alle anspricht, die ein Amt in der Kirche innehaben und alle, die Verantwortung für die kirchliche Praxis tragen. Denn aus seiner Sicht ist eine grundsätzliche Umkehr in der Pastoral dringend notwendig.[133] Seine Reformbemühungen hinsichtlich der Kurie, die von einem Kardinalsgremium in Angriff genommen wurden, zeigen erste Veränderungsschritte, die zugleich erst der Anfang grundlegender Dezentralisierung des römischen Verwaltungsapparates sein können. Es geht eben nicht nur um das Drehen an wenigen Stellschrauben in der Pastoral, sondern die herrschenden Plausibilitäten der Verfasstheit der Kirche und ihr Tun an den Menschen sollen auf den Prüfstand gestellt werden.

Die grundsätzlichen Punkte der missionarischen Umgestaltung der Kirche benennt Franziskus im ersten Kapitel von *Evangelii Gaudium*: Es geht um Aufbruch (EG 20ff), das Ergreifen der Initiative, das Sich-Einbringen, die Begleitung und das Frucht-Bringen sowie das Feiern (EG 24ff). Dieser Aufbruch sei die Antwort auf die vorangegangene Initiative Gottes im Handeln an seinem Volk. Jene, die sich in die Nachfolge begeben, sind somit gefragt, auf die Initiative Gottes mit dem ernsthaften Engagement zur Veränderung des Bestehenden zu antworten. Dadurch findet Subjektwer-

133 Norbert Arntz hat in seinem Beitrag (Arntz, Norbert: Verdeutscht oder verdreht? Oder: Wie die vatikanische Übersetzung *Evangelii Gaudium* entschärft! In: Fendel, Peter/Kern, Benedikt/Ramminger, Michael: Tun wir nicht, als sei alles in Ordnung. Münster 2014. 138-145) beispielhaft nachgewiesen, dass die offizielle deutsche Übersetzung von EG eine Entschärfung vornimmt und von „Seelsorge in Neuausrichtung" (EG 25) statt von „Pastoral im Umkehrprozess" spricht.

dung und solidarische Selbstermächtigung statt, durch die Prozesse des Wandels entstehen.[134]

Der Begriff der pastoralen Umkehr ist bereits leitend im Abschlussdokument von Aparecida gewesen, das der damalige Kardinal Bergoglio als Vorsitzender der Redaktionskommission maßgeblich mit geprägt hat.[135] Norbert Arntz, der 2007 beobachtender Teilnehmer der CELAM-Vollversammlung von Aparecida gewesen ist, bringt auf den Punkt, wie dieser Begriff in Aparecida festgehalten und nun von Papst Franziskus aufgegriffen wird: „Pastorale Umkehr meint nicht, mehr Leute in die Maiandacht oder zur Beichte zu bringen. Oder mehr Messen bzw. mehr Wortgottesdienste anzubieten oder ähnliches. Das bliebe in dem stecken, was Papst Franziskus die sich um sich selbst drehende, die ‚selbstreferentielle' Kirche nennt. Nein! Pastorale Umkehr heißt, wie das die Nr. 365 [des Dokuments von Aparecida, B.K.] sagt: Die morsch gewordenen Strukturen aufgeben! oder die Nr. 366: Auf die Zeichen der Zeit achten! Oder die Nr. 367: Die heutigen gesellschaftlichen, kulturellen Transformationsprozesse ernst nehmen!" und wie es in Nr. 371 heiße: „wirksam auf die Herausforderungen der Welt von heute [zu] reagieren!"[136]

Das Ziel dieser Umkehr liegt darin, die Kirche zu einer evangelisierenden umzugestalten. Dies machte Bergoglio bereits in seiner Rede zum Vorkonklave deutlich: Die Kirche ist dazu da, zu evangelisieren.[137] Das bedeutet, die Wirklichkeit im Sinne des Rei-

---

134 Auf die Subjektwerdung der Glieder der Kirche geht er vor allem in EG 80, 83, 86, 92, 97, 101, 109 ein.

135 Vgl. Sekretariat der Deutschen Bischofskonferenz (Hg.): Aparecida 2007. Schlussdokument der 5. Generalversammlung des Episkopats von Lateinamerika und der Karibik. Bonn 2008. Kapitel 7.2.

136 Arntz, Norbert: Pastorale Umkehr. Das Programm des Franziskus-Pontifikats. München 2014. 9f. Zitiert als: Arntz: Pastorale Umkehr.

137 Vgl. Bergoglio, Jorge Mario: Rede vor den Kardinälen vor der Papstwahl. http://www.adveniat.de/presse/papst-franziskus/rede-im-vorkonklave.html. Abgerufen am 20.04.2017. Vgl. ebenso Papst Paul VI.: Evangelii Nuntiandi. Nr. 80. http://w2.vatican.va/content/paul-vi/de/apost_exhortations/documents-

ches Gottes zu verändern (vgl. EG 176). Dann ist dies eben nicht zu verwechseln mit einer institutionspolitischen Praxis kirchlicher Selbsterhaltung oder ihres Wachstums.

Es ist aufschlussreich zu beobachten, dass bereits der Aufbau des Lehrschreibens *Evangelii Gaudium* aufzeigt, welche Perspektive Papst Franziskus einnimmt, um die Reform der Kirche an sehr konkreten Maßstäben zu orientieren. Die Kapitel stehen in ihrer Reihenfolge in der Logik der Reflexion von kirchlichem Kontext und der sozialen Dimension. So wird beides immer wieder in einen engen Zusammenhang gebracht.

Wenn Papst Franziskus also sowohl die innerkirchliche als auch die gesamtgesellschaftliche Wirklichkeit zusammen betrachtet, kann man bei dieser zweifachen Richtung der Reflexion von einer doppelten Kritik sprechen: Einerseits darf das politisch-ökonomische System durch seine „neue, unsichtbare, manchmal virtuelle Tyrannei" (EG 56) nicht in die Sklaverei führen. Das bedeutet, der Mensch darf sich nicht einer selbst geschaffenen Unfreiheit unterwerfen. Dies gilt jedoch andererseits auch für die Kirche (vgl. EG 43), die nicht in die menschengemachten Unterdrückungsformen einwilligen darf in ihrer eigenen Handlungsweise. Man kann somit die Intention dieses Lehrschreibens so formulieren, dass Kapitalismus- und Kirchenkritik, Gesellschaftsveränderung und Kirchenreform eng zusammen gehören. Denn einer Reform der Kirche bedarf es vor allem wegen der Krisen in der globalisierten Welt – und nicht von ihnen losgelöst. Durch die zentrale Stellung der Unterscheidung von Gott und Götze in *Evangelii Gaudium* (vgl. EG 55) und das Aufrufen der sozial-ökologischen Dimension in seiner Enzyklika *Laudato si*, wird ein prophetisches Verständnis der pastoralen Praxis geprägt. Die Praxis der Kirche muss dann von den vielfältigen Erfahrungen von Ungerechtigkeit und Leid ausgehen, diese analysieren und die Wurzeln dieser Leiden reflektieren. Sie ist somit

/hf_p-vi_exh_19751208_evangelii-nuntiandi.html. Abgerufen am 20.04.2017.

von daher in ihrem Handeln parteilich und konfliktiv angesichts der verschiedenartigen globalen gesellschaftlichen Widersprüche.[138]

Somit gibt es bei Papst Franziskus in der ekklesiologischen Konzeption, also seinem Kirchenverständnis, einen Paradigmenwechsel, der in der Betonung der Barmherzigkeit begründet ist. Die Autorität der Kirche besteht demnach in erster Linie in ihrem samaritanischen Zeugnis, als eine Kirche auf Seiten der Armen und nicht in der bevormundenden, rigoristisch und legalistisch ausgelegten Moral und Dogmatik. Hans Waldenfels formuliert den paradigmatischen Perspektivwechsels von Papst Franziskus folgendermaßen:

> „An erster Stelle steht nicht mehr die Verwaltung dogmatischer und moralischer Vorschriften, auch nicht zunächst die Sorge, dass diese immer wieder bekannt gemacht werden, und dann die Kontrolle, dass und ob sie beachtet werden. An erster Stelle stehen die Wahrnehmung der Verwundungen und ihre Heilung."[139]

Franziskus betont mit Nachdruck, dass überall wo ChristInnen sind, vor allem in den Pfarreien, Gemeinschaften, Vereinigungen und Bewegungen, für alle Oasen der Barmherzigkeit vorgefunden werden sollten.[140] Das bedeutet, dass das Kriterium der barmherzigen Solidarität und Parteilichkeit auf Seiten der Unterdrückten handlungsleitend sein muss. Dann ist es dementsprechend konsequent, dass Franziskus die Nähe zu den Sozialen Bewegungen, die genau diesen Anspruch von Solidarität und Parteilichkeit erheben, sucht und die Hoffnung auf Veränderbarkeit mit ihnen teilt:

---

138 Vgl. Böttcher, Herbert: Der Papst und der Kapitalismus. Kapitalismuskritik als Evangelisierung. Pax-Zeitschrift (2014). http://www.oekumenisches-netz-.de/wp-content/uploads/2015/03/Evangelii_Gaudium_Pax_Zeitschrift.pdf. Abgerufen am 25.01.2017.

139 Waldenfels, Hans: Sein Name ist Franziskus. Der Papst der Armen. Paderborn 2014. 72. Zitiert als: Waldenfels: Sein Name.

140 Vgl. Papst Franziskus: Misericordiae Vultus. Verkündigungsbulle des außerordentlichen Jubiläums der Barmherzigkeit. https://w2.vatican.va/content/-francesco/de/apost_letters/documents/papa-francesco_bolla_20150411_misericordiae-vultus.html. Abgerufen am 18.04.2017.

Durch seine Parteilichkeit für die Ausrichtung auf die Peripherien schafft Papst Franziskus neue Möglichkeiten, den gesamtkirchlichen Konsens hin zu einer samaritanischen Kirche zu verschieben. Dadurch könnte ein notwendiges Handeln innerhalb und außerhalb der katholischen Kirche von der Wurzel her erleichtert werden. Es liegt also an der breiten Basis des Volkes Gottes, die Chance zu nutzen und zu einer Kirche zu werden, die sich auf dem Weg zur Peripherie befindet mit einer Lebenskultur der Solidarität (vgl. EG 57).

Nach einer ersten Bestandsaufnahme der Programmatik dieses Papstes kann nun der Blick auf die Welttreffen der Sozialen Bewegungen geworfen werden.

Die Ansprachen von Papst Franziskus auf den Welttreffen der Sozialen Bewegungen

Papst Franziskus hielt auf den drei Welttreffen der Sozialen Bewegungen jeweils eine Ansprache, in der er sich gezielt an die TeilnehmerInnen der Treffen richtete.[141] Diese Texte gehören zu den prägnantesten Texten seines bisherigen Pontifikates und können als hermeneutischer Schlüssel zu seinen Schreiben *Evangelii Gaudium* und *Laudato si* verstanden werden. Inhaltlich hat Franziskus die auf den Welttreffen diskutierten Themen aufgegriffen, sie aus seiner Perspektive kommentiert, prophetische Kritik an den bestehenden Verhältnissen formuliert, konkrete Handlungsvorschläge geliefert und die Bewegungen in ihrer Arbeit gewürdigt und gestärkt.

---

141 Im Anhang dieses Buches sind die Ansprachen abgedruckt: Papst Franziskus: Ansprache vor den Teilnehmern am Welttreffen der Sozialen Bewegungen in der Alten Synodenaula, Rom, 28.10.2014. http://www.itpol.de/?p=-1491. Im Folgenden zitiert: Ansprache 2014. Papst Franziskus: Ansprache 2015. Sowie Papst Franziskus: Ansprache an die Teilnehmer der 3. internationalen Begegnung der Volksbewegungen, Aula Paolo IV, Rom, 05.11.2016. http://w2.vatican.va/content/francesco/de/speeches/2016/november/documents/papa-francesco_20161105_movimenti-popolari.html. Im Folgenden zitiert: Ansprache 2016. Alle abgerufen am 10.04.2017.

Die Analyse dessen, was den Menschen seiner Würde beraubt, und eine entlarvende, prophetischen (Götzen-) Kritik durchziehen diese Ansprachen. Sie zeugen davon, dass er sich sehr bewusst auf die Fragestellungen der Bewegungen eingelassen hat und mit seinen Reflexionen sowohl einen politischen als auch einen theologischen Beitrag leisten möchte.

Im Folgenden wird nun genauer auf die drei Ansprachen geblickt, um zu fragen, welche globalen und gesellschaftlichen Realitäten Franziskus hier in den Fokus rückt, mit welchen Grundbegriffen er sich auseinandersetzt und welche Optionen und politische Handlungsperspektiven darin formuliert werden. Hierbei wird nicht chronologisch vorgegangen, sondern die drei Texte werden mit ihrer gegenseitigen Bezugnahme zusammengehörend betrachtet. Besonders interessant ist dabei die Frage, welchen Stellenwert bzw. welche Funktion Franziskus den Sozialen Bewegungen zuspricht, wie er das Verhältnis der Kirche zu ihnen einschätzt und was diese Allianz für das kirchliche Selbstverständnis bedeutet, um daraus Rückschlüsse für eine Kirche der Armen ziehen zu können.

Worum geht es Papst Franziskus theologisch auf den Treffen?

Drei theologische Schlüsselbegriffe spielen in den Ansprachen eine wichtige Rolle: Götzenkritik, Schöpfung und Veränderung. Sie können Hinweise darauf geben, wie Papst Franziskus die sozialen und politischen Kämpfe theologisch verortet, welches Gewicht er ihnen gibt, wie er dialogisch mit den Sozialen Bewegungen in Austausch tritt und was dies für das Verhältnis der Kirche zu diesen Organisationen bedeutet.

Götzendienst des Geldes

Papst Franziskus stellt in seinen drei Ansprachen eine theologische Götzenkritik ins Zentrum seiner Gesellschaftsanalyse.[142] Bereits in *Evangelii Gaudium* hat er eine entlarvende Kritik formuliert, die jedoch nicht soziologischer, politikwissenschaftlicher oder ökonomischer, sondern theologischer Natur ist, um sie für die (fundamental-)theologische Reflexion und kirchliche Praxis fruchtbar zu machen.[143] Er möchte keine „detaillierte und vollkommene Analyse der gegenwärtigen Wirklichkeit [...] bieten" (EG 50), sondern er weist auf die grundsätzlichen Wurzeln dessen, was Leid erzeugt, hin. Es handelt sich in seiner Kritik um keinen ausformulierten politisch-ökonomischen Ansatz, sondern eine theologisch argumentierende Kapitalismuskritik.

Papst Franziskus verwendet zwar nicht den Begriff Kapitalismus, aber seine konsequente Götzenkritik schließt bis in die Begrifflichkeiten (Fetisch, Götze und Geldfetischismus) hinein an die Kapitalismus-Analyse von Karl Marx an.[144] Hierbei ergreift er einen weitaus radikaleren Ansatz als die katholische Soziallehre und seine Vorgänger in den Enzykliken *Rerum Novarum*, *Quadragesimo anno* und *Laborem exercens*, denen es vor allem um die Frage der Verteilungsgerechtigkeit und den Vorrang der Arbeit vor dem Kapital geht.[145]

---

142 Thomas Seiterich stellt hinsichtlich der Ansprache von 2015 die These auf: „[N]och nie hat ein römischer Papst so entschieden und so sozialkritisch seine Kirche [...] politisch betrachtet auf der Linken positioniert." (Seiterich, Thomas: Papst Franziskus: Sein Herz schlägt links. In: Papst Franziskus: Für eine Wirtschaft, die nicht tötet. Wir brauchen und wir wollen Veränderung. Stuttgart 2015. 7-32, hier 20. Zitiert als Seiterich: Sein Herz schlägt links.).

143 Natürlich hat Franziskus für seine Kapitalismuskritik auch deutliche Widerworte aus Medien, Politik und Wirtschaft bekommen. Zum Beispiel vgl. Posener, Alan: Papst Franziskus ist ein primitiver Antikapitalist. Die Welt (05.12.2015). https://www.welt.de/debatte/kommentare/article149618333/Papst-Franziskus-ist-ein-primitiver-Antikapitalist.html. Abgerufen am 25.04.2017.

144 Vgl. Marx, Karl: Das Kapital. MEW 23. 86; 107.

145 Vgl. Senft, Josef: Moderner Antimodernismus? In: Hengsbach, Friedhelm

Wenn Franziskus ganz im Sinne der alttestamentlichen Tradition nach dem Götzendienst fragt, geht es immer um die angebeteten falschen Götter: Seine Betrachtungsweise der trügerischen Fetische und ihrer Unterwerfung bringt interessanterweise Kapitalismus und Transzendenz in ein gegensätzliches Verhältnis zueinander.[146] Man kann sagen, dass er durch seine religionskritische Methodik die Mechanismen des Kapitalismus entsakralisiert.

Als Symptom des Primats des Geldes führt er die Beobachtung an, dass die Wegwerfkultur nicht nur zu Ausbeutung und Unterdrückung führe, sondern sogar die Ausgeschlossenen zu überflüssigem „Abfall“ (Ansprache 2014) mache.[147] Weggeworfen seien besonders Kinder, Jugendliche und alte Menschen, die nicht produktiv und verwertbar sind (Ansprache 2014). Dadurch werde die Mitmenschlichkeit negiert, Völker gegeneinander aufgehetzt und der Planet, das gemeinsame Haus, gerate in Gefahr. Dies ist, so Franziskus, die Folge dessen, dass das Geld und nicht der Mensch im Mittelpunkt steht: Dass das Geld dem götzendienerischen Kult gewidmet wird – oder grundlegender ausgedrückt: dass der Primat des Geldes dieses als einen Gott ins Zentrum rückt. Durch diesen Gott des Kapitals, statt dem Gott der Befreiung

> „werden Menschen zu Sklaven, wird die Brüderlichkeit zerstört, die Gesellschaft zerrüttet und die Mutter Erde gefährdet. Für Franziskus gehören all diese Aspekte schon in der Analyse zu-

---

u.a. (Hg): Jenseits katholischer Soziallehre. Neue Entwürfe christlicher Gesellschaftsethik. Düsseldorf 1993. 17-32.

146 Vgl. Füssel, Kuno/Ramminger, Michael: Kritik des Götzendienstes und des Fetischismus in der Theologie der Befreiung und bei Papst Franziskus. In: Füssel, Kuno/Josten, Ute: „Suchet zuerst das Reich Gottes und seine Gerechtigkeit“ (Mt 6,33). Münster 2016. 121-147, hier 144.

147 Dies hat er bereits in EG 56 sehr bildhaft zum Ausdruck gebracht. Die Rede von der Wegwerfgesellschaft des menschlichen Abfalls taucht bereits auf im von Bergoglio mitverantworteten Schlussdokument der fünften Generalversammlung des CELAM in Aparecida, Nr. 65: „Die Ausgeschlossenen sind nicht nur ‚Ausgebeutete‘, sondern ‚Überflüssige‘ und ‚menschlicher Abfall‘.“

sammen. Er versucht die Fäden zusammenzubringen, die einzeln betrachtet weder ein Verstehen ermöglichen, noch eine Lösung."[148]

Wenn also der Mensch an die Seite gerückt und die Gottheit Geld an seine Stelle gesetzt wird, geschieht eine „Umwertung der Werte" (Ansprache 2014).[149] Eine solche „Umwertung der Werte"[150] ist der „unsichtbare[...] Faden, der alle Ausschließungen miteinander verbindet – sie sind nicht isoliert, sie sind durch einen unsichtbaren Faden miteinander verbunden" (Ansprache 2015).

In der dritten Ansprache auf dem Treffen von 2016 spitzte Franziskus die Metapher des Fadens sogar noch zu und sprach davon, dass dieser zur existenziellen Peitsche werden kann, die, wie im alttestamentlichen Sklavenhaus Ägypten, die Freiheit raubt, gnadenlos zuschlägt und zu einer ständigen Bedrohung wird, „damit alle sich wie das Vieh dahin treiben lassen, wohin das vergött-

148 Hellgermann, Andreas: Nützlich, gewollt, willkommen geheißen, ausgeschlossen. In: Institut für Theologie und Politik/Netzwerk Kirchenasyl Münster (Hg.): Kirchenasyl ist Menschenrechtsschutz – eine Handreichung. Münster 2016. 14-21, hier 18.

149 Ein besonders drastisches Beispiel zur Umwertung der Werte führt er durch die Frage an: „Was ist los mit der Welt von heute, die beim Konkurs einer Bank sofort skandalöse Summen für die Rettung der Bank bereitstellt, aber bei diesem Konkurs der Menschlichkeit nicht einmal den tausendsten Teil zur Verfügung hat, um diese Geschwister zu retten, die so viel leiden? So ist das Mittelmeer zu einem Friedhof geworden, und nicht nur das Mittelmeer..." (Ansprache 2016).

150 Franziskus übernimmt hier möglicherweise den Begriff von Nietzsche. Dort meint die „Umwertung der Werte" einen grundlegenden kulturellen und zivilisatorischen Wandel, wie er sich etwa im Übergang von der Antike zur christlichen Gesellschaft vollzieht (vgl. Nietzsche, Friedrich: Zur Genealogie der Moral. In: Colli, Giorgio (u.a. Hg): Kritische Gesamtausgabe. Abt.VI, Bd. II. Berlin 1975). Franziskus gebraucht den Begriff im Kontext seiner Götzenkritik und kritisiert hiermit eine Entwertung des Lebens: An die Stelle des höchsten Wertes, des Menschen, ist der Götze des Geldes, das Kapitalverhältnis, getreten. (Vgl. zur grundlegenden Bedeutung des Tauschwertes für die gegenwärtige gesellschaftliche Ordnung auch Füssel, Kuno: Die Misere der Werte unter der Diktatur des Tauschwertes. In: Bruhin, Josef/Füssel, Kuno u.a. (Hg.): Misere und Rettung. Beiträge zu Politik und Kultur. Luzern 2007. 299-310).

lichte Geld sie haben will“ (Ansprache 2016). Die Folge ist, dass durch Ungleichheit, wirtschaftliche, gesellschaftliche, kulturelle und militärische Gewalt weitere Gewalt erzeugt wird. Aus diesem Grund wählt Papst Franziskus sehr bewusst die provokante Formulierung, dass es sich somit um ein terroristisches System handelt.[151] Aus diesem würden sekundäre Formen des Terrorismus folgen, die gemeinhin tatsächlich als Terrorismus bezeichnet werden, doch an erster Stelle stehe die aus der Kontrolle des Geld-Götzen über die Menschen hervorgehende Gewalt (vgl. ebd). Auch in seiner Botschaft an das regionale Treffen der Sozialen Bewegungen im Februar 2017 in Modesto hat er diesen Aspekt noch einmal unterstrichen.[152]

Franziskus geht es in seiner Kapitalismuskritik in den drei Ansprachen und in *Evangelii Gaudium* vor allem um den Götzendienst des Geldes und eine Kritik am Finanzkapital. In seinem Fokus ist somit nicht so sehr der Fetischcharakter der Ware, wie dies in der befreiungstheologischen und marxistischen Fetischkritik der Fall ist.[153]

Der von ihm als zentrale Kategorie der globalen und strukturellen Ausschließungsformen vorgestellte Primat des Geldes ist nicht einfach durch eine außer Kontrolle geratene Ökonomie verursacht, sondern wird von ihm als ein theologisches und ideologiekritisches Auseinandersetzungsfeld gesehen: Die in der bibli-

151 Um seine Argumentation der Götzenkritik und der Gewalttätigkeit der Vergötterung des Geldes zu unterstützen, bezieht er sich auf die Enzyklika Papst Pius XI. *Quadragesimo Anno* und den Apostolischen Brief *Octogesima Adveniens* von Papst Paul VI., als lehramtliche Bezugspunkte aus der katholischen Soziallehre.

152 Papst Franziskus: Brief an die Volksbewegungen, Modesto, 10.02.2017. http://movimientospopulares.org/es/carta-del-papa-francisco-a-los-movimientos-populares-modesto-california-16-19-feb-2017/. Abgerufen am 04.05.2017.

153 Vgl. Füssel/Ramminger: Kritik des Götzendienstes. 136f. Wenngleich Franziskus in der ersten Ansprache eine Verbindung von Arbeit und Götzenkritik herstellt, so thematisiert er jedoch nicht tiefergehend die Entfremdung der Arbeit durch diese deformierende Abhängigkeit (vgl. ebd. 141).

schen Tradition fest verankerte Götzenkritik, bei der es um das Ringen um den wahren Gott, den wirklich befreienden Gott des Volkes Israels geht, ist nicht von der Frage nach der Existenz oder Nicht-Existenz Gottes geleitet. Im Zentrum steht die Feststellung, dass es reale Mächte gibt, die den Menschen unterwerfen und in eine anthropologische Krise führen.[154] Die Folgen der Macht des versklavenden Geldes macht Franziskus in seinen Analysen mit Blick auf die „Überflüssigen", den „Abfall" (Ansprache 2014) nachvollziehbar. Damit wird der Charakter des Geldes oder des Kapitalverhältnisses als Götze oder auch Gegengott zum Gott des Lebens deutlich. Philipp Geitzhaus bringt diesen Gegensatz folgendermaßen auf den Punkt:

> „Franziskus stellt die Götzen den Menschen, als Gottes Ebenbilder, gegenüber. Götze, das ist das, was an Gottes Stelle als höchste Instanz anerkannt wird, wie das fetischisierte Geld, das Geld, das dem Menschen als Sachzwang gegenübertritt. Ein Fetisch ist etwas vom Menschen Gemachtes, das aber wiederum Macht über den Menschen gewinnt."[155]

Theologisch gewendet ergibt sich aus dem Götzendienst ein grundsätzliches Problem, auf das schon in der Erzählung von der Verehrung des goldenen Kalbes (Ex 32) verwiesen wird. Hier geht es nicht so sehr um die Sichtbarmachung des unsichtbaren Gottes oder die Leugnung des Monotheismus. Sondern die wesentliche Problematik liegt in der Zurückweisung der Transzendenz und Unverfügbarkeit Gottes. Dies bedeutet im konkreten Fall Zurückweisung des Befreiungsprozesses aus der Knechtschaft Ägyptens. Und erst in dieser Befreiung offenbart sich das Gottsein Gottes.[156] Erst die Transzendenz des Gottes Israels eröffnet die Möglichkeit

---

154 Vgl. Richard, Pablo: Die Theologie in der Theologie der Befreiung. In: MysLib. Bd. I. 189-212, hier 200f.

155 Geitzhaus, Philipp: Von Franziskus zu Marx. Zur Kapitalismuskritik in der Kirche des 21. Jahrhunderts. In: Euangel (3/2016). http://www.euangel.de/ausgabe-3-2016/globale-herausforderungen/von-franziskus-zu-marx/. Abgerufen am 04.05.2017.

156 Vgl. Füssel/Ramminger: Kritik des Götzendienstes. 127.

tatsächlicher Befreiung, die über das Denk- und Erfassbare des Möglichen hinausgeht.[157] Franziskus führt diesen Gedanken ausgehend von seiner Götzenkritik weiter aus: „Denn die Welt hat den Gott vergessen, der Vater ist. Sie ist wieder eine Waise geworden, weil sie Gott beiseite geschoben hat" (Ansprache 2014). Diese Aussage ist dann nicht einfach als Kritik der Säkularisierung zu verstehen, sondern sie bezieht sich auf den Verlust eines bestimmten Gottesbildes, das die Funktion des Gegengottes zu den Götzen der Unterdrückung einnimmt.

Unter Bezugnahme auf den Kirchenvater Basilius von Cäsarea beschreibt Franziskus diesen Antagonismus durch den sinnbildlichen Ursprung des Geld-Götzen im „Mist des Teufels" (Ansprache 2015). Dies bezeichnet jedoch keine durch die Macht des Bösen von außen kommende Versklavung. Diese Form der Versklavung entspringt vielmehr der menschlichen Freiheit und einer freiwilligen Unterwerfung vor einem unfrei machenden Götzen: Ist es doch der Mensch selbst, der das ‚Machwerk' erschaffen hat, das wiederum zum ‚Machtwerk' über ihn selber wird und ihn unfrei macht. Hierbei wird auch die Bezogenheit des Menschen auf die Wirkmächtigkeit struktureller Machtverhältnisse deutlich, wenn Götzen als ‚Machtwerk' gesellschaftliche Formen der Unterwerfung erzeugen.

Die hier von Franziskus vorgenommene Delegitimierung der Macht des Geldes ist im engeren Sinne ideologiekritisch,[158] da er die ideologische Wirkungsweise des Geldes als „subtile Diktatur" (Ansprache 2015), die ihre Ursachen zu verbergen versucht, offenlegt. Hier trifft er ins Zentrum neoliberaler Ideologie, in der der Mensch sich aus freien Stücken der ökonomisierten Logik von Nützlichkeit, Selbstoptimierung, Profit und Verwertbarkeit unter-

---

157 Vgl. Richard, Pablo: Unser Kampf richtet sich gegen die Götzen. Biblische Theologie. In: Assmann, Hugo/Hinkelammert, Franz J./Pixley, Jorge V./Richard, Pablo/Sobrino, Jon: Die Götzen der Unterdrückung und der befreiende Gott. Münster 1984. 11-38, hier: 15f.

158 Vgl. Füssel / Ramminger: Kritik des Götzendienstes, 144.

wirft.[159] Durch die Bewusstmachung der subtilen Wirkweise des Götzen Geld leistet Franziskus in seinen Texten einen Beitrag zur ideologischen Entmachtung dieser vom Menschen geschaffenen Mach und Machtwerke.

Franziskus stellt sich hiermit in die Tradition der ProphetInnen des Ersten Testaments,[160] die ein differenziertes Verständnis der Götzenkritik und eine unmissverständliche Sprache der Entlarvung und Anklage entwickelt haben.[161] Denn die Macht der Götzen ist, so das Zeugnis der biblischen ProphetInnen, nicht unumstößlich, sondern nur so lange wirkungsvoll, wie sie vom Menschen gemacht werden, um Macht auszuüben. Durch die rabbinische Erzählung vom Turmbau zu Babel (Ansprache 2014) zeigt Franziskus, dass die Produktionsprozesse, die notwendig menschliche Arbeit zur Ziegelherstellung beinhalten, zugleich strukturell das menschliche Leben und die Arbeitskraft entwürdigen:[162]

> „Er erzählte, um den Turm von Babel bauen zu können, musste man viel Mühe aufwenden. Man musste Ziegel machen. Um Ziegelsteine herzustellen, musste man Lehm bereiten, Stroh herbeiholen und den Lehm mit dem Stroh vermischen und kneten, dann die Masse in Quadrate schneiden, trocknen lassen, dann im Ofen brennen, und wenn sie gebrannt und abgekühlt waren, mussten sie hinaufgetragen werden, um den Turm weiter zu bauen. Mit all dieser Arbeit war ein Ziegel sehr teuer geworden. Wenn also ein Ziegelstein herunterfiel, war das fast eine nationale Tragödie. Wer den Ziegel hatte herunterfallen lassen, wurde schwer bestraft oder suspendiert oder ich weiß nicht, was noch mit ihm geschah. Aber wenn ein Arbeiter herunterfiel, passierte nichts. Mit dieser Geschichte erklärte ein Rabbi im 12. Jh. diese schrecklichen Dinge, die geschehen, wenn der Mensch im Dienste der Gottheit Geld steht“ (Ansprache 2017).

159 Vgl. Bröckling, Ulrich: Das unternehmerische Selbst. Soziologie einer Subjektivierungsform. Berlin 2007. 12ff.

160 „Die Kirche und die Propheten haben schon vor Jahrtausenden gesagt, was heute so schockiert, wenn der Papst es in einer Zeit wiederholt, in der das alles noch nie dagewesene Ausmaße erreicht hat“ (Ansprache 2016).

161 Vgl. beispielsweise Jer 10,1-16; Jes 44, 9-20.

162 Vgl. Füssel / Ramminger: Kritik des Götzendienstes. 130.

Um gegen die Götzen vorzugehen, kommt es darauf an, ihnen ihre Macht zu entziehen. Dies vollzieht sich durch das Offenlegen der Ursprünge, Machteffekte und gesellschaftlichen Folgen des „Imperiums des Geldes“ (Ansprache 2014), was Papst Franziskus mit großer Deutlichkeit tut. Er fordert ein, dass der Mensch in seiner Gott-Ebenbildlichkeit zum Maßstab genommen wird – „dieser Wegwerf-Kultur zum Trotz“ (ebd.).

Sorge um das gemeinsame Haus

Ein weiteres theologisches Motiv, das sich durch die drei Ansprachen zieht, ist das des Lebens im gemeinsamen Haus, der Schöpfung Gottes, in dem der Mensch eine ihm eigene Rolle einnimmt. Aus der Perspektive der Götzenkritik behandelt Franziskus die ökologische Frage: „Das Wirtschaftssystem, das sich um den Götzen Geld dreht, muss auch die Natur plündern, die Natur ausplündern, um die Hektik des Konsums aufrecht erhalten zu können, von dem es lebt“ (Ansprache 2014). Die Naturzerstörung steht somit in einem direkten Zusammenhang mit der Wirtschaftsweise, die konsumistische Bedürfnisse erzeugt, und der Durchsetzung von Interessen, die „globalen aber nicht universalen Charakters“ sind sowie „Staaten und die internationalen Organisationen unterwerfen und fortfahren, die Schöpfung zu zerstören“ (Ansprache 2015). In LS bringt Franziskus die Ökologie konsequent mit der sozialen Dimension zusammen, was auch in den Ansprachen vor den Sozialen Bewegungen die leitende Perspektive ist. Die Rede vom gemeinsamen Haus betont die Tatsache, dass ein Zusammenhang zwischen den Kreaturen besteht. Ob das gemeinsame Haus eine Zukunft habe, liege maßgeblich daran, wie der Mensch in diesem „Haus“ agiere bzw. inwiefern er den Blick für das Ganze behalte (vgl. Ansprache 2015).

Der Begriff Schöpfung stellt nicht einfach nur ein Synonym für Natur oder Umwelt dar, sondern bezeichnet eine theologische Kategorie. Die Schöpfung ist ein Geschenk Gottes an den Menschen („ein wunderbares Geschenk, das Gott uns gegeben hat"; Ansprache 2014) und der Mensch ist selbst Teil dieser Schöpfung. Er hat sie weder selber geschaffen, noch ist ihm das Recht verliehen, sie zu zerstören, sondern sie ist ihm ebenso aus freien Stücken geschenkt, wie er sich selbst ihr verdanken kann. Aus diesem Geschenk-Charakter folgt, laut Franziskus, ein verantwortungsvoller Umgang mit Respekt, Dankbarkeit und eine Nutzung zum Wohle aller. Daraus erschließt sich für den Umgang mit der Schöpfung, dass sie kein einfach verfügbares Eigentum und erst recht kein Privateigentum einiger weniger sein kann (vgl. ebd.). Jede Form der profitorientierten Ausbeutung der natürlichen Ressourcen ist somit eine Verachtung dieses zum Wohle aller verpflichtenden, freien Geschenkes. Theologisch gewendet spricht der Papst hier sogar von schwerer Sünde, die auch in der feigen Unterlassung der Verteidigung des gemeinsamen Hauses bestehe. Diese Unterlassung wirft er auch den internationalen Gipfeltreffen vor, die keine ernstzunehmenden Ergebnisse erzielen konnten (vgl. Ansprache 2015). Deswegen ermutigt der Papst die Sozialen Bewegungen vor allem zur Sorge um das gemeinsame Haus: „Fahren Sie fort in Ihrem Kampf und, bitte, sorgen Sie sehr für die Mutter Erde!" (ebd.).

Papst Franziskus richtet vor allem ausgehend vom Wissen um die Abhängigkeit der Zukunft der Menschheit vom Zustand des Planeten den Fokus immer wieder auf die Bewahrung der Schöpfung. Die ökologisch-soziale Frage umfasst für ihn das Gesamte der gesellschaftlichen Wirklichkeit und spielt insofern eine wichtige Rolle für sein theologisches und politisches Verständnis von Veränderung.

5. Kapitel

Veränderung als erlösender Wandel

Die Notwendigkeit der Veränderung[163] besteht durch die nach Franziskus objektiv festzustellende Globalisierung der Gleichgültigkeit des gegenwärtigen, als terroristisch (Ansprache 2016) zu bezeichnenden Systems: „Wenn es so ist, dann beharre ich darauf – sagen wir es unerschrocken –: Wir wollen eine Veränderung, eine wirkliche Veränderung, eine Veränderung der Strukturen. Dieses System ist nicht mehr hinzunehmen“ (Ansprache 2015). „Wirkliche Veränderung“ bedeutet, dass es darum geht, an die Wurzel der Probleme zu gehen und, dem Wortsinn nach, nach radikalen Veränderungen zu streben (vgl. EG 202). Denn nach Franziskus handelt es sich nicht um Einzelprobleme, denen mit kosmetischer Behandlung beizukommen ist,[164] sondern es braucht eine strukturelle Veränderung, die das Ganze der Wirklichkeit in den Blick nimmt. Die Begriffe Veränderung oder Wandel sind dabei nicht per se positiv besetzt, was er mit Hinweis auf seine Ausführungen zum Klimawandel verdeutlicht. Es gehe vielmehr um einen „positiven Wandel, eine Veränderung, die uns gut tut, einen erlösenden Wandel, könnten wir sagen“ (Ansprache 2015). Hier führt Franziskus einen theologischen Begriff ein, den es näher zu

163 Der Veränderung als Wandlungsprozess widmet sich Papst Franziskus schwerpunktmäßig in der Ansprache auf dem zweiten Welttreffen 2015.

164 Diese kosmetische Behandlung wird teilweise vom System zur Selbsterhaltung hervorgebracht: „Dieses verdorrte System kann immer noch bestimmte kosmetische Implantate anbieten, die aber keine echte Entwicklung bedeuten: Wirtschaftswachstum, technologische Fortschritte, eine größere Effizienz zur Produktion von Waren, die man kauft, verwendet und wegwirft, und verwickelt uns so alle in eine schwindelerregende Dynamik zur Produktion von Abfall... Aber das System erlaubt nicht, dass der Mensch sich ganzheitlich entwickelt, gestattet jene Entwicklung nicht, die sich nicht auf den Konsum beschränkt, die nicht dem Wohlstand einiger weniger dient, sondern alle Völker und Menschen mit ihrer vollständigen Würde einbezieht, so dass sie sich geschwisterlich an der wunderbaren Schöpfung erfreuen. Eine solche Entwicklung brauchen wir: menschlich, ganzheitlich und respektvoll im Umgang mit der Schöpfung“ (Ansprache 2016).

untersuchen gilt. Ein erlösender Wandel, *cambio redentor* im Spanischen, verweist auf eine Veränderung, die an den Fundamenten des Menschen und der Geschichte ansetzt – die dem, was im Gegenwärtigen nach Erlösung schreit, entgegengesetzt ist. Franziskus verwendet hier nicht explizit den Begriff des Reiches Gottes, der ansonsten zentral bei ihm ist.

In seinen Beschreibungen der Situation der Welt wird vor allem die Negation des Reiches Gottes, die Sobrino als wirkmächtiges Antireich bezeichnet,[165] unter den bisherigen Bedingungen offenkundig. Zugleich weckt die Aufforderung zur Veränderung das trotz allem nicht verloren gegangene Hoffnungspotential. Anders gewendet könnte man sagen, dass das Bewusstsein der unerlösten Welt zwar das gute Leben, wie im Garten Eden, utopisch macht, jedoch dem glaubenden Menschen diese Utopie bleibend erhalten bleibt.[166] Die Rede vom erlösenden Wandel schließt, wie die Exodus-Verheißung, eine rein außerweltliche Erlösung aus, sie zielt vielmehr auf die unumgängliche Überwindung struktureller Ursachen menschengemachter Versklavung. Als notwendiges Instrument ist hier noch einmal die Götzenkritik zu nennen, die ein Verhältnis zu den Ursachen struktureller Unterdrückung schafft und zugleich auch deutlich macht, dass Gott nicht als äußere Instanz agiert. Das Heraustreten aus dem Sklavenhaus Ägyptens muss vom Volk selber vollzogen werden und es ist selber dafür verantwortlich, ob es ein Leben in Freiheit verstetigt.[167]

Erst durch verbindliche Formen kann es gelingen, eine Gesellschaft von Freien und Gleichen zu konstituieren, wie sie in der

165 „In der Praxis erscheinen mehr als im reinen Begriff Existenz und Realität des Antireichs. Es tritt nicht nur zutage, daß die Realität nicht das Reich ist, nicht nur, daß das Reich noch nicht gekommen ist, sondern vielmehr, daß das Antireich aktiv gegen das Reich handelt." Sobrino, Jon: Die zentrale Stellung des Reiches Gottes in der Theologie der Befreiung. In: MysLib. Bd. I. 461-506, hier 494.

166 Vgl. Boer, Dick: Erlösung aus der Sklaverei. Versuch einer biblischen Theologie im Dienst der Befreiung. Münster 2008. 191.

167 Vgl. ebd. 229.

Tora verheißen ist. Franziskus warnt zugleich davor, dass „ein Wandel der Strukturen, der nicht mit einer aufrichtigen Umkehr des Verhaltens und des Herzens einhergeht, darauf hinausläuft, früher oder später zu verbürokratisieren, zu verderben und unterzugehen“ (Ansprache 2015). Die Veränderung des Herzens ist für ihn die Grundlage für den ganzheitlichen Wandel: Dieser ist dann prozesshaft und mit einem Realismus der Allmählichkeit zu verstehen, ohne dabei weniger dringlich und radikal in seiner Infragestellung der herrschenden Verhältnisse zu sein. Solche Wandlungsprozesse entstünden dort, „wo die Freude am Aussäen und gelassenen Begießen von etwas, dessen Erblühen später andere sehen werden, an die Stelle der ängstlichen Sorge tritt, alle verfügbaren Machtbereiche zu besetzen und unmittelbare Ergebnisse zu sehen“ (Ansprache 2015). Zugleich betont Franziskus jedoch auch, dass es unverzüglich zu Veränderungen kommen muss.

Doch wodurch findet der Wandlungsprozess statt? Wie die Tora und ihre Auslegung durch die ProphetInnen, Jesus von Nazareth oder Paulus als Grundgesetz einer neuen Ordnung des Volkes Gottes dienen soll und dabei kein fertiges Programm einer neuen Gesellschaft liefert, so gilt dies auch für den von Franziskus formulierten erlösenden Wandel. Franziskus versucht vielmehr Kriterien zu formulieren, die bereits in der jüdisch-christlichen Tradition als Programm verankert sind: „Wir Christen haben etwas sehr Schönes, eine Handlungsanleitung, ein revolutionäres Programm, könnte man sagen“ (Ansprache 2014). Dazu zählt beispielsweise der Umgang Jesu mit dem Sabbatgebot. Franziskus führt in der Ansprache von 2016 zweierlei Erzählungen vom Sabbat (von den abgerissenen Ähren, Mk 2,23-28, und der Heilung der verdorrten Hand, Mk 3,1-6) an, die die Priorität des Menschen gegenüber einer rechtspositivistischen, interessensgeleiteten Normeninterpretation zeigen. Einerseits, so erklärt er, sei das Handeln Jesu eine Konfrontation mit dem Denken der Gesetzeslehrer, die „sich in heuchlerischer Empörung beklagten“ (vgl. Ansprache 2016), und andererseits eine Ablehnung, sozusagen ein Bruch mit der Logik, die „die Freiheit des Menschen zu leben, zu lieben und anderen zu dienen untergräbt" (ebd.).

Diese Interpretation der Kritik Jesu am Sabbatgebot lässt sich mit der Interpretation von Franz Hinkelammert in Verbindung bringen: Wo nicht der Mensch und die Realisierung der Befreiung zur höchsten Norm des Gesetzes werden, wird der Mensch „einer despotischen Macht unterworfen".[168] Wenn also allein die formale Erfüllung des Gesetzes im Vordergrund steht, wird der Mensch zu einer unterdrückten Kreatur degradiert. Dann ist der Sabbat nicht mehr für den Menschen da, sondern der Mensch für den Sabbat. Diese Möglichkeit des Umschlagens in ihr Gegenteil ist laut Hinkelammert allen Gesetzen inhärent, auch dem göttlichen Gesetz. Zugespitzt formuliert Hinkelammert:

> „Die absolute Gesetzeserfüllung ist der Tod, und, wenn man will, der kollektive Selbstmord der Menschheit. Es handelt sich, wie Paulus sagt, um den Stachel des Todes. Es geht also darum, das Gesetz immer dann zu suspendieren, wenn seine Erfüllung die Lebensmöglichkeiten des Menschen zerstört."[169]

So wird deutlich, wieso der Konflikt um die Erfüllung des Sabbatgebotes eine entscheidende Bedeutung bekommt. Gerade durch die Konfrontation am Sabbat und die Auseinandersetzung um dieses befreiende Gesetzesverständnis mit den Pharisäern und Herodianern hat Jesus sein Leben aufs Spiel gesetzt (Ansprache 2016). Hier zieht Franziskus eine Parallele zur Verfolgungssituation, der viele Aktive der Sozialen Bewegungen ausgesetzt sind. Er erinnert in diesem Zusammenhang auch an die Umwelt- und Menschenrechtsaktivistin Bertha Cáceres, die Teilnehmerin des ersten Welttreffens war und am 03.03.2016 ermordet wurde.

Der kompromisslose Einsatz für die Veränderung kann, wie das Beispiel von Cáceres und vielen anderen zeigt, mit einem hohen Risiko einhergehen. Da kann es ermutigend sein, dass Fran-

---

168 Hinkelammert, Franz: Reflexionen zum Schuldenproblem: Die Entleerung der Menschenrechte. Arbeitspapier III. Münster 2016. 7.

169 Ebd.

ziskus daran erinnert, dass es nach der Lehre (und dem Beispiel) Jesu keine größere solidarische Liebe gibt, als sein Leben hinzugeben (vgl. ebd.). Die Liebe als Barmherzigkeit ist das Mittel gegen die Angst, die zur Strategie von Tyrannei und vermeintlicher Alternativlosigkeiten gehört. Dieses Verständnis der Veränderung herbeiführenden, heilenden Liebe schließt an das an, was Franziskus als „die Liebe in jener anderen Familie, die wir Nachbarschaft, Gemeinde, Volk, Menschheit nennen" bezeichnet (ebd.).[170]

Zugleich braucht der Wille zur Veränderungspraxis, vor allem unter den Bedingungen von Repression, eine Quelle, die nicht allein von bereits vollzogenen positiven Veränderungen abhängig sein kann und die die Möglichkeit der Realisierung des (noch) Utopischen offen hält: die Hoffnung. Sie ist für Franziskus die zum aufrechten Gang und für den Mut zum Durchbrechen der Kette des Hasses notwendige Kraft (vgl. Ansprache 2016) sowie die Gegenstrategie zur, aus dem Götzenkult des Kapitals entstammenden, globalisierten Gleichgültigkeit: „Die Globalisierung der Hoffnung, die in den Völkern aufkeimt und unter den Armen wächst, muss an die Stelle der Globalisierung der Ausschließung und der Gleichgültigkeit treten!" (Ansprache 2015). Hoffnung, die aus der Erinnerung gespeist an den Peripherien entschieden wach gehalten wird und „unter den Armen wächst", kann zur Subjektwerdung und veränderndes Handeln, beispielsweise der Sozialen Bewegungen, motivieren.[171]

Als ein Zeichen der Hoffnung auf die grundsätzliche Veränderung führt Franziskus die Gestalt der Jungfrau Maria an, die als

170 Vgl. Papst Franziskus: Nachsynodales apostolisches Schreiben *Amoris Laetitia.* Viertes Kapitel. https://w2.vatican.va/content/francesco/de/apost_exhortations/documents/papa-francesco_esortazione-ap_20160319_amoris-laetitia.html. Abgerufen am 06.05.2017.

171 „Aus diesen Samen der Hoffnung, die geduldig in den vergessenen Peripherien des Planeten ausgesät werden, aus diesen Sprossen der Zärtlichkeit, die in der Dunkelheit des Ausgeschlossenseins ums Überleben kämpft, werden große Bäume heranwachsen, werden dichte Wälder der Hoffnung entstehen, um diese Welt mit Sauerstoff zu versorgen" (Ansprache 2015).

einfaches Mädchen von der Peripherie zeichenhaft für all jene steht, die die ‚Geburtswehen' des Durchbruchs der kommenden umfassenden Gerechtigkeit erleiden (vgl. Ansprache 2015).

Hoffnung wird hier nicht als eine eine billige Vertröstung verstanden. Sie entwickelt vielmehr eine Kraft und ein begründetes Verlangen nach dem guten Leben – „was nicht das Gleiche ist wie ‚ein angenehmes, sorgenfreies Leben verbringen'" (Ansprache 2015). TrägerInnen dieses Verlangens und die Subjekte des erlösenden Wandels sind für Papst Franziskus u.a. die Sozialen Bewegungen mit ihren Kämpfen für das gute Leben: Ihnen schreibt er eine aktive Rolle zu, indem sie an Frieden und Gerechtigkeit mitarbeiten (vgl. Ansprache 2014), „Aussäer von Veränderung" (Ansprache 2015) sind und als „gesellschaftliche Poeten" (Ansprache 2016) Alternativen entwickeln.

Die Kämpfe der Sozialen Bewegungen – theologisch gedeutet

Papst Franziskus prägte auf dem zweiten Welttreffen in Santa Cruz de la Sierra den Satz: „Ich wage Ihnen zu sagen, dass die Zukunft der Menschheit größtenteils in Ihren Händen liegt, in Ihren Fähigkeiten, sich zusammenzuschließen und kreative Alternativen zu fördern, im täglichen Streben nach den ‚drei T' – einverstanden? – und auch in Ihrer Beteiligung als Protagonisten an den großen Wandlungsprozessen, an nationalen Veränderungen, regionalen Veränderungen und weltweiten Veränderungen. Lassen Sie sich nicht einschüchtern!" (Ansprache 2015). Er spricht ihnen und ihren Kämpfen eine wichtige Bedeutung zu: Sie sind aus seiner Perspektive ProtagonistInnen der Veränderung auf den unterschiedlichen Ebenen.

Die Sozialen Bewegungen sind für diesen Papst aber nicht einfach nur aus politisch-strategischen Gründen von Interesse, sondern er misst ihnen einen theologischen Gehalt zu als von Unrecht Betroffene, die als Subjekte in einer aktiven Rolle gegen die strukturelle Form von Ausbeutung, Unterdrückung und Marginalisierung durch konfliktive Praxis, Verortung an den Peripherien, Solidarität, Parteilichkeit und die Eingliederung der Ausgeschlossenen vorgehen.

Die Subjektwerdung und der Widerstand gegen das, was die Armen beherrscht, hat seine biblische Wurzel in der Praxis der ProphetInnen, die durch Entlarvung und Offenbarung, Anklage und schöpferisches Errichten von Gegenstrukturen das Befreiungsprojekt JHWHs in der Geschichte wach halten trotz aller Rückschläge. Gleichzeitig bekommt die Erinnerungsarbeit an die Utopie einer verheißenen Welt erst durch die Prophetie ihre geschichtliche Wirksamkeit, um nicht zu einem Idealismus oder subjektiver Tröstung zu werden.[172]

Genau diese doppelte Funktion misst Franziskus der Praxis der Solidarität innerhalb der Sozialen Bewegungen bei, die er an vier Aspekten beispielhaft verdeutlicht (vgl. Ansprache 2014): Solidarität, die gerade nicht mit einer großherzigen, d.h. vertröstenden, Geste zu verwechseln ist, bedeute erstens, „dass man denkt und handelt im Sinne von Gemeinschaft, dass das Leben aller wichtiger ist, als die Güteranhäufung einiger weniger" (Ansprache 2014). Hierin wird bereits die utopische Perspektive eines guten Lebens in Gemeinschaft, von dem die Sozialen Bewegungen in ihren Erklärungen sprechen, sichtbar. Als zweiten Punkt nennt Franziskus, dass Solidarität meint, „die strukturellen Ursachen von Armut und Ungleichheit zu bekämpfen, wenn Arbeitsplätze fehlen, Land oder Wohnräume nicht zur Verfügung stehen, wenn Sozial- und Arbeitsrechte vorenthalten werden" (Ansprache 2014). In diesem Punkt liegt zum einen der Verweis darauf, dass (Menschen-) Rechten immer erst erkämpft werden müssen, bevor sie rechtlich verbrieft und einklagbar werden. Zum anderen richtet dies den Blick darauf, dass diese Rechte systematisch vorenthalten werden. Die Problembehandlung an der Wurzel deutet bereits

172 Vgl. Ellacuría, Ignacio: Utopie und Prophetie. In: MysLib. Bd. I. 383-432, hier 383.

auf den dritten Aspekt der Solidarität hin, der beinhaltet „sich zu konfrontieren mit den zerstörerischen Auswirkungen des Imperiums des Geldes: Zwangsumsiedlungen, leidvolle Migration, Menschenhandel, Drogen, Krieg, Gewalt und all jene Realitäten, unter denen viele von euch leiden und die zu ändern wir alle aufgerufen sind“ (Ansprache 2014).[173] Die Überwindung der Unterordnung unter das Imperium des Geldes, unter eine Macht, die Auswirkungen auf alle Lebensbereiche hat und dort zu Katastrophen führt, ist der Schlüssel, um die davon abhängigen Unterdrückungsmechanismen zu bekämpfen. Solidarität bedeutet ausgehend von dem von Franziskus vorgestellten vierten Aspekt im tiefsten „eine bestimmte Art, Geschichte zu gestalten“ (Ansprache 2014). Dass Geschichte gestaltet oder gar gemacht wird, knüpft an eine der zentralen biblischen Erfahrungen an: Die Heilsgeschichte realisiert sich in der Weltgeschichte in der Weise, wie sich das Heil manifestiert. Die jeweiligen gesellschaftlichen Konstellationen realisieren dabei die Geschichte in Raum und Zeit der Wirklichkeit.[174] Aus dem Verständnis des Zusammenhangs von Praxis, die Geschichte gestaltet, und der Realisierung des Heils in der Geschichte lässt sich erst die Bedeutung des erlösenden Wandels und seiner ProtagonistInnen verstehen – als PromotorInnen einer Geschichte, die die Geschichte Gottes und des Menschen ist.

Das hier aufgezeigte Konzept von Solidarität entspricht einem prophetischen Verständnis von Veränderungspraxis, weil Entlarvung, Anklage und schöpferisches Handeln hier eng miteinander verbunden sind. Papst Franziskus verwendet in den drei Ansprachen nicht den Begriff des Prophetischen bei der Beschreibung der

173 Seiterich kommt angesichts des Aufrufes des Papstes zur widerständigen Praxis zu der Aussage: „So eindeutig, klar, leidenschaftlich hat noch niemals ein Papst die Ausgebeuteten, Armgemachten und Unterdrückten der Dritten Welt zum Widerstand gegen das herrschende kapitalistische Wirtschaftssystem aufgerufen wie Franziskus.“ (Seiterich: Sein Herz schlägt links. 7).

174 Vgl. Ellacuría, Ignacio: Geschichtlichkeit des christlichen Heils. In: MysLib. Bd. I. 313-360, hier 318.

Solidaritätspraxis der Sozialen Bewegungen. Trotzdem kann ausgehend vom theologischen Denken dieses Papstes von einer prophetischen Funktion der Sozialen Bewegungen gesprochen werden:

Erstens sieht Franziskus bei den Sozialen Bewegungen als Ausgangspunkt der Auflehnung die Compassion in der parteilichen Begegnung mit den Leidenden („im Zentrum des menschlichen Unwetters"; Ansprache 2015). Sie löse Erschütterung aus und führe zu gemeinschaftlicher Ergriffenheit, welche „ein Mehr an Sinngehalt, das nur die Leute aus dem Volk verstehen und das den wirklichen Volksbewegungen ihre besondere Mystik verleiht" (Ansprache 2015), besitzt.

Dieser Zusammenhang von Mystik und Compassion kommt dem Ansatz von Johann Baptist Metz nahe, der die Compassion nicht als vages Mitgefühl, sondern als eine Mitleidenschaft, „als teilnehmende, als verpflichtende Wahrnehmung fremden Leids, als tätiges Eingedenken des Leids der anderen"[175] versteht und sie als eine ‚Mystik der offenen Augen' begreift.[176]

Zweitens: Daraus folge der Protestschrei (Ansprache 2014), der, weil er unbequem ist und Angst vor Veränderungen auslösen kann, entweder ignoriert wird oder in Repression mündet. Umso mehr ist

175 Metz, Johann Baptist: Memoria passionis. Ein provozierendes Gedächtnis in pluralistischer Gesellschaft. Freiburg/Br. 2006. 166. Zitiert als Metz: Memoria passionis.

176 „Diese Mystik der Compassion ist in meinen Augen übrigens die typisch biblische Anleitung zur Mystik überhaupt, durchaus zur mystischen Selbstrelativierung, zum ‚Verlassen des Ich' - aber eben nicht als eine Preisgabe des Ich, nicht als ein Verschwinden des Ich in der gestaltlosen Leere eines subjektlosen Universums, sondern als das immer tiefere Hineinwachsen in einen „Bund", in einen mystischen Bund zwischen Gott und den Menschen, in dem - anders als in fernöstlichen Religionen - das Ich nicht einfach mystisch aufgelöst, sondern moralisch-politisch beansprucht wird, beansprucht aber in einer Mystik der Compassion: Gottesleidenschaft, die sich als Mitleidenschaft, als Mystik der offenen Augen erfährt und bewährt. [...] Sie ist geerdet durch die Begegnung mit dem Leid des anderen und an Gott: Leiderfahrungen bündeln, sie der Verzweiflung und dem Vergessen entreißen und neue Praxis ermöglichen." (Metz: Memoria passionis. 167).

es dann wichtig, die Stimme zu erheben, sich zu organisieren und friedlich aber hartnäckig die Veränderungen einzufordern (vgl. Ansprache 2015) und Alternativen von unten aufzubauen. Die Bewegungen spielten eine wichtige Rolle, „nicht nur indem sie fordern und anmahnen, sondern grundsätzlich, indem sie schöpferisch tätig sind“ (Ansprache 2015). Gerade dadurch entwickeln die Sozialen Bewegungen ein so großes Hoffnungspotential:

> „So viele Ideen, so viel Kreativität, so viel Hoffnung in euren Worten, wiewohl ihr doch vielleicht bei weitem mehr Gründe hättet, Klagelieder anzustimmen, in Konflikten gefangen zu bleiben, der Versuchung zur Schwarzseherei zu verfallen. Aber ihr schaut nach vorn, denkt nach, diskutiert, macht Vorschläge und handelt“ (Ansprache 2016).

Drittens geht es laut Franziskus nicht darum, aus Sorge vor möglichen Fehlern nicht zu beginnen. Denn „wenn wir auf diesem Weg [des genügsamen Lebens im Dienst an anderen; B.K.] bleiben, werden wir eher früher als später die Früchte“ (Ansprache 2016) sehen.

Als vierten interessanten Aspekt für prophetischer Praxis ist das Motiv des gemeinsamen Weges zu nennen. Franziskus weist darauf, dass der Ort des ersten Treffens der Sozialen Bewegungen mit dem Papst in der alten Synodenaula des Vatikans ist. *Synode* bedeute, gemeinsam auf dem Weg zu sein. Hoffnungsvoll sagt er: „Möge dieser Ort ein Symbol für den Prozess sein, den ihr begonnen habt und voranbringen wollt“ (Ansprache 2014). Dies ist in erster Linie auf den Prozess der Welttreffen bezogen, verdeutlicht darüber hinaus aber die Wichtigkeit der Organisierung und des gemeinsamen Suchens und Ringens. Das für die Theologie von Franziskus prägende konziliare Verständnis des *Volkes Gottes auf dem Weg* überträgt er in gewisser Weise auf die Sozialen Bewegungen. Er eröffnet so den Raum einer stärkeren kirchlichen Anknüpfbarkeit an ihren Prozess des Zusammentreffens und der gemeinsamen Artikulation.

5. Kapitel

Papst Franziskus in der politischen Auseinandersetzung mit den Sozialen Bewegungen

Franziskus bezeichnet die Sozialen Bewegungen in der Ansprache von 2015 als Protagonistinnen der großen Wandlungsprozesse, da sie als organisierte Akteurinnen das Unrecht nicht nur erleiden, sondern es auch bekämpfen und so eine aktive politische Rolle übernehmen. Gerade die Tatsache, dass es sich bei den Bewegungen nicht um politische Parteien handele, mache sie wertvoll, da sie „eine andere, dynamische und vitale Form gesellschaftlicher Beteiligung am öffentlichen Leben zum Ausdruck bringen" (Ansprache 2016). Vitalität und Dynamik als Charakteristika unterscheiden die Bewegungen gerade von hierarchisch und bürokratisch strukturierten Parteien, und für Franziskus macht bereits die Form der Organisierung und Schaffung von Alternativen, wie selbstorganisierter Arbeit, ein Spezifikum der politischen Praxis der Bewegungen aus (vgl. Ansprachen 2014, 2015, 2016). Er versteht ihre Praxis nicht nur als fordernd und mahnend, sondern als schöpferische Tätigkeit, in der sie Subjekt, „soziale Poeten" als Beschaffende von Arbeit, Wohnung und Lebensmitteln seien (vgl. Ansprache 2015). Diese Subjektwerdung in der Organisationsfähigkeit, den konkreten Auseinandersetzungen und der Schaffung widerständiger Gegenstrukturen betont Franziskus in den drei Ansprachen immer wieder und unterstreicht damit, dass die Arbeit an neuen Verhältnissen nur durch die (Selbst-) Ermächtigung der globalen VerliererInnen möglich ist.

Der fragilen Situation der Bewegungen, angesichts der hegemonialen Verhältnisse, ist sich der Papst durchaus bewusst. Er prägt dabei das Bild der AussäerInnen der Veränderung. D.h. dass er also keine naive Vorstellung davon hat, dass auch bei aller politischen und ethischen Richtigkeit der Bewegungspraxis, diese nicht durch sich selbst zur Überwindung ungerechter Strukturen führt. Er ermutigt dazu, dass die radikale Praxis der Bewegungen nicht narkotisiert, integriert oder korrumpiert wird, sondern dass eine Organisierung ‚von unten' zu kontinuierlich arbeitenden und dadurch wirksamen Strukturen führen kann. Die Welttreffen haben dabei die Funktion, eine „Kultur der Begegnung" (Ansprache 2014) zu schaffen, die Stimme der organisierten Armen hörbar und die solidarische Graswurzelpraxis der Bewegungen sichtbar zu machen. Hier wird deutlich, dass Franziskus ein Gespür hat für die Wichtigkeit einer Koordinierung der einzelnen Bewegungen und ihrer Kämpfe, damit eine gemeinsame Perspektive auf das große Ganze und eine grundsätzliche Kritik der Götzen des bestehenden Systems entwickelt werden kann.

Damit eine gemeinsame Praxis möglich wird, erinnert er in der Ansprache von 2014 an handlungsleitende Prinzipien für die sozialen Kämpfe wie Mut und Intelligenz, Hartnäckigkeit ohne Fanatismus, Leidenschaft ohne Gewalt, einen wachen Blick auf die Konfliktlinien und empfiehlt das Evangelium als Aktionsprogramm (vgl. Ansprache 2014). In der Rede des dritten Welttreffens entfaltet er sehr ausführlich die Risiken der ‚Einwicklung' und der Korruption für die in Sozialen Bewegungen Aktiven (vgl. Ansprache 2016). Die Sozialen Bewegungen müssen somit erstens ihre Position als eigenständige Akteurinnen bewahren, statt zu Mitverwalterinnen des Elends zu werden. Dies würde beispielsweise durch die Einbindung in zu stark caritative Arbeit, die ihren prophetischen Stachel verliert, geschehen. Zum zweiten sei es erforderlich, in Genügsamkeit die Veränderungsarbeit voranzubringen, statt darin von Narzissmus, Korruption und Profitstreben geleitet zu sein (vgl. Ansprache 2016). Mit diesen beiden Risiken spricht Franziskus gezielt Schwachstellen an, von denen Soziale Bewegungen nicht frei sind. Denn sie sind natürlich ebenfalls geprägt durch die gesellschaftlichen Bedingungen, in denen sie entstehen und arbeiten. Eine eindeutige Position der Parteilichkeit und die Verpflichtung zur Ehrlichkeit (im Sinne einer zielgerichteten, nicht-korrumpierbaren Praxis) werden hier von Papst Franziskus zu zentralen Grundsätzen emanzipatorischen Handelns erklärt.

Dies widerspricht der Plausibilität der vorherrschenden neoliberalen Politikpraxen vieler BerufspolitikerInnen und LobbyistInnen. Die Sozialen Bewegungen können aus seiner Perspektive Lern- und Entwicklungsorte wirklich demokratischer und ermächtigender Politik sein.

Die Sozialen Bewegungen sind für Franziskus natürlich nicht die einzigen Protagonistinnen der Veränderung. Für ihn liegt die Zukunftsfähigkeit der Menschheit in der Organisationsfähigkeit der bisher Marginalisierten und ökonomisch Ausgeschlossenen (vgl. Ansprache 2014). Er berichtet von seinen verschiedenen Reisen, bei denen er die Erfahrung gemacht habe, dass es weltweit eine Erwartung und ein starkes Sehnen nach Veränderung gibt – selbst unter jenen, die zu den ProfiteurInnen zählen, jedoch unter individualistischer, versklavender Traurigkeit zu leiden haben. Deswegen kommt er zu dem Schluss: „Die Zeit, Brüder und Schwestern, die Zeit scheint reif" (Ansprache 2015).

Hier drängt sich die Frage nach den strategischen Perspektiven und Umsetzungsmöglichkeiten auf, durch die die Sozialen Bewegungen zur Veränderung befähigt und Organisierungsprozesse in den unterschiedlichen Kontexten von Ausgebeuteten, Ausgeschlossenen, Prekarisierten, Illegalisierten, Entrechteten – jenen, die in allen Ländern sich nach einer Veränderung sehnen – wirksam werden. Doch welche Handlungsoptionen werden durch den Dialog der Sozialen Bewegungen mit dem Papst auf den Welttreffen formuliert?

Papst Franziskus bezieht sich in seinen Ansprachen sehr konkret auf die Diskussionen der Bewegungen, die auf den Welttreffen geführt werden. Hierbei geht er von einem gemeinsamen Ergriffen-Sein aus (vgl. Ansprache 2014). Die von ihm formulierten Handlungsoptionen sind in diesem Austausch mit den Sozialen Bewegungen keine Rezepte. Stattdessen wird sein Suchen und Ringen nach der wirklich befreienden Veränderung immer wieder deutlich:

> „Erwarten Sie bitte kein Rezept von diesem Papst. Weder der Papst, noch die Kirche besitzen das Monopol für die Interpretation der sozialen Wirklichkeit, und sie haben auch keine Lösungsvorschläge für die gegenwärtigen Probleme. Ich wage zu behaupten, dass es gar kein Rezept gibt. Die Geschichte wird von den aufeinander folgenden Generationen aufgebaut im Rahmen von Völkern, die auf der Suche nach ihrem eigenen Weg sind und die Werte achten, die Gott ihnen ins Herz gelegt hat" (Ansprache 2015).

Franziskus vertritt also die Überzeugung, dass weder er noch die Bewegungen einfache Rezepte anzubieten haben, aber gerade aus diesem Grund die umkämpfte Aushandlung des Fortgangs der Geschichte wichtig ist. Deswegen ist es sinnvoll, sich im Einzelnen die inhaltlichen Punkte der politischen Auseinandersetzung (in ihrer Übereinstimmung und Differenz gegenüber den Erklärungen der Sozialen Bewegungen) in seinen Ansprachen anzusehen.

Zentrale Themenstränge der Welttreffen sind die sogenannten „drei T": *tierra, techo y trabajo,* welche von Franziskus in den drei Reden aufgegriffen und vor allem in der ersten Ansprache von 2014 entfaltet werden. Er hebt immer wieder diese „heiligen Rechte" (Ansprache 2014) hervor, als Zusammenfassung der zentralen Forderungen der Sozialen Bewegungen: „Keine Familie ohne Wohnung, kein Campesino ohne Grund und Boden, kein Arbeiter ohne Rechte" (Ansprache 2015).

Er macht als Vorzeichen vor seinen Ausführungen zu den „drei T" deutlich, dass das Einklagen der Rechte auf Landbesitz, Wohnung und Arbeit legitim ist. Das delegitimiert im Kontrast dazu die gängige Praxis der Verfolgung jener, die für eben diese Rechte streiten. Damit nimmt er besonders jene unter den Anwesenden ernst, die unter Repression zu leiden haben. Das Verlangen nach dem, was allen zustehen müsste, sei, so Franziskus, Teil der kirchlichen Soziallehre. Dieses Bedürfnis nach den Lebensgrundlagen wird von ihm somit vom kirchlichen Verständnis her als selbstverständlich plausibel und unbedingt erstreitbar vorgestellt (vgl. Ansprache 2014). Mit einem humorvollen Unterton erscheint da die Randbemerkung: „Es ist befremdlich: Wenn ich als Papst davon spreche, heißt das für einige, dass der Papst ein Kommunist ist" (Ansprache 2014).

Die Abschlusserklärung des ersten Treffens hat unterstrichen: Das „Land gehört als gemeinschaftliches Gut allen, die es bearbeiten, so dass Landraub unmöglich gemacht wird" (Erklärung 2014). In Bezug auf die Privatisierung des Wassers hat die Erklärung des Welttreffens 2016 auf die universelle Bestimmung der Naturgüter als einen Besitz aller hingewiesen. In der Erklärung des zweiten Treffens wurde zudem hervorgehoben, dass dem Menschen nicht die Erde gehöre, sondern der Mensch der Erde. Hier besteht eine deutliche Übereinstimmung zwischen den Erklärungen und den päpstlichen Ansprachen.

Mit Blick auf die Vertreibung von Indigenen nimmt Franziskus Bezug auf die existenzielle und spirituelle Dimension des Verhältnisses zum Land, mit dem der Lebensstil als kulturelle und soziale Verankerung verbunden ist. Er eröffnet somit die Perspektive darauf, dass Vertreibung und Landflucht für die Lebensweise der Menschen existenzielle Folgen haben, die nicht allein durch die Beschreibung der äußeren Zwänge erfasst werden können (Ansprache 2014). Dies hatte die Erklärung von 2015 mit dem Alternativkonzept des *Buen vivir*, im Sinne eines ausgewogenen Zusammenlebens der Menschen untereinander und mit der Natur, bereits zur Sprache gebracht. Die gemeinsame Überzeugung, dass gerade der Land- und Ressourcenbesitz immer den Bedürfnissen der Bevölkerung zugeordnet sein muss, ist bereits eine deutliche Infragestellung der bestehenden Verhältnisse. Dies liefert jedoch noch keine ausreichende Handlungsoption für die konkreten Kämpfe der Bewegungen.

Die Problematik der Verstädterung ist Franziskus aus Buenos Aires wohlbekannt, wodurch er leicht an den Themenbereich des Wohnens (*techo*, „Dach über dem Kopf") anknüpfen kann.[177] Die

---

[177] Vgl. z.B. auch LS 147-154. Die Ausführungen zum städtischen Gemeinwesen sind zentrale Aspekte in LS. Vgl. Schäfers, Michael: Wie Papst Franziskus

Forderung nach einer integralen Stadtreform (ein Zugang zu menschenwürdigem Wohn- und Lebensraum anstatt zur Obdachlosigkeit führenden Zwangsräumungen) in den Erklärungen wird von Franziskus mit seinen Überlegungen zur städtischen Integration (statt „architektonischer makeups" zur Verdeckung der Wundmale) und der Erweiterung des Wohnbegriffes (auf den öffentlichen Raum als Ort der Nachbarschaft und Begegnung) weitergeführt (vgl. Ansprache 2014). Das legt das Verständnis nahe, dass die Städte zu Orten der Sozialität statt einer Traurigkeit des Konsums und der Vereinzelung der BewohnerInnen verändert werden sollen.[178]

Zum Thema der Arbeit (*trabajo*) wird in der Erklärung von 2016 ein universelles Grundeinkommen für gerechte Arbeitsformen gefordert. Eine solch konkrete Umsetzung greift Franziskus nicht direkt auf, sondern er thematisiert eher vom Grundsatz her die Frage nach menschlicher Würde und Arbeit in einem System, das den Profit als Gott über den Menschen eingesetzt hat.[179] Deswegen gilt hier in besonderer Weise, dass es nach Franziskus eine andere Ökonomie, also einen neuen äußeren Rahmen braucht, in der jede und jeder „einer rechtlich gesicherten Arbeit nachgehen und im Alter zu einer würdigen Rente gelangen kann", damit Arbeit würdevoll gestaltet sein kann. Sehr wertschätzend hebt er die selbstverwaltete Arbeit vieler organisierter Ausgeschlossener hervor (Ansprache 2014), die er als Erzbischof von Buenos Aires bereits kennengelernt hat.[180]

Doch was für eine Antwort liefert Papst Franziskus in den Ansprachen auf die Frage nach einer neuen Form der Ökonomie?

Politik macht. Zur Sozialenzyklika „Laudato si". Köln 2017. 59-70.

178 Das schließt für ihn auch ein, dass alle einen „Zugang zum Bildungs- und Gesundheitswesen, zur Innovation, zu künstlerischen und kulturellen Darbietungen, zum Kommunikationswesen sowie zu Sport und Erholung" bekommen müssen (Ansprache 2015).

179 Allerdings geht Franziskus in seiner Analyse nicht so weit zu sagen, dass es einen strukturellen Interessenswiderspruch zwischen Mehrwert schaffenden Lohnabhängigen und ihren ArbeitgeberInnen gibt.

180 Vgl. Grabois: Prawo do pracy.

Es gibt es eine deutliche Überschneidung im gesellschaftsanalytischen Ansatz zwischen den Sozialen Bewegungen und dem Papst im Blick auf das Wirtschaftssystem. In der Erklärung von 2014 heißt es: „Die Wurzeln für die gesellschaftlichen und ökologischen Missstände [liegen; B.K.] im ungerechten, räuberischen Charakter des kapitalistischen Systems". Auch wenn Franziskus nicht direkt vom Kapitalismus spricht, wie dies die Erklärungen hier tun, so liefert er mit seiner Götzenkritik eine ideologiekritische, theologische Hermeneutik, um die Strukturen dieses Systems verstehbar und angreifbar zu machen. Die Erklärungen argumentieren vor allem aus der Betroffenen-Perspektive struktureller Verarmung, was von Franziskus sehr bewusst aufgenommen wird. Er würdigt in der Ansprache des dritten Treffens die in Santa Cruz de la Sierra formulierte Selbstverpflichtung, den Konsumismus zurückzudrängen und stattdessen Solidarität, gegenseitige Liebe und Respekt vor der Natur wieder herzustellen. Denn seine Vorstellung einer Wirtschaft, die allen Würde garantiert, bezieht ein, dass „der Mensch im Einklang mit der Natur das gesamte System von Produktion und Distribution so gestaltet, dass die Fähigkeiten und die Bedürfnisse jedes Einzelnen einen angemessenen Rahmen im Gemeinwesen finden" (Ansprache 2015). Mit einem für Papst Franziskus charakteristischen Optimismus macht er den Bewegungen deutlich: „Diese Wirtschaft ist nicht nur wünschenswert und notwendig, sondern sie ist auch möglich. Sie ist weder Utopie, noch Fantasie. Sie ist eine äußerst realistische Perspektive. Wir können sie erreichen" (Ansprache 2015). Dem fügt er hinzu, dass die Regierungen sich darum bemühen sollten, die Wirtschaft in den Dienst des Volkes zu stellen und dadurch die Stärkung der Gemeinschaftsproduktion zu fördern.[181]

Ein weiteres zentrales Thema der Treffen ist das der Demokratie und Beteiligung der Armen. Dies drückt sich in der Erklärung von 2016 durch die Forderung aus, dass institutionelle Mechanis-

181 Warum Franziskus die Rolle des Staates an dieser Stelle so unkritisch stark macht, müsste noch genauer untersucht werden.

men voranzutreiben sind, durch die ein wirklicher Zugang der Sozialen Bewegungen, der originären Gemeinschaften und der Völker zu politischen und ökonomischen Entscheidungen ermöglicht wird. Dies ist keine grundsätzliche Infragestellung der parlamentarisch-demokratischen Politiken, öffnet jedoch eine Perspektive auf Alternativen dazu, wenn es eine wirkliche Beteiligung durch die Bewegungen gäbe. Denn die Bewegungen, so Franziskus, würden verdeutlichen, dass die Demokratien verlebendigt werden müssen und die Mehrheit der Bevölkerung eine aktive Rolle einnehmen soll. Er macht an dieser Stelle eine entscheidende Ergänzung: „Eine solch aktive Rolle geht über die logischen Verfahren einer formalen Demokratie weit hinaus", indem paternalistischer Assistentialismus beiseite gelassen wird und neue Formen der Beteiligung und Eingliederung der Ausgeschlossenen entstehen, bei denen auch die Bewegungen eine aktive Funktion übernehmen könnten (vgl. Ansprache 2016). Franziskus hat hier neuartige Regierungsstrukturen auf lokaler, nationaler und internationaler Ebene vor Augen. Dennoch hält er am Prinzip der Nationalstaatlichkeit fest, was auch erklärt, warum er dem Staat eine so wichtige Rolle in der Kontrolle der Wirtschaft und der Bereitstellung des äußeren Rahmens einer die Würde des Menschen achtenden Ökonomie zuspricht. Hier ist die Position vieler Sozialer Bewegungen sehr viel kritischer gegenüber einem Staatsapparat und seinen parlamentarischen Instanzen.[182]

Was die Forderungen der Bewegungen und des Papstes verbindet, ist das Verlangen nach einer wirklichen Beteiligungsmöglichkeit, gerade auch der ausgeschlossenen Armen. Er bestärkt die Sozialen Bewegungen darin, dass sie ihre politische Praxis selbstbewusst voranbringen und dadurch gesellschaftliche Beteiligung am öffentlichen Leben bereits vollziehen: „[H]abt keine Angst, euch in die wichtigen Debatten einzumischen, in die Politik – groß geschrieben" (Ansprache 2016). Dies würde die bis zur Un-

182 Vgl. Grabois: Prawo do pracy; sowie Stédile: Interview.

kenntlichkeit verschleierte Beziehung zwischen den gesellschaftlich Ausgeschlossenen und der Demokratie wieder aufdecken (vgl. ebd.). Der Ausdruck „Politik – groß geschrieben" bedeutet in diesem Zusammenhang, dass es nicht in erster Linie um eine Einmischung in eine verwaltende Politik geht, wie sie beispielsweise von Parlamenten geführt wird. Vielmehr geht es bei diesem Politikbegriff um Interventionen in den grundsätzlichen ökonomischen, sozialen und ideologischen Auseinandersetzungen und Fragestellungen.

Sowohl in der Ansprache von 2014 als auch 2015 verwendet Franziskus das Bild des Polyeders zur Erläuterung seiner Gesellschaftsvorstellung: Er besteht aus unterschiedlichen Gesichtern, die in ihrer Pluralität ihre Identität und Originalität bewahren, eine Einheit bilden, in der Synthese des Lokalen und Globalen. Die Praxis der Sozialen Bewegungen sei bereits die Arbeit an dieser Perspektive des großen Ganzen (vgl. Ansprachen 2014, 2015). Franziskus versteht es hier einerseits, ein offenes, integratives Gesellschaftsbild zu entwerfen. Andererseits weist er darin der politischen Veränderungsarbeit der organisierten Armen eine wichtige Funktion zu. Natürlich ist dabei der Polyeder-Vergleich nur holzschnittartig und nicht gleichzusetzen mit einem ausgearbeiteten politischen Handlungskonzept oder einem konkreten Gesellschaftsmodell. Hierdurch ist vielmehr negativ ausgeschlossen, was nicht strukturierend für eine gerechte Gesellschaft sein kann. Franziskus selbst scheint in seinem Demokratieverständnis einen Fokus auf eine größtmögliche Beteiligung aller zu legen, welche Marginalisierung überwindet, auf das Ganze der Wirklichkeit ausgerichtet ist, aus der eine (die Würde des Menschen bewahrende) Ökonomie entwickelt wird und die Pluralität aushalten bzw. stärken kann.

Ein weiteres, vor allem auf dem dritten Welttreffen verhandeltes Thema ist das der Migration. Der Papst greift dieses Thema im Wissen um die Auseinandersetzungen der Bewegungen auf dem Treffen auf und verdeutlicht den Stellenwert, den es für ihn und die Arbeit der vatikanischen Dikasterien habe, mit der Ankündigung der zur Angelegenheit des Papstes gemachten Leitung der am 01.01.2017 eingerichteten Abteilung für Migration und Flüchtlinge (vgl. Ansprache 2016). Als grundsätzliche Fluchtursachen benennt er das ungerechte sozio-ökonomische System und kriegerische Konflikte und macht jene Staaten des globalen Nordens dafür verantwortlich, die sich weigern, Geflüchtete zu empfangen. Organisierte MigrantInnen sollten sich deshalb durch die Errichtung alternativer Arbeitsmöglichkeiten in kollektiven Betrieben und der Landwirtschaft etc. aktiv widersetzen. Durch solche Beharrlichkeit könnten Staaten und Organisationen zum Handeln, zur Aufnahme und Integration bewegt werden (vgl. Ansprache 2016). Auch an dieser Stelle kommt die den Institutionen gegenüber kritische Position zum Ausdruck, letztlich werden jedoch diese aufgefordert, Verantwortung zu übernehmen. Die Sozialen Bewegungen sollen hier eine mahnende und Beispiel gebende Rolle übernehmen.

Es wird in diesem Zusammenhang leider nicht klar, wodurch sie eine wirkliche Veränderung bewirken könnten in Bezug auf die Bekämpfung der Fluchtursachen und das Durchsetzen einer allgemeinen Bewegungsfreiheit, wie sie in den Forderungen der Bewegungen nach einem universellen Bürgerrecht ohne Leugnung der kulturellen Identität (vgl. Erklärung 2016) bereits anklingt. Insofern kann man festhalten, dass gerade das Feld der Handlungsmöglichkeiten Sozialer Bewegungen im Bereich Migration noch vertiefter auf weiteren Treffen bearbeitet werden muss. Hier sind jedoch schon interessante Ansatzpunkte festgehalten worden.

Papst Franziskus zum Verhältnis von Kirche und Sozialen Bewegungen

In der Erklärung des dritten Welttreffens haben die Sozialen Bewegungen festgehalten, dass sie gemeinsam mit Franziskus an ihren Forderungen arbeiten wollen und sie „ermuntern die lokalen Kirchen, die Botschaft des Papstes Wirklichkeit werden zu lassen" (Erklärung 2016). Die Frage nach der Allianz von Kirche und Sozialen Bewegungen lässt sich in den drei päpstlichen Ansprachen an vier Punkten festmachen: gemeinsame Forderungen, ermutigende Begleitung und Dialog, Anfrage und Umkehr sowie geteilte Hoffnung.

Hinsichtlich der gemeinsamen Forderungen unterstreicht Franziskus in allen drei Ansprachen, dass es eine Übereinstimmung der kirchlichen Soziallehre mit den Forderungen der „drei T" der Sozialen Bewegungen gibt. Der Stimme der Bewegungen wolle er seine eigene hinzufügen, denn es sei im Interesse der Kirche, dass sie gehört wird (vgl. Ansprache 2014). An anderer Stelle betont er, dass die Kirche dem Prozess der Veränderung nicht fernstehen könne und dürfe (vgl. Ansprache 2015). Dies schließt konsequent an den bereits herausgearbeiteten fundamentalen Grundsatz der Theologie dieses Papstes an, dass der erlösende Wandel mit der Auflehnung gegen jede Form von Unterdrückung des gottebenbildlichen Menschen und der Zerstörung des gemeinsamen Hauses verbunden ist. Es ist strategisch nachvollziehbar, dass Franziskus den Zusammenhang der „drei T" mit der Tradition der katholischen Soziallehre aufzeigt. In erster Linie geht es ihm darum, die gemeinsamen Punkte stark zu machen und damit in der Weltöffentlichkeit hörbar zu werden.

> „Wir alle hier sind Menschen verschiedener Herkunft, Überzeugungen und Vorstellungen. Vielleicht können wir uns nicht in allem einig sein. Sicherlich denken wir über viele Dinge unterschiedlich, aber in den genannten Punkten [wie den „drei T's"; B.K.] stimmen wir überein" (Ansprache 2016).

Dies schließt einen gemeinsamen Dialog ein, der auf den Welttreffen einen besonderen Ort bekommt. Auf dem ersten Treffen hatten die Bewegungen erklärt, dass die Kirche und Papst Franziskus erst diese Treffen ermöglicht haben und sie sehr von seinem Denken inspiriert seien. Schließlich habe er die realen Probleme angesprochen, ihre Ideen unzweideutig und treffend zusammengefasst und ihnen, die ansonsten ignoriert oder kriminalisiert werden, seine Solidarität gezeigt. Aus diesem Grund solle ein ständiger Gesprächskontakt zwischen der Kirche und den Sozialen Bewegungen aufgebaut werden. Dies habe auch dazu geführt, dass sie sich mit den Texten des Papstes, *Evangelii Gaudium* und *Laudato si* sowie der katholischen Soziallehre auseinandergesetzt haben, um ihre politischen Diskussionen mit den Ansätzen der Kirche in Zusammenhang zu bringen (vgl. Erklärung 2014).

Franziskus wiederum verhehlt nicht, dass er sich die Forderungen der „drei T" besonders durch den Dialog mit den Bewegungen zu eigen gemacht hat. So sind die Anliegen von *Via Campesina,* der *Föderation der Cartoneros* und anderen redaktionell in die Vorbereitung von *Laudato si* eingeflossen (vgl. Ansprache 2014).

Das bereits angesprochene Motiv des gemeinsamen, synodalen Weges beschreibt seinen respektvollen Umgang in der Zusammenarbeit mit den Sozialen Bewegungen zur Unterstützung des Wandlungsprozesses. Eine aktive Rolle übernehmen darin in den Sozialen Bewegungen engagierte ChristInnen, von denen einige auf den Welttreffen auch anwesend waren (vgl. Erklärung 2014).[183]

In allen drei Ansprachen bezeichnet Franziskus sein eigenes Verhältnis und das der kirchlichen Institutionen als Begleitung der Sozialen Bewegungen bzw. dass es zu einem begleitenden Verhältnis werden soll. Begleitung wird von ihm zweifelsfrei aus einer solidarischen Perspektive verstanden, doch es drückt zugleich aus, dass Franziskus sich selbst und die Kirche nicht als aktiven Teil der Bewegungen, sondern als ein unterstützendes Gegenüber

183 Vgl. Stédile: Interview.

versteht. Ein Begleitungsverhältnis drückt eher die Distanz einer eigenständigen, beobachtenden Position aus, auch wenn die Anliegen gemeinsam solidarisch getragen werden. Franziskus betont aber, die Kirche habe die Verantwortung die Türen zu öffnen, Prozesse mitzugestalten und Begegnungen zu ermöglichen. Ein wichtiger Aspekt darin ist für den Papst die zu stärkende Zusammenarbeit der Justitia et Pax-Kommissionen in den Diözesen mit den Sozialen Bewegungen (vgl. Ansprache 2015).

Aus der Nähe zu den Sozialen Bewegungen resultieren für den Papst gegenseitige Anfragen und ein Ruf zu Umkehr in der eigenen Praxis. Er bekennt, dass es weder für den Papst noch für die Kirche ein Monopol auf die Deutung sozialer Wirklichkeit gibt und auch keine Rezepte zur Überwindung der Probleme vorhanden sind. Vielmehr gehe es darum, von den Kämpfen der Sozialen Bewegungen zu lernen, da sie viele Aspekte der kirchlichen Soziallehre realisieren (vgl. Ansprache 2015). Beispielsweise mache der politische Kampf von Bewegungen gegen koloniale Strukturen der Kirche deutlich, dass sie sich in ein Verhältnis zu ihrer kolonialisierenden Geschichte setzen und Verantwortung dafür übernehmen muss (vgl. Ansprache 2015).[184]

Die in der Ansprache von 2016 thematisierten Risiken der Einbindung und der Korruption bezieht Franziskus sowohl auf die Sozialen Bewegungen als auch auf die Kirche und ihre MitarbeiterInnen. Insofern sieht er für diese verschiedenen AkteurInnen die gleichen Gefahren bzw. eine ähnliche Verpflichtung zur Ausrichtung der Praxis an Maßstäben, die dem Veränderungsprozess zuträglich sind.

Als eine gemeinsame Basis sieht Papst Franziskus zwischen den Bewegungen und der Kirche eine geteilte Hoffnung als Quelle der Kraft für die sozialen Auseinandersetzungen. Er weist darauf hin, wie es bereits in der Erklärung von 2014 von den Sozialen Be-

---

184 Papst Franziskus hat in seiner Ansprache von 2015 um Vergebung gebeten für die Sünden der Kirche und der Eroberer in den Verbrechen an der indigenen Bevölkerung des amerikanischen Kontinents.

wegungen formuliert wurde, dass es in ihnen engagierte ChristInnen gibt bzw. innerhalb der Kirche viele den Sozialen Bewegungen nahe stehen. Diese seien durch die Kraft des revolutionären Glaubens, der sich der Tyrannei des Götzen Geld entgegenstelle, angetrieben und Teil der Identität der unterdrückten Völker Lateinamerikas (vgl. Ansprache 2015).[185] Auf wen Franziskus sich hier bezieht, wird in den allgemein gehaltenen Formulierungen nicht deutlich. Die Teilnehmenden der Treffen waren schließlich zu einem größeren Teil AktivistInnen ohne direkte kirchliche Bindung, wenngleich auch ChristInnen unter den Teilnehmenden waren.

Zwischen den Zeilen scheint jedoch die Geschichte der Befreiungstheologie in Lateinamerika auf, in der die enge Allianz von katholischer Kirche und Sozialen Bewegungen der Ausgangspunkt war. Dass Franziskus sich hier, wie auch in seinen anderen Texten, nicht konkret auf diese Geschichte bezieht, hat sicherlich taktische Gründe: Er hat kein Interesse daran, die Konflikte um die Befreiungstheologie, wie sie durch Kardinal Joseph Ratzinger in den 1980ern massiv geführt wurden, weiter zu nähren.[186] Man kann aber festhalten, dass Papst Franziskus sich zumindest nicht von der Tradition der Theologie der Befreiung und ihrem Fundament in den Sozialen Bewegungen distanziert.

Als offene Frage hinsichtlich dieser Allianz bleibt das Problem der Zusammenarbeit der Kirche mit Regierungen und Institutionen, die für den Erhalt des Status quo einstehen und somit Interessen verfolgen können, die ggf. denen der Sozialen Bewegungen entgegengesetzt sind.[187] Gerade der diplomatische Apparat des Vatikan und dessen intensiven globalen Beziehungen zu den unterschiedlichen AkteurInnen der herrschenden Klassen stehen natürlich im Widerspruch zur Praxis Sozialer Bewegungen und somit auch zu

---

185 Hierbei ist zu beachten, dass Papst Franziskus die Ansprache von 2015 in Bolivien vor allem vor lateinamerikanischen AktivistInnen gehalten hat.

186 Vgl. Lis, Julia / Ramminger, Michael: Die Welttreffen. 50.

187 Vgl. ebd. 50.

den Ergebnissen der Welttreffen. Dennoch gilt hier, dass die Welttreffen zugleich einen anfänglichen Aufbruch darstellen. Denn was bei Papst Franziskus für die Kirchenreform zutrifft, lässt sich in den Ansprachen auch in Bezug auf die Allianz mit den Sozialen Bewegungen beobachten: Er eröffnet in erster Linie neue Spielräume, denn er versucht den Bewegungen zu einer stärkeren öffentlichen Wahrnehmung zu verhelfen und er legitimiert und unterstützt ihre sozialen Kämpfe, ohne sie zu vereinnahmen. Was bedeutet das aber für eine Kirche der Armen?

6. Kapitel

Motor des „erlösenden Wandels“ – Kirche der Armen Hand in Hand mit den Sozialen Bewegungen

Bei den Welttreffen der Sozialen Bewegungen handelt es sich nicht um beliebige Veranstaltungen im Kalender des päpstlichen Hauses, sondern sie sind zentral für das Verständnis von Kirche, das Papst Franziskus einbringt.

Die in *Evangelii Gaudium* geforderte grundsätzliche Veränderung der Strukturen (EG 50-109) und die damit verbundene „unaufschiebbare kirchliche Erneuerung“ (EG 27) bekommt auf den Welttreffen eine besondere Verdichtung. Sie sind keine zufälligen Ereignisse, sondern sie können einen Interpretationsrahmen für das Reformprogramm dieses Papstes eröffnen. Doch wohin und wozu soll sich die Kirche laut Franziskus erneuern?

Die Umkehr und Neuausrichtung an den Quellen der Kirche, als Kirche der Armen, steht für Franziskus immer im Kontext ihres samaritanischen Dienstes in der Welt.[188] Er macht in *Evangelii Gaudium* deutlich, dass die Kirche von spirituellen und pastoralen Drapierungen befreit werden müsse, die ihr den Blick auf die Armen und prophetisches Handeln verunmöglichen (vgl. EG 97). Es gehe also nicht um eine „Besessenheit des Anscheins“, sondern eine Ausrichtung auf die Evangelisierung (vgl. ebd.). Dies fordert

---

188 Norbert Arntz hat folgende Kategorien der pastoralen Umkehr nach Papst Franziskus herausgearbeitet: Die Freude am Aufbau des Reiches Gottes, eine arme Kirche mit den Armgemachten im Zentrum, die Entlarvung des Kapitalismus als gnadenlose Religion, die Reform imperialer kirchlicher Strukturen, die Gleichheit im Volk Gottes und die Verkürzung der Distanzen zu den Lebensrealitäten in der Pastoral (Vgl. Arntz: Pastorale Umkehr).

dazu auf, die Initiative zu ergreifen und sich durch Nähe und Begegnung mit den Bedingungen zu konfrontieren. Dabei würde ein vertieftes Verständnis des Evangeliums ganz besonders dort wachsen, wo die Kirche sich den menschlichen Begrenzungen im „Schlamm der Straße" (EG 47) aussetze.

Das bedeutet mit anderen Worten, dass der hermeneutische Ort um die Wirklichkeit zu verstehen in den Abgründen der Realität liegt. Die „Verkürzung der Distanzen" (EG 24) im Alltagsleben und die nötigenfalls erforderte eigene Erniedrigung bis zur Demütigung (EG 24) kann bedeuten, den eigenen christlichen Diskurs aufzugeben und den Standpunkt zu verändern. Franziskus spricht in diesem Zusammenhang vom mittlerweile viel zitierten Bild der „verbeulten Kirche" (EG 49), die sich in soziale Konflikte einbringt, Privilegien aufgibt und sich demütig herrschaftlicher Macht entledigt. Aus dieser Perspektive formuliert er seine Wirklichkeitsanalyse, in der er eine grundsätzliche „Krise des gemeinschaftlichen Engagements" (EG 50) ausmacht.

Demgegenüber steht der biblische Orientierungshorizont des verheißenen Reiches Gottes: „In dem Maß, in dem Gott unter uns herrschen kann, wird das Gesellschaftsleben für alle ein Raum der Brüderlichkeit, der Gerechtigkeit, des Friedens und der Würde sein" (EG 180). Aus diesem Grund unterstreicht er in *Evangelii Gaudium* immer wieder, dass das Angebot des Evangeliums das Reich Gottes ist (vgl EG 180), wie es in Mt 6,33 als Zentrum und Zielpunkt glaubender Existenz ausgedrückt wird: „Euch aber muss es zuerst um sein Reich und um seine Gerechtigkeit gehen; dann wird euch alles andere dazu gegeben." Hierbei gehe es darum, so Franziskus, das Reich als eine neue geschichtliche Wirklichkeit durch die Praxis, die auf jeden Menschen und den ganzen Menschen hin ausgerichtet ist, wachsen zu lassen. Nur so kann die Geschichte zur Heilsgeschichte werden. Dass das Verständnis des Reiches Gottes dieses Papstes auf die Diesseitigkeit ausgerichtet ist, wird in seinem Verständnis christlicher Hoffnung deutlich, das nicht auf Vertröstung oder spiritualisierte Innerlichkeit basiert, sondern in der Suche nach dem eschatologischen Reich Geschichte erzeugt und auf alle Dimensionen des Daseins bezogen ist (EG 180). Dem zugrunde liegt der Gedanke, dass die Möglichkeit eröffnet ist für eine zu den derzeit herrschenden Verhältnissen kontrastierte Wirklichkeit. Das heißt, dass das vermeintlich Unmögliche zur Realität werden kann durch eine befreiende gesellschaftliche Praxis, die die Grenzen des Möglichen hin zu dem verschieben kann, was das gute Leben ermöglicht, statt es zu unterdrücken.[189]

Das Ziel des Volkes Gottes besteht für Franziskus aus diesem Grund darin, die Welt zu verändern (EG 183): „Evangelisieren bedeutet, das Reich Gottes in der Welt gegenwärtig machen" (EG 176). Wenn dies nicht das höchste Kriterium von Denken und Handeln sei, seien religiöse Übungen unfruchtbar und heuchlerisch (EG 207). Es gibt somit für Papst Franziskus keine statthaften Gründe, die nötigen Veränderungen nicht unmittelbar und mit reflektiertem Engagement beherzt anzugehen, denn „die Notwendigkeit, die strukturellen Ursachen der Armut zu beheben, kann nicht warten" (EG 202).

Das Verhältnis zu den gesellschaftlichen Strukturen wird zur Glaubensfrage, denn Franziskus setzt das Bekenntnis des Glaubens in einen direkten Zusammenhang mit der sozialen Verpflichtung der ChristInnen. Aus dieser Verpflichtung erwächst die Maßschnur zur Umkehr der Kirche entsprechend diesem Bekenntnis, zu einer Parteilichkeit der Option für die Armen:[190] „Die Option

189 Max Weber formuliert dies folgendermaßen: „Es ist – richtig verstanden – zutreffend, dass eine erfolgreiche Politik stets die ‚Kunst des Möglichen' ist. Nicht minder richtig aber ist, dass das Mögliche sehr oft nur dadurch erreicht wurde, dass man nach dem jenseits seiner Selbst liegenden Unmöglichen griff". (Weber, Max: Der Sinn der Wertfreiheit und Sozialwissenschaften. Tübingen 1956. 279).

190 Francisco de Aquino Júnior macht darauf aufmerksam, dass Franziskus ohne Scheu und Bedenken auf den Begriff der Option für die Armen verweist, ohne auf die relativierenden und abschwächenden theologisch-ideologischen Versuche der letzten Jahrzehnte einzugehen. Die Option ist für Franziskus nicht optional, sondern konstitutiv für den christlichen Glauben.

für die Armen [...] beinhaltet sowohl die Mitarbeit, um die strukturellen Ursachen der Armut zu beheben [...], als auch die einfachsten und täglichen Gesten der Solidarität" (EG 188). Dabei ist für ihn diese Option für die Armen in erster Linie eine theologische Kategorie und erst an nachgeordneter Stelle eine soziologische, politische, kulturelle oder philosophische Frage: Sie ist ein fundamentaler Teil der Selbstoffenbarung des Befreiergottes (vgl. EG 179). Im Anschluss daran ist Erlösung nur mit einer sozialen Bedeutung theologisch für ihn denkbar: „Der ganze Weg unserer Erlösung ist von den Armen geprägt" (EG 179). Hierbei warnt er davor, dass man sich an die befreiende Botschaft zu schnell gewöhne, sie fast mechanisch wiederhole, ohne sich klarzumachen, dass sie sich im Leben der Einzelnen und der Gemeinschaften real auswirken müsse: „Wie gefährlich und schädlich ist diese Gewöhnung, die uns dazu führt, das Staunen, die Faszination und die Begeisterung zu verlieren, das Evangelium der Brüderlichkeit und der Gerechtigkeit zu leben!" (EG 179). Und er stellt mit Bezug zu Mt 25,40 fest: „Was wir für die anderen tun, hat eine transzendente Dimension [...] und es ist eine Antwort auf die göttliche Barmherzigkeit uns gegenüber". Wie die Kirche missionarisch sei, so entspringe daraus „zwangsläufig die wirkliche Nächstenliebe, das Mitgefühl, das versteht, beisteht und fördert" (EG 179). Vor dem Schrei der Armen taub zu bleiben, entferne ChristInnen vom Willen des himmlischen Vaters und seines Planes: „Der Mangel an Solidarität gegenüber [ihren] Nöten beeinflusst unmittelbar unsere Beziehung zu Gott" (EG 187). Vor dem Hintergrund der Orientierung am Reich Gottes kann für Franziskus die christliche Praxis nicht auf das Private zielen, sondern sie muss ganz darauf ausge-

An dieser Option wird die „evangelische Authentizität, Treue und Glaubwürdigkeit der Kirche praktiziert und gemessen." (Aquino Júnior, Francisco: Eine arme Kirche für die Armen. Eine pastoraltheologische Betrachtung. In: Gállegos Sanchez, Jorge/Luber, Markus: Eine arme Kirche für die Armen. Theologische Bedeutung und praktische Konsequenzen. Regensburg 2015. 19-42, hier 31f. Zitiert als: Aquino Júnior: Eine arme Kirche für die Armen).

richtet sein, eine lebenswerte Zukunft für die Menschheit zu ermöglichen.
Deswegen ist der Begriff des Volkes Gottes in seiner Theologie auch so zentral. Er macht immer wieder deutlich, dass Gott in der Heilsgeschichte ein Volk erlöst und nicht einfach Individuen gerettet hat.[191] Danach ist das messianische Volk „von Christus zu einer Gemeinschaft des Lebens, der Liebe und der Wahrheit bestellt" und „von ihm auch als Werkzeug der Erlösung aller in Anspruch genommen und als Licht der Welt und Salz der Erde (vgl. Mt 5,13-16) zu aller Welt ausgesandt" (LG 9).[192] Dies verleiht dem messianischen Volk seine Kraft und macht es zum handelnden Werkzeug beim Aufbau des Reiches Gottes: „Das Volk ist das Subjekt. Und die Kirche ist das Volk Gottes auf dem Weg der Geschichte – mit seinen Freuden und Leiden."[193] Christliche Praxis kann somit keine individualistische Praxis sein, sondern eine kollektive und sie bedarf einer konkreten Vergemeinschaftung, um die Erzählung der befreienden Verheißung dieses Gottes des Volkes Israels zu tradieren.

Dass Papst Franziskus sein Kirchenverständnis vom theologischen Begriff des Volkes[194] her entwickelt, liegt einerseits in der Theologie des II. Vatikanischen Konzils[195] begründet und ist ande-

191 Vgl. Spadaro: Interview. 43.

192 In der Kirchenkonstitution des II. Vaticanums *Lumen Gentium* (LG) bekommt der Begriff des Volkes Gottes bereits in der Kapitelanordnung nach dem Mysterium der Kirche und vor der Hierarchie einen besonderen Stellenwert zugesprochen. Vgl. LG 9-17.

193 Spadaro, Antonio: Das Interview mit Papst Franziskus. Freiburg/Br. 2013. 43. Zitiert als: Spadaro: Interview.

194 *Pueblo* bezeichnet die Menge der Armen, jene, die nur das besitzen, was Gemeingut ist, die keine privilegierte Stellung haben und von anderen unterdrückt werden. Volk wird hier nicht als Nation, territoriale Kollektiv-Identität und erst recht nicht im völkischen Sinne verstanden.

195 Kirchenpolitisch und theologisch ist interessant, dass Papst Franziskus den egalitären Begriff des Volkes Gottes wieder stark macht. Sein Vorgänger Papst Benedikt XVI. hatte in seiner Ekklesiologie stets die theologische Konzeption der Kirche als Leib Christi (mit Haupt und Gliedern) vertreten,

rerseits stark geprägt von der argentinischen nachkonziliaren Theologie des Volkes, die versuchte, sich den gesellschaftlichen Bedingungen zu stellen.

Teil des Volkes zu sein bedeutet nach Juan Carlos Scannone, einem der Vertreter der argentinischen Theologie des Volkes, Mitglied einer Gemeinschaft mit gemeinsamer geschichtlicher Perspektive und solidarischer gegenseitiger Verwiesenheit zu sein. Der Blick auf die kulturelle Realität der Armen zeige, dass es trotz der Armut eine Einbettung in die Erfahrung einer Kultur, einer Geschichte und einer Religion gebe. Das Volk-Sein stütze sich, so Scannone, auf das Bedürfen der anderen, was für die Armen eine besonders existenzielle Erfahrung sei, die eine solidarische Praxis erfordere. Es sind die Armen, die wesentlich die legitimen Interessen des Gemeinwohls wie Gerechtigkeit, Frieden und Entwicklung für alle aufrecht erhalten.[196] Zum Volk gehören jedoch nicht nur die Unterdrückten, sondern auch diejenigen, die sich solidarisch mit ihnen für die Befreiung einsetzen und an ihrer Geschichte und Kultur teilnehmen.[197]

Franziskus betont, dass sich das Volk Gottes durch seine Sendung und die Bewegung des Aufbruchs konstituiert. Dies sei bereits für das Volk Israel der Fall gewesen und wurde von Jesus als das „Geht!“ immer wieder ins Gedächtnis gerufen (vgl. EG 20, er bezieht sich hier auf LG 9-17). Dieser Aufbruch ist jedoch nicht

---

die die Kirche als eine deutero-paulinische, hierarchisch strukturierte Communio versteht (vgl. Ratzinger, Joseph: Weggemeinschaft des Glaubens. Kirche als Communio. Augsburg 2002. 107-131. Sowie: Kongregation für die Glaubenslehre: Schreiben an die Bischöfe der katholischen Kirche über einige Aspekte der Kirche als Communio. 28.05.1992. http://www.vatican.va/roman_curia/congregations/cfaith/documents/rc_con_cfaith_doc_28051992_communionis-notio_ge.html. Abgerufen am 03.05.2017).

196 Vgl. Scannone, Juan Carlos: „Papst Franziskus Option für die Armen ist nicht linksgerichtet“. Zenit (13.12.2015). https://de.zenit.org/articles/papst-franziskus-option-fur-die-armen-ist-nicht-linksgerichtet/. Abgerufen am 15.04.2017.

197 Vgl. Scannone, Juan Carlos: Volksreligiosität, Volksweisheit und Philosophie in Lateinamerika. In: ThQ 164 (1984). 203-214, hier 205.

beliebig in seiner Bewegungsrichtung, sondern ist, so Franziskus, durch die Teilhabe am prophetischen Amt Christi (vgl. LG 12) als Werkzeug der Erlösung auf die gesellschaftlichen Peripherien hin ausgerichtet. Die biblisch begründete Parteilichkeit in der Bewegung des Volkes Gottes ist somit maßgebend, denn Volk Gottes zu sein bedeutet, „das Heil Gottes in unserer Welt zu verkünden und es hineinzutragen in diese unsere Welt, die sich oft verliert, die es nötig hat, Antworten zu bekommen, die ermutigen, die Hoffnung geben, die auf dem Weg neue Kraft verleihen" (EG 114).

Dass Papst Franziskus ein grundsätzliches Verständnis des Volk Gottes-Begriffes hat, wird dadurch deutlich, dass er, ebenfalls mit Rückgriff auf *Lumen Gentium* 12, dessen Unfehlbarkeit betont. Er selbst fühle mit der Kirche (*sentire cum Ecclesia*), da „das Ganze der Gläubigen [...] unfehlbar im Glauben" sei,[198] da die Kraft des zur Evangelisierung drängenden Geistes das Volk heilige (EG 119). Denn der Glaubensinstinkt des Volkes helfe ihm, „das zu unterscheiden, was wirklich von Gott kommt" (ebd.).[199] Dadurch bekommt das Volk Gottes als Subjekt eine egalitäre Position, indem nicht mehr das Lehramt einfach den Laien gegenübersteht. Hierin eröffnet er das Potenzial zu einer Überwindung klerikaler Herrschaftsformationen, das es zur Veränderung der Kirche weiter zu entwickeln gilt.[200] Franziskus verfolgt mit der Rede von der Unfehlbarkeit des Volkes vor allem das Ziel, jene zu stärken, die mar-

198 Spadaro: Interview 43.

199 Hans Waldenfels stellt die These auf, dass sich hierin eine Verknüpfung konziliaren und ignatianischen Denkens vollzieht. Vgl. Waldenfels: Sein Name. 76.

200 Papst Franziskus bringt seine deutliche Klerikalismuskritik immer wieder zum Ausdruck. Zugleich besteht ein zentrales Problem darin, dass er es nur bedingt schaffen kann, als Oberhaupt der römisch-katholischen Kirche systemimmanente Widersprüche zu überwinden, da eine Klerikalismuskritik aus seiner Position innerhalb der Hierarchie letztlich begrenzt bleibt. Beispielsweise bemüht er sich zwar in EG die Rechte und Bedeutung der Laien (EG 110f) gegenüber dem Klerus stark zu machen, doch eine hierarchische Trennlinie bleibt weiterhin bestehen (vgl. Waldenfels: Sein Name. 122).

ginalisiert und ungehört bleiben. Es geht ihm darum, diejenigen ins Zentrum zu rücken und ihre Subjektwerdung zu ermöglichen, um deren Willen die Evangelisierung zur Veränderung des Bestehenden beitragen soll.

Ein von Franziskus auf diese Weise verstandener Volk Gottes-Begriff, bei dem die Armen im Zentrum stehen, ist anschlussfähig an die befreiungstheologische Konzeption von Ignacio Ellacuría. Danach steht die Kirche im Dienst der Errichtung des Reiches Gottes, in dem das Volk Gottes in Fülle leben kann: „Reich Gottes wird kommen, wenn es ein Volk Gottes gibt, und zwar in dem Ausmaß, wie es ein Volk Gottes gibt“[201]. Das heißt, dass das Reich Gottes für das Volk da ist und das erst durch die Konstitution des einen Volkes Gottes die Fülle des Reiches realisiert werden kann.[202] Ellacuría unterscheidet trennscharf zwischen dem Volk Gottes, das „unmittelbar auf die totale Geschichtlichkeit der Beziehung zwischen Gott und Mensch“[203] verweist, und der Kirche, die als eine institutionelle Realität im Dienst des Reiches Gottes und des Volkes Gottes steht. Er spricht hierbei vom „wahren Volk Gottes“, das sich durch seine Nachfolge in der Option für die Armen, dem Kampf um Gerechtigkeit und Freiheit und der Verfolgung um des Himmelreiches willen auszeichne und nicht unbedingt mit der Kirche gleichzusetzen sei. Die ganze Menschheit kann und soll dem Volk zugehörig werden, da der Heilswille Gottes sich nicht allein auf die der Kirche Zugehörigen ausrichtet bzw. seine Wirksamkeit nicht jenen zugesichert werden kann, die zwar zur Kirche gehören, „aber nicht die Anforderungen des Gewissens und des Evangeliums erfüllen.“[204] Das bedeutet, so Ellacuría, dass weder das Volk Israel, noch das Kirchenvolk die volle Realität des Volk Gottes umfassen, sondern unter Beachtung der

---

201 Ellacuría, Ignacio: Eine Kirche der Armen. Für ein prophetisches Christentum. Freiburg/Br. 2011. 166. Zitiert als: Ellacuría: Kirche der Armen.

202 Vgl. ebd. 170.

203 Ebd. 167.

204 Ebd. 183.

Vorrangigkeit der Armen, vor allem diese das Volk Gottes im Reich Gottes sind. „Dadurch werden weder die Würde noch die Notwendigkeit der Kirche gemindert, aber die Sendung der Kirche und ihre Hinwendung zur Welt verdeutlicht"[205]. Dieses Volk Gottes-Verständnis stellt auf radikale Weise die Frage nach der Funktion und Praxis der Kirche und ihrem evangelisierenden Dienst am Volk Gottes, damit es zum „wahren Volk Gottes", d.h. zum Volk derer, die geeint die Fülle des Gottesreiches sichtbar machen, werden kann.[206]

Wie bereits aufgezeigt, ist die Evangelisierung nach Franziskus' Verständnis auf die geschichtliche Veränderung hin ausgerichtet. Sie ist somit die Art und Weise christlicher Praxis, die dem Volk dient, um den Heilswillen Gottes für die gesamte Menschheit zu konkretisieren und alle Getauften zu missionarischen JüngerInnen macht, zu aktiven TrägerInnen der Evangelisierung. Es gebe, so Papst Franziskus, durch die Taufe einen unmittelbaren Aufruf an die ChristInnen, „dass niemand [vom] Einsatz in der Evangelisierung ablasse" (EG 120). Eine so ausgerichtete samaritanische Kirche, die dem Volk dient, trägt dazu bei, dass das Leben in Fülle für alle ermöglicht werden kann. Insofern ist die Rede vom Volk Gottes bereits prophetisch.[207]

Wie ist jedoch in diesem Zusammenhang der Begriff *Kirche der Armen* sowohl in seiner gesamtkirchlichen Bedeutung als auch bei Papst Franziskus zu verstehen?

Papst Johannes XXIII. formulierte in seiner Radioansprache vor dem Beginn des II. Vatikanischen Konzils, dass „die Kirche aller,

---

205 Vgl. ebd. 183f.

206 Hierzu schreibt Franziskus in EG 111: „Die Evangelisierung ist Aufgabe der Kirche. Aber dieses Subjekt der Evangelisierung ist weit mehr als eine organische und hierarchische Institution, da es vor allem ein Volk auf dem Weg zu Gott ist."

207 Vgl. Lassak, Sandra: Volk Gottes-Theologie. In: Institut für Theologie und Politik (Hg.): Der doppelte Bruch. Das umkämpfte Erbe des Zweiten Vatikanischen Konzils. Ein Werkbuch. Münster 2011. 36-41, hier 38.

vornehmlich die Kirche der Armen"[208] ein Leitgedanke zur Orientierung des Konzils sein solle.[209] Der Begriff wurde bereits in den 1950er und 1960er Jahren verstärkt in kirchlichen Bewegungen verwendet, die sich solidarisch mit der verarmten Bevölkerungsmehrheit im Süden und den ArbeiterInnen engagierten. Dazu gehörte z.B. die Arbeiterpriesterbewegung in den frankophonen Ländern.[210] Auf dem Zweiten Vatikanum gab es die Gruppe von Bischöfen „Kirche der Armen", die kurz vor Ende des Konzils den Katakombenpakt, einen Katalog von 13 Selbstverpflichtungen auf der persönlichen und politischen Ebene, unterzeichneten.[211] Auch wenn diese Bischöfe auf dem Konzil in der Minderheit waren, beeinflussten sie dennoch die Konzilsberatungen[212] und entfalteten eine größere Wirkung in ihren Diözesen in der Folge des Konzils:[213] „Aber in keiner anderen Region übersteigt die Wirkung des Paktes so sehr das persönliche Engagement der einzelnen Unterzeichner wie in Lateinamerika. ... Keine andere Kontinentalkirche organisiert den Prozess konziliarer Erneuerung so entschieden, wie die vom CELAM zusammengeführte lateinamerikanische Kirche", was sie in „heftige weltpolitische und gesamtkirchliche Konflikte verstrickt[e]".[214] Bei den Generalversammlungen der lateinamerikanischen Bischöfe 1968 in Medellín und 1979 in

---

208 Papst Johannes XXIII.: Rundfunkbotschaft vom 11. September 1962. In: Hünermann, Peter/Hilberath, Bernd Jochen (Hg.): Herders Theologischer Kommentar zum Zweiten Vatikanischen Konzil. Bd. 5. Freiburg/Br. 2006. 476ff.

209 Vgl. Arntz, Norbert: Der Katakombenpakt. Für eine dienende und arme Kirche. Kevelaer 2015. 30. Zitiert als Arntz: Der Katakombenpakt.

210 Vgl. Collet, Giancarlo: „Den Bedürftigsten solidarisch verpflichtet". Implikationen einer authentischen Rede von der Option für die Armen. In: Jahrbuch für christliche Sozialwissenschaften Nr. 33 (1992). 67-84, hier: 70. Zitiert als Collet: Option.

211 Vgl. Der Katakombenpakt: Für eine dienende und arme Kirche. http://www.pro-konzil.de/originaltext/. Abgerufen am 15.05.2017. Es gab 57 Erstunterzeichner, denen sich später ca. 500 weitere Bischöfe anschlossen.

212 Vgl. Arntz: Der Katakombenpakt. 56; 75.

213 Vgl. ebd. 88ff.

214 Ebd. 87.

Puebla wurde die Frage nach einer Kirche der Armen zum leitenden Programm einer ganzen Kontinentalkirche erhoben und die nicht-relativierbare Realität der Armen wurde in den zentralen Fokus des kirchlichen Denkens und Handelns gerückt.

Die Praxis der Kirche der Armen war so ausgerichtet, „die Wirklichkeit im Blick auf das Reich Gottes und auf die Befreiung der Armen zu verändern, den Strukturen der Sünde die Strukturen der Gnade entgegenzusetzen."[215] Dazu gehört für eine Kirche der Armen die Solidarität an die erste Stelle zu setzen. Eine solche Solidarität ist für Sobrino eine des Glaubens, in der der Glaube derer, die unten sind und von dort her eine radikale Hoffnung entwickeln sowie der Glaube jener, die nicht unten sind, sich jedoch im Prozess einer radikalen Umkehr befinden, sich so dem Geheimnis Gottes annähert.[216] Was Sobrino hier betont, „ist die Tatsache, daß diese Bewegung der Solidarität, einer Solidarität im Glauben, im Unten der Geschichte, im Kreuz der Völker beginnt. Darin liegt die historische Macht, die Solidarität, eine radikale Solidarität, auszulösen vermag."[217]

Einer solidarischen Form einer Kirche der Armen sieht sich das Dokument von Medellín[218] verpflichtet, wenn es festhält:

> „Diese Solidarität [mit den Armen; B.K.] bedeutet, dass wir ihre Probleme und Kämpfe zu eigen machen und für sie zu sprechen wissen. Dies muss sich in der Anklage der Ungerechtigkeit und Unterdrückung konkretisieren, im christlichen Kampf gegen die unerträgliche Situation, die der Arme häufig erleiden muss, in der Bereitschaft zum Dialog mit den für diese Lage verantwortlichen Gruppen, um ihnen ihre Pflichten begreiflich zu machen" (Medellín 14,10).

215 Ebd. 112.

216 Vgl. Sobrino, Jon: Gemeinschaft, Konflikt und Solidarität in der Kirche. In: MysLib. Bd. 2. 851-900, hier 873. Zitiert als Sobrino: Gemeinschaft.

217 Ebd. 875.

218 Sekretariat der Deutschen Bischofskonferenz (Hg.): Die Kirche Lateinamerikas. Dokumente der II. und III. Generalversammlung des Lateinamerikanischen Episkopats in Medellín und Puebla. Stimmen der Weltkirche 8. Bonn 1979. Zitiert als Medellín.

Hier klingen zwei wesentliche Aspekte an: Erstens hat die Kirche demnach auf der Seite der Armen zu stehen und sich ihre Situation zu eigen zu machen. Hierdurch nimmt sie einen bestimmten gesellschaftlichen Standpunkt ein, der als Parteilichkeit für die Armen bezeichnet werden kann.[219] Eine so verstandene Parteilichkeit benennt Steinkamp „als Anklage [der Verhältnisse; B.K.] und Ankündigung der Gottesherrschaft“[220], die sich unterscheide von einer Solidarität des Beistands oder des Mitleids.[221] Dies verweist auf den zweiten Aspekt der Solidarität in der Perspektive des Dokuments von Medellín, welcher die Anklage der Ungerechtigkeit, die Beteiligung am Befreiungskampf der Unterdrückten und die dialogische Auseinandersetzung mit den konkreten Verantwortlichen umfasst.

Ausgehend von diesem in Medellín formulierten Solidaritätsverständnis kann an dieser Stelle möglichen Missverständnissen einer Kirche der Armen vorgebeugt werden: zum einen Solidarität als Grundpfeiler einer parteilichen Kirche der Armen assistentialistisch oder zum anderen als einen persönlichen Lebensstil aufzufassen. Das heißt, es geht weder um eine bevormundende Betreuung der Armen noch um eine Reduzierung auf das individuelle, ethische Handeln des Einzelnen.

Zur systematischen Klärung einer parteilichen Solidarität für das Grundverständnis einer Kirche der Armen, ist es sinnvoll, den Begriff der *Option für die Armen* aufzuschlüsseln.[222]

---

219 Dass diese deutliche Parteilichkeit zu Konflikten führt, wird besonders ersichtlich in der Einschätzung Comblins: Die Welt teile sich seither entlang zweier Optionen: „für oder gegen Medellín“ (Comblin, José: Lateinamerikas Kirchenväter. In: Concilium Nr. 45 [12/2009]. 518-527, hier 524).

220 Steinkamp, Hermann: Sozialpastoral. Freiburg/Br. 1991. 26. Zitiert als Steinkamp: Sozialpastoral.

221 Vgl. Fisch, Andreas: Option für die Armen konkret: Zur sozialethischen Kompetenz der Kirche in Deutschland. Münster 2001. 34.

222 Das *für* von Option für die Armen ist nicht als eine paternalistische Hinwendung zu verstehen, sondern Arntz schlägt im Vorwort dieses Buches die

Er wurde erstmals von der peruanischen Priesterbewegung (ONIS) unter Bezug auf die gesellschaftlichen Klassenkämpfe und deren Anerkennung durch die Kirche formuliert[223] und spielte spätestens seit dem Dokument von Puebla in der Befreiungstheologie und den lateinamerikanischen kirchlichen Dokumenten eine zentrale Rolle.[224]

In Puebla wurde eine christologische und eine theologische Begründung für diese Option geliefert: Erstens habe sich Kirche in den Dienst an den Armen zu stellen, wenn sie sich an Jesus orientiere (vgl. Puebla 1141). Dies fordere sie zugleich zur andauernden Umkehr heraus, wenn sie sich immer vollständiger mit Christus identifiziere, „der arm war, und mit den Armen verwirklicht wird" (Puebla 1140). Zweitens liege der theologische Grund für den solidarischen Einsatz für die in ihrer Ebenbildlichkeit verhöhnten Armen schlicht daran, dass Gott sie liebe und in Schutz nehme (vgl. Puebla 1142).

Innerkirchlich gab es massive Konflikte um die Option für die Armen, ihre Interpretation und die (De-)Legitimation der daraus folgenden Praxis einer Kirche der Armen.[225] Einer der Streitpunkte entfachte sich an der unmissverständlichen Parteilichkeit der

---

Konkretion Option *wegen* der Armen vor. Vgl. Arntz, Norbert: Welche Kirche will Papst Franziskus? http://www.kkv-hildesheim.de/kkv-ortsgemeinschaft-hildesheim/einzelnachricht/browse/1/zurueck/aktuelles/artikel/welche-kirche-will-papst-franziskus.html. Abgerufen am 16.05.2017.

223 Vgl. Centro de Estudios y Publicaciones (Hg.): La iglesia en América Latina. Testimonios y documentos (1969-1973). Navarra 1975. 562-567.

224 Vgl. Sekretariat der Deutschen Bischofskonferenz (Hg.): Die Kirche Lateinamerikas. Dokumente der II. und III. Generalversammlung des Lateinamerikanischen Episkopats in Medellín und Puebla. Stimmen der Weltkirche 8. Bonn 1979. Zitiert als Puebla.

225 Zur Auseinandersetzung um die Befreiungstheologie und die Kirche der Armen in Lateinamerika vgl. Ramminger, Michael: Streit um die Befreiungstheologie? In: Weckel, Ludger: Die Armen und ihr Ort in der Theologie. Münster 2008. 65-81. Sowie: Arntz: Der Katakombenpakt. 117ff, 140ff. Und die Beiträge in: Metz, Johann Baptist: Die Theologie der Befreiung: Hoffnung oder Gefahr für die Kirche? Düsseldorf 1986.

Option für die Armen. Hinsichtlich der Vorrangigkeit dieser Option weist Sobrino darauf hin, dass es zwar stimme, „daß die Kirche sich an alle wenden muß, aber an alle von den Armen aus. Wichtiger ist jedoch, daß die Kirche all das von den Armen her neu erarbeitet, was sie wissen kann, was sie tun soll, was sie hoffen und was sie feiern darf."[226] Insofern ist die Option für die Armen kein Sonderweg, sondern ein schöpfungstheologisch und christologisch verpflichtender Ausgangspunkt,[227] von dem aus es eine Klärung der Sendung der Kirche als eine Kirche der Armen in der Verkündigung des Reiches Gottes geben kann.

Kirche und Volk Gottes

Die Frage nach diesem Auftrag der Kirche bei der Verkündigung des Reiches Gottes beschäftigt viele BefreiungstheologInnen die danach fragen, wie die Vision einer Kirche der Armen mit Leben gefüllt werden kann. Ellacuría betont hierbei, dass die geschichtlich-soziale Befreiung, die christliche Liebe in der Befreiung und die absolute Forderung nach Gerechtigkeit das Glaubwürdigkeitszeichen der Kirche sind.[228] Bei der befreienden Praxis und der Überwindung der Ungerechtigkeit als einer strukturellen Sünde geht es um die Frage, ob die Kirche entsprechend ihrer Sendung in der Identifikation Jesu mit den Unterdrückten (vgl. Mt 25,40: „Was ihr für eines meiner geringsten Geschwister getan habt, das habt ihr mir getan") handelt oder ob sie diese verlässt. Mit Andrée formuliert lässt sich die verpflichtende Verantwortung der Kirche für eine Gerechtigkeit schaffende Praxis folgendermaßen zuspitzen:

> „Wie die Kirche zu den Armen steht, wie sie zu Armut steht und wie arm sie selber ist, sind Fragen, in denen die Kirche ihren Auftrag, die biblische Botschaft lebendig werden zu lassen, verfehlen

226 Sobrino: Gemeinschaft. 862.
227 Deshalb betont Papst Franziskus, dass die Option für die Armen in erster Linie eine theologische (aber keine spiritualisierte!) Kategorie ist (EG 198).
228 Vgl. Ellacuría: Kirche der Armen. 134-158.

oder einlösen kann. Letztlich entscheidet sich an diesen Fragen nicht nur, was für eine Kirche sie ist, sondern ob sie Kirche ist."[229]

Um die Sendung der Kirche und den Begriff des Volkes Gottes zu bestimmen, geht Ellacuría vom Grundsatz aus, dass sich JHWH als der Gott des Volkes offenbart (das Heil kann nur über die Zugehörigkeit zum Volk erreicht werden) und so das Volk Gottes (das Heil richtet sich nicht in erster Linie an Individuen) konstituiert hat und mit ihm in einer dauerhaften geschichtlichen Beziehung steht: Gott ist dann in seiner Hingabe nur das, was am Volk realisiert wird. Und das Volk schöpft wiederum sein Selbstbewusstsein nur im Wissen um sich als ein Volk Gottes.[230] Daraus ergebe sich, so Ellacuría, dass beide Realitäten, Volk Gottes und Reich Gottes, sich auf derselben Ebene befänden, da das Reich Gottes in dem Ausmaß kommen wird, wie es ein Volk Gottes gibt – möglicherweise durch ein die gesamte Menschheit umfassendes und die Unterschiede achtendes Volk.[231] Ohne die Konstituierung eines geeinten Volkes Gottes, kann es demnach keine neue Wirklichkeit des Reiches Gottes geben. Doch durch welche Kriterien kann bestimmt werden, wer zum Volk Gottes gehört?

Ellacuría unterstreicht, dass das zentrale Kriterium die Option für die Armen ist. Sie ist die Perspektive der Interpretation, Bewertungsgrundlage und Organisationsprinzip. Dies sei biblisch begründet und geschichtlich vor allem durch die Gegenwehr seitens der Mächtigen gegenüber dem befreienden Potential der Armen erwiesen.[232] Aus diesem Grund müsse sich das Volk Gottes „aus der Perspektive der Armen heraus konstituieren, den Armen

229 Andrée, Uta: Impulse aus der Ökumene zum Anliegen „eine Arme Kirche für die Armen". In: Gállegos Sanchez, Jorge/Luber, Markus (Hg.): Eine arme Kirche für die Armen. Theologische Bedeutung und praktische Konsequenzen. Regensburg 2015. 220-233, hier 232.

230 Vgl. Ellacuría: Kirche der Armen. 165ff.

231 Vgl. ebd. 166, 171. Zur Präzisierung des Zusammenhangs von Volk und Reich führt er an: „Das Reich Gottes ist für das Volk da, und die Fülle des Reiches ist erst erreicht, wenn sich das Volk Gottes konstituiert hat." Ebd. 170.

232 Vgl. ebd. 172.

einen privilegierten Ort im Rahmen des geschichtlichen Projekts und des kulturellen Ethos einräumen, sie in die sozioökonomische und politische Selbstorganisation aufnehmen und in die religiösen Institutionen einbinden […].“[233] Entsprechend gehören zum wahren Volk Gottes alle, die gerecht handeln (LG 9), zugleich gehe es jedoch auch darum, sich als Volk Gottes zu organisieren.[234]

Gerade hier kommt es bei Ellacuría zu einer deutlichen Zuspitzung von *Lumen Gentium* 9: Die Zugehörigkeit zum Volk vollzieht sich nicht durch eine verfasst-religiöse Mitgliedschaft, wie dies z.B. in der Kirche als Institution der Fall sein kann, sondern sie basiert auf dem jeweiligen gesellschaftlichen Standpunkt und der parteilichen Option für die Armen. Der zentrale Punkt ist somit eindeutig: Zum Volk Gottes gehören jene, denen es um die „Sache des Volkes“[235], d.h. die Befreiung und das Recht-Schaffen für die Unterdrückten geht.

Die Konstitution als Volk durch eine festgelegte Identität ist demnach für Ellacuría eben nicht ausreichend, sondern es bedürfe in einer durch Ungerechtigkeit definierten geschichtlichen Situation eines Kampfes um Gerechtigkeit und Freiheit um Volk Gottes genannt werden zu können. Dieser Kampf könne sich fälschlicherweise in Kreuzzügen und der Inquisition niederschlagen und muss deshalb von der Utopie des Friedens, der Geschwisterlichkeit, der Güterteilung, des Verzichts auf Konkurrenz und Gewalt geprägt sein.[236]

---

233 Ebd. 173. Und er fügt hinzu: „Zwar soll das Heil allen Menschen zuteil werden, doch gibt es da eine Rangordnung.“ Ebd. 173.

234 Vgl. ebd. 173. Hier bezieht sich Ellacuría dezidiert auf *Lumen Gentium*: „Gott hat es aber gefallen, die Menschen nicht einzeln, unabhängig von aller wechselseitigen Verbindung, zu heiligen und zu retten, sondern sie zu einem Volk zu machen, das ihn in Wahrheit anerkennen und ihm in Wahrheit dienen soll“ (LG 9).

235 Ellacuría: Kirche der Armen. 176.

236 Vgl. ebd. 173f. Zugleich macht er darauf aufmerksam, dass hinter ehrbaren pazifistischen Interessen Konfliktscheue und Heuchelei stecken könne: „Frieden und Liebe im christlichen Sinne sind alles andere als Zynismus oder Apathie.“ Ebd. 174.

Als eine reale, er spricht sogar von einer zwangsläufigen, Konsequenz dieses parteilichen Standortes des Volkes Gottes sieht er die Verfolgung, die sich gegen die Armen und jene, die an ihrer Seite stehen, richtet.[237]

Eine Frage, die sich also stellt, ist die nach der Kirchlichkeit des Volkes Gottes. Ellacuría bringt deutlich zum Ausdruck, dass die Kirche das Volk Israel nicht als das Volk Gottes beerbt hat, sondern dass sie einen heilbringenden Beitrag leistet, um das Reich und das Volk Gottes zu errichten. Das Volk Gottes, zu dem die ganze Menschheit werden kann, und die Kirche werden somit in ein wechselseitiges, korrektives Verhältnis gesetzt.[238]

Aufgrund des theologalen Vorrangs der Armen unterstreicht er, dass das Volk Gottes entsprechend das Volk der Armen sei und konsequenterweise die Möglichkeit zum Heil auch außerhalb der verfassten Kirche liegt. Dies bedeutet jedoch im Umkehrschluss auch, dass der Heilswille Gottes „nicht denjenigen zugesichert wird, die zwar ‚körperlich' der Kirche angehören, aber nicht die Anforderungen des Gewissens und des Evangeliums erfüllen."[239] Die Wichtigkeit dieser Unterscheidung verdeutlicht,

> „wie der Heilswille Gottes stärker geschichtlich und universal, real und verkörpert zu begreifen ist", denn der Wille Gottes erstreckt sich „auf die gesamte Menschheit, um ihr in ihrer personalen Innerlichkeit und in ihren gemeinschaftlichen Beziehungen sowie in ihren sozialen und politischen Organisationsformen und Strukturen ein Leben in Fülle zu ermöglichen".[240]

Was ergibt sich hieraus für die theologische Einordnung der Praxis der Sozialen Bewegungen und ihrer Zusammenarbeit mit der katholischen Kirche?

---

237 Ellacuría selbst wurde 1989 als Konsequenz seiner Parteilichkeit ermordet.

238 Vgl. Ellacuría: Kirche der Armen. 181f.

239 Ebd. 183.

240 Ebd. 183.

Volk Gottes, Kirche und Soziale Bewegungen

Papst Franziskus hat in seinen Ansprachen vier zentrale Bezugspunkte für das Verhältnis von Sozialen Bewegungen und der Kirche aufgezeigt: gemeinsame Forderungen, ermutigende Begleitung und Dialog, gegenseitige Anfrage und Umkehr sowie die geteilte Hoffnung. Darin wird deutlich, dass es auch ihm um einen gemeinsamen Einsatz für Veränderung geht.[241]

Franziskus sieht in den Sozialen Bewegungen, die „Protagonisten an den großen Wandlungsprozessen" (Ansprache 2015), die durch ihre konfliktive Praxis gegen die strukturellen Ursachen von Ausbeutung, Unterdrückung und Marginalisierung vorzugehen versuchen, eine feste Verortung an den Peripherien, parteiliche Solidarität „im Zentrum des menschlichen Unwetters" (Ansprache 2015) und die Eingliederung der Ausgeschlossenen.

Er betont, dass die Zukunftsfähigkeit der Menschheit in der Organisationsfähigkeit der bisher Marginalisierten und ökonomisch Ausgeschlossenen liegt (vgl. Ansprache 2014). Von besonderer Relevanz ist in diesem Zusammenhang, was er andeutet, wenn er in Bezug auf „Zwangsumsiedlungen, leidvolle[r] Migration, Menschenhandel, Drogen, Krieg, Gewalt und all jene Realitäten, unter denen viele von euch [organisierten Armen; B.K.] leiden" sagt, dass alle aufgerufen seien, dies zu verändern (Ansprache 2014).

Franziskus sieht in den Sozialen Bewegungen diejenigen, die als organisierte Arme in der praktischen und verbindlichen Jesus-Nachfolge stehen („Manchmal denke ich, dass ihr tut, was Jesus tat"; Ansprache 2016).[242] Das hat zwei Konsequenzen für die Be-

---

241 Natürlich ist die Kirche der Armen in seiner Vorstellungen in der „real existierenden" römisch-katholischen Kirche noch nicht verwirklicht.

242 Das Zitat in voller Länge lautet: „*Manchmal denke ich, dass ihr tut, was Jesus tat,* wenn ihr, die organisierten Armen, eure eigenen Arbeitsplätze erfindet dadurch, dass ihr Kooperativen bildet, eine bankrotte Fabrik übernehmt und zum Leben erweckt, den Abfall der Konsumgesellschaft recycelt, trotz rauen Wetters auf einem Platz etwas verkauft, ein Stück Land reklamiert, um es zu

deutung der Sozialen Bewegungen für die Kirche der Armen:

Erstens kann man sagen, dass Franziskus die Sozialen Bewegungen deutlich als Teile des Volkes Gottes bezeichnet: Dies ist eine unmissverständliche Zuordnung der Sozialen Bewegungen zu jenen, die sich in den Dienst am Reich Gottes begeben. Die Sozialen Bewegungen können als Teil des Volkes Gottes bezeichnet werden, insofern sie die Parteilichkeit und den „Kampf um Gerechtigkeit und Freiheit"[243] praktizieren. Sie nehmen die Gefahr der Verfolgung auf sich und entwickeln ihre utopische Kraft aus der Vision eines geschichtlichen Vollzugs der Befreiung. Die Zugehörigkeit zum Volk Gottes bestimmt sich nicht durch ein religiöses Bekenntnis oder einen dezidierten Gottesbezug, sondern sie zeichnet sich durch ihren Beitrag zum Ausmaß der Befreiung in der Geschichte aus. Hierbei besteht natürlich die Gefahr einer theologischen Vereinnahmung der in den meisten Fällen säkular konstituierten Sozialen Bewegungen. Deswegen geht es an dieser Stelle nicht um eine Theologisierung ihrer sozialen Kämpfe.

Zweitens nehmen die Sozialen Bewegungen eine evangelisierende Rolle für die Kirche ein, da die Bewegungen die Kirche zur Umkehr bewegen können. So lässt sich auf die Sozialen Bewegungen das übertragen, was Franziskus im vierten Kapitel von *Evangelii Gaudium* über die „Evangelisierenden mit Geist" zum Ausdruck bringt: Erfüllt vom Geist sind demnach jene, die mit Beweggründen ausgestattet sind, „die das persönliche und gemeinschaftliche Handeln anspornen, motivieren, ermutigen und ihm Sinn verleihen" (EG 261).

---

bebauen und die Hungrigen zu speisen. *Dann tut ihr, was Jesus tat,* weil ihr die verdorrten Hände des herrschenden sozioökonomischen Systems, nämlich die Arbeitslosigkeit, zu heilen versucht, wenn auch nur ein wenig, wenn auch nur vorübergehend. Kein Wunder, dass auch ihr manchmal unter Beobachtung steht und verfolgt werdet. Und es wundert mich auch nicht, dass die Arroganten keinerlei Interesse an dem haben, was ihr zu sagen habt" (Ansprache 2016) [Hervorhebungen d. Verf.].

243 Ellacuría: Kirche der Armen. 173.

Wenn die Sozialen Bewegungen dazu beitragen, dass die Kirche ihrer parteilichen Sendung nachkommt, da sie sich auf eine messianische Reich Gottes-Praxis besinnt und den Prozessen der Veränderung nicht fern bleibt, haben sie einen prophetischen Charakter und können dazu beitragen, die kirchliche Praxis neu auszurichten (vgl. EG 19-49). Somit können die Sozialen Bewegungen einen Beitrag dazu leisten, dass die Kirche stärker zum Volk Gottes wird: Ein Volk Gottes, das auf der Option für die Armen basiert und das Reich gemeinschaftlich realisiert[244] und so zur Schaffung des einen Volkes der ganzen Menschheit beiträgt.[245]

Wenn ernst gemacht werden soll mit dem, was Franziskus über die Sozialen Bewegungen als wichtige Protagonistinnen der Veränderung sagt, in der Konfrontation mit den „zerstörerischen Auswirkungen des Imperiums des Geldes“ (Ansprache 2014), dann hat dies zweierlei Folgen: Zum einen kann eine an den Peripherien orientierte Kirche nicht umher kommen, diesen Subjekten des Wandels einen zentralen Stellenwert zuzuschreiben, an dem sie sich orientiert.[246] Eine solche Umkehr kann, mit Papst Franziskus gesprochen, nur durch eine Verkürzung der Distanzen verwirklicht werden, indem die evangelisierende Gemeinde „im Volk mit dem leidenden Leib Christi in Berührung kommt“ (EG 24). Hieran anschließend unterstreicht er in *Evangelii Gaudium* 269: „Aber wir tun dies nicht aus Pflicht, nicht wie eine Last, die uns aufreibt, sondern in einer persönlichen Entscheidung, die uns mit Freude erfüllt und eine Identität gibt.“

---

244 Vgl. Ellacuría: Kirche der Armen. 167f; 173.

245 Vgl. ebd. 171.

246 Bonhoeffer hat die Einlösung der Sendung der Kirche folgendermaßen zugespitzt: „Die Kirche ist nur Kirche, wenn sie für andere da ist“ (Bonhoeffer, Dietrich: Widerstand und Ergebung. In: Bethge, Eberhard u.a. [Hg.]: DBW. Briefe und Aufzeichnungen aus der Haft. Bd. 8. München 1998. 560).

Eine so verstandene Umkehr ist dann nicht einfach nur eine moralische Maxime, sondern sie führt zur Grundsatzfrage nach dem Wesen der Kirche und ihrem gesellschaftlichen Standpunkt. Praktisch gewendet bedeutet dies, dass aus der theologisch verorteten Allianz mit den organisierten Armen eine Kirche der Armen zu einer konsequenten Anerkennung der Sozialen Bewegungen als Veränderungs-Protagonistinnen und einer dauerhaften und verbindlichen Zusammenarbeit führen müsste.[247] Dann ist ein begleitendes Verhältnis wichtig, wie es von Papst Franziskus (vgl. Ansprache 2014, 2015, 2016) und Kardinal Turkson[248] bekräftigt wurde. Es stellt sich jedoch die Frage, ob es strategisch bei einem Begleitungsverhältnis bleiben kann. Könnte die Möglichkeit einer intensivierten Allianz zum gemeinsamen Engagement für Veränderung weiter vorangebracht werden?

Ellacuría kann zur Funktion der Kirche einen hilfreichen Gedankenanstoß geben, damit sie die Bewegungen und ihre sozialen und politischen Kämpfe unterstützen kann:

> „Nicht jeder Kampf für Gerechtigkeit ist Inkarnation der christlichen Liebe, aber eine christliche Liebe ohne Kampf für die Gerechtigkeit gibt es nicht, wenn die geschichtliche Situation durch Ungerechtigkeit und Unterdrückung definiert ist. Von daher hat die Kirche, als Sakrament der Befreiung, die doppelte Aufgabe, den Kampf für Gerechtigkeit bei denen zu fördern, die sich noch nicht darin engagiert haben, und bei denen, die sich darin engagiert haben, dafür zu sorgen, dass sie es aus christlicher Liebe tun."[249]

---

247 Vgl. Lis/Ramminger: Die Welttreffen. 50.

248 Vgl. Turkson bei der Pressekonferenz zum zweiten Welttreffen (http://movimientospopulares.org/wp-content/uploads/2015/06/press-conference-ESP.pdf), und seinen Eröffnungsansprachen an der Treffen von 2015 (http://movimientospopulares.org/wp-content/uploads/2015/06/2015.07.07-pkat-intro.pdf) und 2016 (http://movimientospopulares.org/speech-of-cardinal-turkson/), und in Modesto (http://popularmovements.org/news/opening-keynote-address-cardinal-peter-k-turkson-prefect/). Alle abgerufen am 17.05.2017.

249 Ellacuría, Ignacio: Die Kirche der Armen, geschichtliches Befreiungssakrament. In: Mysterium Liberationis. Bd. II. 761-788, hier 777. „Christliche Lie-

In der Allianz mit den Sozialen Bewegungen kann die Kirche demnach eine unterstützende und mobilisierende Aufgabe einnehmen: Sie kann dazu beitragen, dass das „*Ambiente,* die Sensibilisierung, die soziale *Spannung* und die akute *Wahrnehmung von Dringlichkeit* geschaffen werden“[250], was zum Initialmoment einer Sozialen Bewegung werden kann. Ebenso kann die Kirche von ihrer eigenen Tradition ausgehend soziale Proteste verstärken und dabei die biblische Utopie eines Lebens in Gerechtigkeit und Fülle für alle wach halten.[251]

Der ständige Umkehrprozess der Kirche verlangt eine Orientierung an den Maßgaben der eigenen Wurzeln und ist zugleich eine voranschreitende Bewegung, die selbstbewusst und mutig Veränderungen wagt.[252] Das bedeutet, dass die Umkehr den Aus-

---

be“ bedeutet in diesem Zusammenhang eine Solidarität, die nicht vereinnahmend mit einem christlichen Bekenntnis zu verwechseln ist.

250 Moreira: Spiritualität. 79 (Hervorhebungen im Original).

251 Vgl. ebd. 80. Moreira fügt an, dass es in den sozialen Kämpfen und für engagierte ChristInnen einer tiefen Spiritualität der Konfliktivität bedürfe, durch die eine Hoffnung gegenüber Rückschlägen standhalten könne. Gemeinschaft und der Glaube an Veränderung seien dabei die zentralen Aspekte (vgl. ebd. 80).

252 Papst Franziskus findet bildhafte Worte für das Verständnis der Umkehrbewegung: „Viele Christen stehen einfach still! Es gibt so viele unter ihnen, die nur eine schwache Hoffnung haben. Ja, sie glauben an den Himmel und dass alles gutgehen wird. Das ist schön, dass sie das glauben, aber sie sehnen sich gar nicht danach. Sie halten sich an die Gebote und Verbote, alles, alles... aber sie stehen still. [...] Dann gibt es andere wiederum, die den falschen Weg einschlagen. Das kann jedem von uns einmal passieren, das wissen wir. Das Problem aber ist nicht, den falschen Weg einzuschlagen, sondern auf diesem dann zu bleiben, obwohl man genau weiß, dass man falsch liegt! [...] Das sind irrende Christen – sie ziehen umher und gestalten ihr Leben so, als ob es sich um einen existenziellen Tourismus handeln würde. Sie gehen ziellos umher, ohne dass sie die Versprechen ernst nehmen. Sie gehen und täuschen sich selber etwas vor, indem sie sich sagen: Ach, ich gehe! Nein, du läufst gar nicht, du hängst einfach herum. Das sind Irrende... Der Herr will, dass wir nicht still stehen und den falschen Weg einschlagen, aber er will auch nicht, dass wir herumhängen. Er bittet uns, dass wir auf Seine Versprechen schauen und vorwärts gehen, so wie es der

gangspunkt zur Veränderung markiert und zugleich eine heilsame Überwindung kostet, die Franziskus als Freimut, *Parrhesía*, bezeichnet. Der Freimut sei ein wichtiger Aspekt, der den Zeugnischarakter mit einer Verpflichtung zur Klarheit der Position kirchlicher Praxis in Erinnerung rufe (vgl. EG 259).[253]

Eine Umkehr der Kirche bezieht sich sowohl auf die eigene Praxis und die eigenen Strukturen als auch auf eine kritische Selbstanfrage angesichts der gesellschaftlichen Verhältnisse, in denen sich die Kirche vorfindet. Ausgangspunkt hierfür ist die Erfahrung und die Analyse der Wirklichkeit (die *Zeichen der Zeit* erkennen).[254] Andererseits bedeutet dies auch, dass die Kirche eine Verpflichtung zur prophetischen Anklage, d.h. dem Ruf zur Umkehr der Gesellschaft als Ganzes und darin auch der Kirche selbst trägt.[255] Katja Strobel macht in diesem Zusammenhang deutlich, dass ein Einlassen auf die Umkehr zu Konflikten führe, da Bekehrung auf Gegenmacht stößt, wie das Beispiel des Kreuzes Jesu zeigt.[256] Gerade dieser Konflikt ist zentraler Bestandteil einer Kirche der Armen, die sich durch den Umkehrprozess innerhalb ge-

Beamte im Evangelium tat, denn er glaubte an das Wort Jesu! Der Glaube lässt uns voranschreiten zum Versprechen Gottes." (Papst Franziskus: Morgenmesse, 31.03.2014. http://blog.radiovatikan.de/wie-weit-geht-umkehr/. Abgerufen am 17.5.2017).

253 Besonders deutlich benannte Franziskus dies bei der Eröffnung der Bischofssynode: „Eine Grundbedingung dafür ist es, offen zu sprechen. Keiner soll sagen: ‚Das kann man nicht sagen, sonst könnte man ja schlecht über mich denken...' Alles, was sich jemand zu sagen gedrängt fühlt, darf mit Parrhesia [Freimut] ausgesprochen werden." Papst Franziskus: Grußadresse zur Eröffnung der Bischofssynode. 06.10.2014. https://w2.vatican.va/content/francesco/de/speeches/2014/october/documents/papa-francesco_20141006_padri-sinodali.html. Abgerufen am 17.05.2017.

254 Vgl. Strobel, Katja: Zwischen Selbstbestimmung und Solidarität. Arbeit und Geschlechterverhältnisse im Neoliberalismus aus feministisch-befreiungstheologischer Perspektive. Münster 2012. 305-311. Zitiert als: Strobel: Selbstbestimmung und Solidarität.

255 Diese Verpflichtung kann nicht allein eine moralische sein, sondern sie wurzelt in der eigenen Verfasstheit als missionarische Kirche (vgl. EG 24-33).

256 Vgl. Strobel: Selbstbestimmung und Solidarität. 313.

sellschaftlicher und innerkirchlicher Antagonismen, Aushandlungsprozesse und verschiedener Interessen positioniert. Aufgrund einer parteilichen Praxis in Konfliktfeldern zu stehen hat dabei nicht zum Ziel, die gesellschaftlichen Antagonismen in die Kirche zu übertragen oder sie in erster Linie innerkirchlich zu bearbeiten. Doch die verschiedenartigen Optionen innerhalb kirchlicher Praxis sind ein deutliches Indiz dafür, dass sie gesellschaftliche Konflikte abbildet und von sehr unterschiedlichen gesellschaftlichen Positionen aus realisiert wird.[257]

Dies widerspricht nicht der Position von Papst Franziskus, der die Wichtigkeit der Einheit vor dem Konflikt unterstreicht (vgl. u.a. EG 226-230): Wenn es zu einer Verstrickung in Konflikte komme, würden die Perspektive und die Horizonte kleiner und der Blick auf die Einheit der Wirklichkeit verloren gehen (vgl. EG 226). Statt Konflikten auszuweichen oder sich ganz von ihnen einnehmen zu lassen, bedürfe es einer Bereitschaft zum Erleiden und Lösen, um von dort ausgehend neue Prozesse möglich zu machen (vgl. EG 227). Er weist darauf hin, dass die Solidarität als das zentrale Kriterium in diesem Konflikt zu gelten habe, „verstanden in ihrem tiefsten und am meisten herausfordernden Sinn“, in dem sie zu einer Weise würde, „Geschichte in einem lebendigen Umfeld zu schreiben, wo die Konflikte, die Spannungen und die Gegensätze zu einer vielgestaltigen Einheit führen können, die neues Leben hervorbringt“ (EG 228). Hiermit wird deutlich, dass Konflikte nicht aus einem Selbstzweck geführt werden, dass sie jedoch angesichts von Unterscheidungssituationen auftreten und von der Solidarität her bearbeitet werden müssen (vgl. EG 188f).[258]

257 Zur Kritik an der Versuchung kirchlicher Positionslosigkeit schreibt Casalis: „Wenn die Liebe kein parteiisches Eintreten und kein Engagement riskiert, dann ist sie nicht universal; besser gesagt: sie versumpft in universaler Bedeutungslosigkeit und idealistischer Ohnmacht.“ (Casalis, Georges: Die richtigen Ideen fallen nicht vom Himmel. Grundlagen einer induktiven Theologie. Stuttgart 1980. 167).

258 „Eine Kirche, die nichts riskiert, schafft Misstrauen. Eine Kirche, die Angst hat, Jesus Christus zu verkünden und die Dämonen auszutreiben, die Idole,

Alberto da Silva Moreira unterstreicht, dass eine befreiende Spiritualität den Konflikt mit einschließen müsse, indem sie Raum für den Zorn über strukturelle Gewalt und Ungerechtigkeit gewähre, der der Revolte und Ungeduld der ProphetInnen entspreche.[259] Dabei kann eine aus der Auferstehung gespeiste Hoffnung „die im Konflikt beteiligten Menschen wach, aktiv und großherzig machen"[260] sowohl den Niederlagen als auch dem „Druck einer Siegermentalität"[261] standzuhalten.

Strobel weist zu Recht darauf hin, dass die Offenlegung gesellschaftlicher Antagonismen und der damit verbundenen Konflikte in Kirche und Gesellschaft auf Unverständnis und den Vorwurf der Simplifizierung und Realitätsferne in einer ‚unübersichtlichen' postmodernen Welt stoße. Sie ermutigt jedoch dazu, dass eine Orientierung am Grundprojekt der Befreiung ermöglichen kann, Ereignisse und Entscheidungen auch ohne einen umfassenden Kenntnisstand über alle Details einzuordnen und zu bewerten und damit die *Zeichen der Zeit* zu erkennen.[262]

Gerade jedoch wenn es um Umkehr und Konfliktivität geht, kann die Kirche von den Sozialen Bewegungen lernen, wie von der Wurzel her eine Umkehr der gesellschaftliche Praxis in Angriff genommen werden kann, mit dem Ziel, neue Organisationsformen des solidarischen Zusammenlebens, gesellschaftlicher (Produktions- und Reproduktions-) Prozesse und des Umgangs mit der Schöpfung zu entwickeln. Dass eine konsequente Einforderung und selbstorganisierte Umsetzung dieser Umkehr zu Konflikten bis hin zur Verfolgung führen kann, zeigt die Geschichte Sozialer Bewegungen weltweit immer wieder aufs Neue. Dies gilt

den anderen Herrn, der das Geld ist, ist nicht die Kirche Jesu." Papst Franziskus: Morgenmesse, 23.05.2017. http://de.radiovaticana.va/news/2017/05/23/-morgenmesse_%E2%80%9Eder_b%C3%B6se_geist_will_eine_kirche_ohne_r-isiko%E2%80%9C/1314180. Abgerufen am 23.05.2017.

259 Vgl. Moreira: Spiritualität. 72f

260 Ebd. 75.

261 Ebd. 75.

262 Vgl. Stobel: Selbstbestimmung und Solidarität. 319.

dementsprechend auch für eine parteiliche Kirche der Armen, die sich angreifbar macht und auch Repression ausgesetzt werden kann, wenn sie ihrer Option treu bleibt (gerade auf den Welttreffen wurden diese Dimensionen der Bewegungspraxis deutlich).

Hier stellt sich die Frage, inwiefern sich die Praxen einer solidarischen Veränderung von der Wurzel her aus dem Kontext Sozialer Bewegungen in den Kontext der „real existierenden" Kirche übertragen lassen? Zwar gibt es eine unmissverständliche Anerkennung durch den Papst sowie die VertreterInnen des päpstlichen Rates Justitia et Pax und vereinzelte Bischöfe, die an den Treffen teilgenommen haben, doch kann man kirchlicherseits bisher noch keine deutlich zunehmende Unterstützung von ChristInnen in Bewegungen oder eine verbreiterte globale Zusammenarbeit zwischen den kirchlichen Institutionen und Sozialen Bewegungen feststellen.

Dies liegt mit Sicherheit an der vergleichsweise kurzen Zeit, seit der es die Welttreffen und einen so konkreten Bezug durch den Papst auf diese emanzipatorischen AkteurInnen gibt. Zum anderen kommt aber auch die Frage auf, warum die Erklärungen und auch die Beiträge auf den Welttreffen zwar einen positiven Bezug zur Kirche der Armen herstellen („Lang lebe Papst Franziskus und seine arme Kirche für die Armen!"; Erklärung 2014), jedoch nicht näher bestimmen, was sie mit einer Kirche der Armen meinen. Zwar sprechen die BewegungsvertreterInnen nicht unbedingt aus der Position von ChristInnen, die die Kirche mitgestalten, jedoch könnte hier sicherlich ein stärkerer Zusammenhang der Bewegungspraxis mit der Praxis einer parteilichen Kirche formuliert werden. Schließlich wird in den Erklärungen deutlich unterstrichen, dass es zwischen der Gesellschaftsanalyse in den Reden von Franziskus und dem Diskussionsstand der Bewegungen eine große Übereinstimmung gibt. Wenn auf den Welttreffen eine Allianz zwischen den Bewegungen und der Kirche eingegangen wird, bleibt es nun Aufgabe, daraus eine gemeinsame Praxis zu entwickeln, die die Bewegungen stärkt und ausgehend von den hier aufgeführten Kriterien einer Kirche der Armen entspricht.

Gerade auf diesem Hintergrund ist auch an Franziskus die Rückfrage zu stellen, weshalb er den in *Evangelii Gaudium* entworfenen Zusammenhang von Gesellschaftsanalyse, verändernder Praxis und einer daran orientierten Kirchenreform in den Ansprachen nicht explizit thematisiert? Ein Grund hierfür könnte sein, dass es sich um ein sensibles Feld handelt, auf dem dieser Papst sich sowohl in seinen Reformbemühungen als auch in seiner Bündnispolitik mit den Sozialen Bewegungen als linke Akteurinnen bewegt. Denn dieser Bündnisprozess stellt einige traditionelle Strukturen und Ausprägungen der römischen Kirche in Frage und kann zu Konflikten führen, wie man an der Geschichte der Befreiungstheologie in Lateinamerika und ihrem Verhältnis mit den römischen Dikasterien feststellen kann. Zwar kann man der Einschätzung Stédiles, dass es gerade zum derzeitigen Zeitpunkt neue Hoffnungen durch diese Allianz gibt, folgen:

> „Jetzt haben sich mit Papst Franziskus der Wind und die pastoralen Orientierungen gedreht und man sieht eine neue Hoffnung, dass die Strukturen der Kirche sich erneut ändern mit der Orientierung in Richtung der Arbeiter und der Armen. Aber das wird viel Zeit brauchen. Die Welttreffen der popularen Bewegungen sind, wie der Name sagt, ein Dialog mit Franziskus und es ist ein Raum der gegenseitigen Unterstützung von Papst Franziskus und den VertreterInnen der Bewegungen. Es hängt nichts von den kirchlichen Strukturen ab und der soziale Sektor [das Dikasterium für den Dienst zugunsten der ganzheitlichen Entwicklung des Menschen; Anm. B.K.], der von Kardinal Peter Turkson geleitet wird, gibt Rückendeckung, um den Plan von Franziskus möglich zu machen."[263]

Noch fehlt es jedoch an einer konkreten strategischen Bestimmung dieser Allianz auf beiden Seiten – auch wenn ihre Notwendigkeit gesellschaftlich und theologisch ersichtlich ist. Aus diesem

263 Stédile: Interview.

Grund stellt sich zum einen die Frage, ob es kirchlicherseits eine vertiefte theologische Reflexion einer Allianz mit den organisierten Armen und der damit ersichtlich werdenden Parteilichkeit geben wird und welche Konsequenzen daraus sowohl für die Prozesse der Kirchenreform als auch in der politischen Perspektive für die Deutung der *Zeichen der Zeit* gezogen werden. Zum anderen bleibt offen, ob die Sozialen Bewegungen in der Kirche eine politische Partnerin sehen können, die auch durch die Tradierung der biblischen Befreiungsbotschaft Motive weitertragen kann, aus denen sich das Engagement für Veränderung speisen kann.[264]

Da zum jetzigen Zeitpunkt der Prozess der Welt- und Regionaltreffen noch am Anfang steht, gilt es abzuwarten, welche Dynamik nun daraus entstehen kann und welches Veränderungspotenzial sich entwickeln wird. Dies wird wahrscheinlich im Wesentlichen auch davon abhängen, ob es Anknüpfungspunkte zwischen den Ortskirchen und den Sozialen Bewegungen gibt und Orte befreienden Christentums den Konflikt mit den bestehenden Verhältnissen eingehen.

---

264 Vgl. Ramminger, Michael: Sind die Kirchen noch zu retten? In: Hippchen, Alexandra/Ramminger, Michael (Hg.): Beharrlich gegen die Macht. Otto Meyer zu Ehren. Münster 2005. 225-236, hier 230. Zitiert als: Ramminger: Sind die Kirchen noch zu retten?

7. Kapitel

Ausblick auf die Praxis von ChristInnen und Sozialen Bewegungen in Deutschland

Auch für den europäischen Kontext stellt sich die zentrale Frage nach befreiender Theologie und Praxis angesichts der neoliberalen Verhältnisse. Deswegen ist es wichtig auch in Europa die gesellschaftlichen Bedingungen zu analysieren und zu fragen, wo Brüche und Interventionsmöglichkeiten im Bestehenden sichtbar werden, um sie im Sinne von umfassenden Veränderungen nutzbar zu machen.[265] Aus diesem Grund sind auch für den europäischen Kontext das politische Handeln von Sozialen Bewegungen und die Welttreffen von großer Wichtigkeit. Was ergibt sich also aus den Impulsen dieser Treffen und ihrer theologischen Einordnung für die Praxis in Europa bzw. im Kontext der BRD? Hierzu ist es natürlich notwendig die Bereiche, in denen Soziale Bewegungen und auch die Kirchen gemeinsame Anknüpfungspunkte haben, in den Blick zu nehmen, um davon ausgehend Perspektiven entwerfen zu können.

In Bezug auf die kirchliche Praxis in Europa hat Hermann Steinkamp mit seinem Ansatz der Sozialpastoral einen wichtigen Beitrag geleistet, um die Option für die Armen zu kontextualisieren.[266] Steinkamp sieht einen untrennbaren Zusammenhang zwi-

---

265 Vgl. Lis, Julia: Perspektiven für eine Theologie der Befreiung in Europa. In: Arntz, Norbert/Geitzhaus, Philipp/Lis, Julia (Hg.): Erinnern und Erneuern. Provokation aus den Katakomben. Münster 2018. 199-226, hier 217. Zitiert als: Lis: Perspektiven.

266 Vgl. u.a. Steinkamp: Diakonie statt Pastoral. Ebenso: Steinkamp, Hermann: Solidarität und Parteilichkeit. Für eine neue Praxis in Kirche und Gemeinde. Mainz 1994. Sowie: Steinkamp: Sozialpastoral. Freiburg/Br. 1991. 140. Zitiert als: Steinkamp: Sozialpastoral. Hinsichtlich praktischer Erfahrungen aus der

schen erfahrenem Unrecht einerseits und dem daraus folgenden Aufschrei sowie der Bezeugung des Reiches Gottes im Kampf für Gerechtigkeit andererseits.[267] Eine parteiliche Verkündigung adressiere nicht allein die Mächtigen, sondern auch die „Gemeinde der bürgerlichen Kirchenmitglieder".[268] Sie kann dazu beitragen, das Bewusstseins angesichts der Unrechtszusammenhänge zu schärfen.

Eine solche Bewusstseinsbildung ist in den Sozialen Bewegungen in Europa, in denen sich vor allem AktivistInnen aus der gebildeten Mittelschicht engagieren,[269] dauerhaft notwendig. Hierbei kann die Bewegungspraxis wiederum auch die Engagierten in den Zirkel von Bewusstwerdung, Umkehr und Handeln führen. Insofern können Bewegungen und Kirchen(-gemeinden) sowohl durch ihre konstitutiven Grundsätze und ihre Praxis zur Veränderung der Perspektive von Menschen beitragen und Lernorte der Solidarität[270] werden. Sie können jedoch ebenfalls Menschen in eine verändernde Praxis führen, wenn es zur kritischen Auseinandersetzung mit der bürgerlichen Hegemonie kommt. Steinkamp weist darauf hin, dass dieser Perspektivwechsel in den Kirchen dafür notwendig sei, um Diakonie in ihrer politischen Dimension zu verstehen und zu erlernen: In den kleinen und großen Aktionen politischer Diakonie (als Synonym für Sozialpastoral) würden Mitarbeitende erfahren, was es heißt, sich auf die Seite von Geflüchteten oder HausbesetzerInnen zu stellen und eine Kritik an den gesellschaftlichen Zuständen zu üben – was eine Konfrontation mit den bürgerlichen Schichten bedeute.[271] Auch in diesem Punkt steht eine parteiliche Praxis kirchlicher AkteurInnen in großer Nähe zu Sozialen Bewegungen, die oft genug wegen ihrer

---

Sozialpastoral vgl. Mette, Norbert/Steinkamp, Hermann (Hg.): Anstiftung zur Solidarität. Praktische Beispiele der Sozialpastoral. Mainz 1997.

267 Steinkamp: Sozialpastoral. 140.

268 Ebd. 140.

269 Vgl. Boris: Soziale Bewegungen. 81.

270 Vgl. Steinkamp: Diakonie statt Pastoral. 277-306.

271 Steinkamp: Sozialpastoral. 143.

politischen Forderungen oder radikalen Solidarität in Konflikt mit hegemonialen AkteurInnen kommen bzw. diesen auch bewusst eingehen: „Solidarität bedeutet Positionierung auf Seiten der Marginalisierten und schließt damit Konflikte mit Privilegierten ein."[272]

Ein weiterer zentraler Aspekt in der Sozialpastoral Steinkamps liegt in der Subjektwerdung der Ausgeschlossenen und Armen, indem sie „ihre Sache selbst in die Hand nehmen", durch Selbstorganisation.[273] Kirchliche Gruppen und Gemeinden haben somit die Aufgabe, Rahmenbedingungen für Selbstorganisierungsprozesse zu schaffen. Hierfür kann eine Infrastruktur wie Räume und Finanzen, jedoch auch personelle Unterstützung notwendig sein. Was dies betrifft, sind die meisten Kirchengemeinden in Deutschland gut ausgestattet und können somit den AkteurInnen nichtkommerzielle Räume zur Verfügung stellen. Wenn diese Ressourcen auch Sozialen Bewegungen zugutekommen, können Gemeinden zu Begegnungsorten von ChristInnen und Nicht-ChristInnen werden. Dies ermöglicht unter Umständen einen gegenseitig bereichernden Austausch, der aufgrund verschiedener Hintergründe, Milieus und politischer Standpunkte ansonsten eher nicht zustande kommt. ChristInnen können beispielsweise durch gemeinsam genutzte Räume mit BewegungsaktivistInnen in Kontakt kommen. Dies wiederum kann sie für emanzipatorische Perspektiven sensibler machen. BewegungsvertreterInnen kann hier eine breitere Bündnisarbeit ermöglicht werden, die vermeidet, in abgeschlossenen Diskursen zu bleiben.

Beispiele für solche Begegnungsräume können in der Kirchenasylpraxis gefunden werden, wo es zum gemeinsamen Ausdruck der Solidarität kommen kann: An Kirchenasylen beteiligen sich oft UnterstützerInnen von Geflüchteten, die keine Gemeindemitglieder oder ChristInnen sind, sondern sich in Flüchtlingsinitiativen engagieren[274] oder in der antirassistischen Bewegung aktiv

272 Strobel: Zwischen Selbstbestimmung und Solidarität. 172.

273 Vgl. Steinkamp: Sozialpastoral. 144.

274 Vgl. Kern, Benedikt: „...wie Kirche praktisch sein kann". Erfahrungen einer

sind. Dadurch, dass diese jedoch gezielt an Kirchengemeinden oder Ordensgemeinschaften herantreten, kann hierdurch eine gemeinsame Praxis entstehen, die in erster Linie den Menschenrechtsschutz in den Vordergrund stellt, jedoch zugleich politisierende Wirkung auf Gemeindemitglieder haben kann angesichts der Konfrontation mit den Behörden und den verschärften Asylgesetzgebungen.[275] Doch das Beispiel des Kirchenasyls zeigt gleichzeitig auch, dass solche Kontaktpunkte zwischen den Kirchen und Bewegungen nur selten gegeben sind, obwohl es natürlich auch personelle Überschneidungen gibt. Besonders Soziale Bewegungen (doch zunehmend auch kirchliche Gruppen) sind gesamtgesellschaftlich gesehen in einer stark marginalisierten Position. Die hiermit verbundene Schwäche basiert vor allem in der Schwierigkeit Visionen und Alternativen zu denken, jedoch auch Solidarisierung und Vergemeinschaftung verbindlich und kontinuierlich zur organisieren. Dies zeigt sich hierzulande sowohl in den Bewegungen als auch in den Kirchen.[276]

Strobel weist darauf hin, dass die Beteiligung von Kirchengemeinden an der Veränderungspraxis Sozialer Bewegungen jedoch sehr zurückhaltend und politisches Engagement eher im Verborgenen stattfindet: Protest und Widerstand in dem Sinne, dass Kirchengemeinden sich öffentlich beispielsweise gegen Verarmungspolitik oder Abschiebungen einsetzten, fände nur vereinzelt statt und es seien marginale Gruppen, die sich in Eigeninitiative außerhalb verfasster Kirchenstrukturen in diesen Bereichen einsetzten.[277] Es gibt ChristInnen, die sich aktiv in Sozialen Bewegungen

Kirchenasyl-Unterstützerin. In: Institut für Theologie und Politik/Netzwerk Kirchenasyl Münster (Hg.): Kirchenasyl ist Menschenrechtsschutz – eine Handreichung. Münster 2016. 64-66.

275 Vgl. Kern, Benedikt: Das Kirchenasyl. Eine umkämpfte Praxis des Menschenrechtsschutzes. In: Graswurzel Revolution Nr. 414 (12/2016). 1.

276 Vgl. Geitzhaus/Lis: Kirche(n) in (sozialer) Bewegung. 59.

277 Vgl. Strobel, Katja: „Kirche der Armen“ hier und heute? Kritische Überlegungen zur Erinnerung an den Katakombenpakt. In: Institut für Theologie und Politik (Hg.): Der doppelte Bruch. Das umkämpfte Erbe des Zweiten Va-

beteiligen, in vielen Fällen sind sie jedoch nicht als solche darin erkennbar. Doch, um ChristInnen zu einem verstärkten Einsatz in den sozialen Kämpfen zu motivieren, ist es wichtig, dass sie darin mit ihrer Tradition und Spiritualität auch sichtbar sind. Es gibt immer wieder Versuche, gezielt ChristInnen für die Teilnahme an Protestaktionen und zu kontinuierlichem politischem Engagement zu gewinnen. Zugleich soll hier Solidarität mit den Protestierenden hergestellt werden, um etwa durch einen breiteren gesellschaftlichen Rückhalt Kriminalisierungsversuche von Aktionen Zivilen Ungehorsams zu verhindern.[278] Ziel kann es hierbei natürlich nicht sein, dass ChristInnen einfach in den Bewegungen aufgehen, sondern gerade für den hiesigen Kontext bedarf es eines befreienden Christentums, das eine eigene Positionsbestimmung vornimmt.[279] Dieses befreiende Christentum zeichnet sich dadurch aus, dass es in den gegenwärtigen globalen neoliberalen Verhältnissen eine biblisch verantwortete Gegenerzählung von Solidarität, Barmherzigkeit, Erlösungshoffnung und Compassion formuliert und sie in den jeweils verändernden historischen Bedingungen praktisch realisiert.[280] Lis und Geitzhaus weisen darauf hin, dass diese Gegenerzählung aus ihrer fragilen Position heraus

---

tikanischen Konzils. Werkbuch I. Münster 2011. 78-80, hier 78. Zitiert als Strobel: „Kirche der Armen".

278 Vgl. die Aufrufe des Instituts für Theologie und Politik u.a. zur Unterstützung von ChristInnen der Blockupy-Proteste 2015 (Institut für Theologie und Politik/ChristInnen für den Sozialismus: Solidarität muss praktisch werden. Aufruf zum Blockupy-Aktionstag am 18. März in Frankfurt. http://www.itpol.de/?p=1627. Abgerufen am 01.06.2017), der Ende-Gelände-Aktionstage im Braunkohlerevier Lausitz 2016 (Institut für Theologie und Politik u.a.: Christ_innen, beteiligen wir uns gemeinsam an „Ende Gelände"! Der Geist von Pfingsten stiftet uns zum Protest in der Braunkohlegrube an. http://www.itpol.de/?p=2145. Abgerufen am 01.06.2017) und der Proteste gegen den G20-Gipfel 2017 in Hamburg (Institut für Theologie und Politik: Gegen G-20: Diese Welt anders. http://www.itpol.de/?p=2602. Abgerufen am 01.06.2017).

279 Vgl. Geitzhaus/Lis: Kirche(n) in (sozialer) Bewegung. 62.

280 Vgl. ebd. 62f.

„nicht als unmittelbar plausibel oder gesellschaftlich selbstverständlich gelten kann und wird.“[281] Man kann sagen, dass dieses Narrativ einer Befreiung vom Gegenwärtigen aus der Erfahrung der Kämpfe der Sozialen Bewegungen erwächst. In einer umfassend verstandenen ökumenischen Perspektive kann eine christliche Gemeinschaft (und ihre Institutionen) dabei die Aufgabe haben, „öffentliche Zeugin und Tradentin“[282] dieses Narrativs zu sein. Denn gerade unter den derzeitigen gesellschaftlichen Verhältnissen „globalisierter Gleichgültigkeit“ benötigt es, wie Metz es ausdrückt, ein Ringen darum, ob die Überlieferung der jüdisch-christlichen Erzählung als „unabgegoltene und gefährliche Erinnerung wachgehalten werden kann.“[283]

Gemeinsame Arbeitsfelder: Migration, Klima und Frieden

Auch wenn die emanzipatorischen Aufbrüche von ChristInnen in den sozialen Auseinandersetzungen eher zurückhaltend sind, gibt es dennoch Anknüpfungspunkte für eine befreiende Praxis von ChristInnen in und mit Bewegungen, die hier nur ausschnitthaft skizziert werden können. Diese Beispiele zeigen aber auf, in welcher Weise eine Kirche der Armen in Deutschland agieren und an die Welttreffen der Sozialen Bewegungen anschließen könnte.

Spätestens seit dem „Sommer der Migration“ 2015 ist auch für die kirchliche Praxis in Deutschland eine intensive Auseinandersetzung mit der Thematik Flucht und Migration unausweichlich geworden, vielerorts haben sich Unterstützungsgruppen gegründet und Gemeindemitglieder haben sich Flüchtlingsinitiativen angeschlossen. Nach Schätzungen gab es ab 2015 ca. 200.000 ehrenamtliche Engagierte aus den Kirchen, die aktiv sind in der Hilfe

281 Ebd. 63.
282 Ramminger: Sind die Kirchen noch zu retten? 227.
283 Metz, Johann Baptist: Glaube in Geschichte und Gegenwart. Mainz 1977. 78.

für Geflüchtete.[284] Aus christlicher Überzeugung und humanitärer Notwendigkeit heraus werden Schutzbedürftige aufgenommen und mit dem Nötigsten versorgt. Viele Gemeinden sind auch dem Aufruf des Papstes[285] nachgekommen und stellen Wohnraum zur Verfügung. Die Aktiven seien gut ausgebildete, politisch interessierte und im Schnitt eher jüngere Bevölkerungsgruppen, nicht selten mit eigenem Migrationshintergrund und zum Teil ohne vorherigen Bezug zur Kirche und mit diesem Profil unterschieden sich etliche der neuen Aktiven in der Flüchtlingsarbeit von Ehrenamtlichen in anderen Feldern des freiwilligen Engagements in Pfarreien, so die Einschätzung des Caritasverbands Münster.[286]

Daneben gibt es in der Kirche in Deutschland auch eine deutlich positionierte Kritik des europäischen Grenzregimes oder der Abschiebungen nach Afghanistan, wie z.B. durch den Kölner Erzbischof Kardinal Rainer Maria Woelki.[287] Kirchliche Gruppen und Gemeinden sind jedoch mit solchen Positionierungen medial viel weniger sichtbar bzw. es gelingt ihnen scheinbar nur teilweise, wirksame Mittel der Artikulation zu finden.

---

284 Müller, Christian: Ich war fremd und ihr habt mich aufgenommen. Migration und Flucht in kirchenamtlichen Stellungnahmen. In: Unsere Seelsorge (12/2015). 12-17, hier 16.

285 Vgl. Radio Vatikan: Jede Pfarrei soll Flüchtlinge aufnehmen! Radio Vatikan (06.09.2015). http://de.radiovaticana.va/news/2015/09/06/papst_jede_pfarrei-_soll_fl%C3%Bcchtlinge_aufnehmen!/1169957. Abgerufen am 03.06.2017.

286 Vgl. Hafenrichter, Marion: Zeit spenden, um Menschen willkommen zu heißen. Ehrenamtliche Flüchtlingsarbeit im Bistum Münster. In: Unsere Seelsorge (12/2015). 32-33, hier: 33.

287 Vgl. Frank, Joachim: „Legale Wege schaffen". Erzbischof Woelki über Flüchtlinge. Frankfurter Rundschau (18.08.2015). http://www.fr.de/politik/erzbischof-woelki-ueber-fluechtlinge-legale-wege-schaffen-a-440166.
Ebenso die Forderung Woelkis mit dem Präses der Evangelischen Kirche im Rheinland Manfred Renkowski des Abschiestopps nach Afghanistan: Evangelisch.de: Rekowski und Woelki: NRW muss Abschiebung nach Afghanistan aussetzen. Evangelisch.de (2017). https://www.evangelisch.de/inhalte/1-42589/10-03-2017/rekowski-und-woelki-nrw-muss-abschiebung-nach-af-ghanistan-aussetzen. Beide abgerufen am 03.06.2017.

Anders ist dies bei der international wahrgenommenen Migrationscharta „Freie Niederlassung für alle: Willkommen in einer solidarischen Gesellschaft!“ des ökumenischen Netzwerks *KircheNordSüdUntenLinks* aus der Schweiz.[288] Die InitiatorInnen sind in Sozialen Bewegungen wie auch in den Kirchen aktiv, „in der Überzeugung, dass die biblischen Traditionen nach wie vor als Grunderzählung und Grundlage zur Verwandlung der Verhältnisse dienen können.“[289] Sie gehen gezielt auf kirchliche Gruppen und Gemeinden zu, um Unterstützung für die Punkte der Charta zu erhalten und können dadurch sicherlich eine politisierende Wirkung innerhalb des kirchlichen Spektrums erreichen und eine Verbindung zur Praxis der Antirassismus-Bewegung herstellen.

Ähnliches zeigt sich z.B. in Bündnissen von kirchlich und politisch Engagierten wie zur Aktion *Wachbleiben!*, durch die in Detmold mehrfach Roma vor Abschiebungen in den Kosovo geschützt wurden bzw. wo am Vorabend geplanter Abschiebungen nach Afghanistan Geflüchtete für eine Nacht im Kirchenraum der Versöhnungskirche bleiben können.[290] Ebenfalls auf lokaler Ebene gab es im Januar 2017 in Münster einen gemeinsamen Aufruf für einen Winterabschiebstopp, der von linken wie auch kirchlichen AkteurInnen, wie beispielsweise dem Diözesanverband des Bundes der Deutschen Katholischen Jugend (BDKJ), unterstützt wurde.[291]

288 Vgl. Migrationscharta „Freie Niederlassung für alle: Willkommen in einer solidarischen Gesellschaft! http://neuemigrationspolitik.ch/. Abgerufen am 03.06.2016.

289 http://neuemigrationspolitik.ch/?page_id=17. Abgerufen am 03.06.2016.

290 Vgl. www.wachbleiben.info. Abgerufen am 03.06.2017. Die OrganisatorInnen laden Menschen aus dem Kreis Lippe und überregional dazu ein, „Solidarität zu zeigen und gegen die Abschiebung zu protestieren. Wir werden uns am Abend vor einer drohenden Sammelabschiebung nach Afghanistan in einer Kirche versammeln, um auch zusammen mit möglicherweise von Abschiebung bedrohten Personen gemeinsam die Nacht in Gebet und Solidarität zu durchwachen. Es wird ein buntes Programm mit Musik, Kultur und Informationen geben.“ (Vgl. ebd.).

291 Vgl. Bündnis gegen Abschiebungen Münster: Für einen sofortigen Winterabschiebestopp. Pressemeldung vom 15. Januar 2017. http://buendnismue-

Ein anderes Feld, in dem bereits eine praktische Zusammenarbeit realisiert wird, ist das der sozialen Kämpfe um das Klima und die Ökologie. So gab es beispielsweise im Herbst 2015 anlässlich der UN-Klimakonferenz in Paris den 1500 km langen „Ökumenischen Pilgerweg für Klimagerechtigkeit" von Flensburg nach Paris, an dem sich 7000 Menschen beteiligten. Die damit verbundenen Forderungen richteten sich direkt an die UN-Konferenz-Teilnehmenden und hatten einen eher appellativen Charakter.[292] Das Klimapilgern kann als ein Aufbruch unter vielen ChristInnen verstanden werden, da ein solch großes Mobilisierungspotenzial zum Thema Klima im kirchlichen Kontext in der jüngeren Vergangenheit in Deutschland beispiellos ist und sich hier verschiedenste AkteurInnen beteiligen.

Gleichzeitig könnten sich ChristInnen auch viel stärker und selbstbewusster an dezidiert systemkritischen Protestaktionen wie den jährlich im rheinischen oder brandenburgischen Braunkohlerevier stattfindenden Protesttagen *Ende Gelände* beteiligen.[293] Hier treten christliche AkteurInnen wie Pax Christi und Kirchengemeinden eher bei ergänzenden Aktionen wie die *Aktion Lebenslaute* (bei der ein Orchester mit einem Chor musizierend Bagger blockiert hat)[294] oder Menschenketten zur *Aktion Rote Linie A4* (die auf der Trasse der ehemaligen Autobahn A4 die geforderte Begrenzung des Tagebaus Hambach markiert hat)[295] in Erscheinung.

---

nster.blogsport.eu/2017/01/15/pressekonferenz-am-17-01-12/. Abgerufen am 05.06.2017.

292 Vgl. Geht doch! Ökumenischer Pilgerweg für Klimagerechtigkeit. http://-www.klimapilgern.de/. Abgerufen am 20.05.2017.

293 Vgl. https://www.ende-gelaende.org/de/. Abgerufen am 20.05.2017.

294 Vgl. 2015 Rheinisches Braunkohlerevier. Andante an der Kante. Musikalische Baggerblockade am rheinischen Braunkohletagebau. http://www.lebenslaute.net/?page_id=1347. Abgerufen am 05.06.2017.

295 Vgl. Wald statt Kohle. Aktion Rote Linie A4. http://hambacherforst.blogsport.de/2016/10/10/sonntag-23-oktober-12-00-uhr-wald-statt-kohle-und-akt-

Auch das Thema Waffenexporte bietet im deutschen Kontext die Möglichkeit für eine Zusammenarbeit von Kirchen und Sozialen Bewegungen: Seit 2011 beteiligen sich viele ChristInnen, vor allem im Zusammenhang der katholischen Friedensbewegung *Pax Christi* an der *Aktion Aufschrei - Stoppt den Waffenhandel!*, mit dem Ziel, dass Kriegswaffen und sonstige Rüstungsgüter grundsätzlich nicht exportiert werden dürfen.[296] Diese Kampagne war durch Bildungsarbeit[297], Unterschriftenaktionen und Medienarbeit in der öffentlichen Wahrnehmung sehr präsent und hat sicherlich eine kritische Auseinandersetzung mit dem Zusammenhang von Waffenexporten, kriegerischen Konflikten und der Schaffung von Fluchtursachen mit angeregt.[298]

Ein weiteres Beispiel ist die *Initiative Ordensleute für den Frieden (IOF)*, ein freier Zusammenschluss von Ordensfrauen und -männern sowie ihrem FreundInnenkreis. Sie ist in den Jahren der Nachrüstung 1983 entstanden. Einige Jahre lang trafen sich die Ordensleute am Stationierungsort von Cruise-Missiles im Hunsrück zu Protestaktionen. Seit dem Abzug der Raketen fokussieren sie sich auf Proteste vor der Zentrale der Deutschen Bank in Frankfurt am Main, um auf die kriegstreibenden Interessen dieser und anderer Banken hinzuweisen. Diesen Aktionen haben sich im Laufe der Zeit zahlreiche ChristInnen und Nicht-ChristInnen (u.a.

---

ion-rote-linie-a4/. Abgerufen am 20.05.2017.

296 Vgl. http://www.aufschrei-waffenhandel.de/Forderungen-Ziele.65.0.html. Abgerufen am 20.05.2017.

297 Vgl. die Broschüre: Kampagne »Aktion Aufschrei – Stoppt den Waffenhandel! Den Opfern Stimme, den Tätern Name und Gesicht«: Gute Gründe gegen den Waffenhandel. Berlin 2013. http://www.aufschrei-waffenhandel.de/fileadmin/dokumente/Neues/materialien/Argumente_f%C3%Bcr_das_R%C3%Bcstungsexportverbot.pdf. Abgerufen am 20.05.2017.

298 Vgl. die Medienberichte von 2017 über die Aktion Aufschrei – Stoppt den Waffenhandel! http://www.aufschrei-waffenhandel.de/Pressespiegel.872.0.html. Abgerufen am 20.05.2017.

aus der Friedensbewegung und Attac) angeschlossen.[299]

Diese Aktionsfelder schließen an die entsprechenden Passagen der Erklärungen der Welttreffen zu Flucht und Migration, Ökologie und Friedenspolitik sehr gut an und machen deutlich, dass es auch innerhalb der kirchlichen Strukturen eine Sensibilität für ein selbstbewusstes Engagement für die Rechte Geflüchteter, den Erhalt der Schöpfung und zur Beendigung kriegerischer Konflikte und gewaltförmiger Unterdrückung gibt.

Herausforderungen für eine Kirche der Armen in Deutschland

Die oben genannten Bespiele zeigen ebenfalls, dass es auch im deutschsprachigen Kontext eine hohe Relevanz der Themenbereiche der Welttreffen Wohnen, Arbeit, Land, Migration, Demokratie und Ökologie gibt, auch wenn Soziale Bewegungen hier diese unter anderen Bedingungen als im globalen Süden bearbeiten. An diese sozialen Auseinandersetzungen könnte eine Kirche der Armen, d.h. engagierte ChristInnen versuchen stärker anzuknüpfen, darin präsent zu sein, klar Position zu beziehen und Bewegungen ideell und materiell zu unterstützen. In Schlaglichtern soll hier eine kurze Übersicht gegeben werden:

a) Wohnen: Gerade in urbanen Räumen gibt es zahlreiche Initiativen und Gruppen, die sich in „Recht auf Stadt"-Bündnissen zusammenschließen, um Gentrifizierung und Segregation zu kritisieren, es gibt in einigen deutschen Städten erfolgreiche Hausbesetzungen, um gegen Leerstand vorzugehen und unkommerzielle politische und kulturelle Räume zu schaffen.[300] Die Frage, wie diese Praxis zu

299 Vgl. Böckermann, Gregor: Kapitalismus und Krieg. Die Ordensleute für den Frieden und die Deutsche Bank. http://archiv.friedenskooperative.de/ff/ff10-/6-69.htm. Abgerufen am 07.06.2017.

300 Das Recht auf Stadt-Bündnis aus Hamburg stellt sich beispielsweise folgendermaßen vor: „Recht auf Stadt, gegründet 2009, ist ein Netzwerk aus Hamburger Initiativen, die sich für bezahlbaren Wohnraum, nicht-kommerzielle Freiräume, die Vergesellschaftung von Grund und Boden, eine neue demo-

verbreitern ist, um Wohnraumprobleme und Verdrängung effektiv zu bekämpfen sowie kollektives Wohnen zu ermöglichen,[301] sind hierbei die zentralen politischen Auseinandersetzungen.

b) Arbeit: Arbeitskämpfe werden in Deutschland nicht nur von den Gewerkschaften geführt, sondern auch von Sozialen Bewegungen. Letztere betreiben meist eine sehr viel kapitalismuskritischere Analyse und thematisieren den Zusammenhang von Lohnabhängigkeit und Wertschöpfung in den Produktionsverhältnissen.[302] Wie Arbeitskämpfe zu stärkeren Solidarisierungsprozessen unter Beschäftigten führen können und eine kapitalismuskritische bzw. antikapitalistische Perspektive stärker gesellschaftlich verankert werden kann, ist eine bleibende Herausforderung in diesem Bereich.

c) Land: In der Frage nach Land und öffentlichem Raum besteht wahrscheinlich der größte Unterschied zur Praxis von Landlosenbewegungen im globalen Süden. Doch auch in Europa kommt es zu Landbesetzungen wie bei den heftigen Auseinander-

---

kratische Stadtplanung und die Erhaltung von öffentlichen Grünflächen einsetzen; für das Recht auf Stadt für alle BewohnerInnen – ob mit oder ohne Papieren. Gegen Gentrifizierung, Repression, neoliberale Stadtentwicklung und geschlossene Grenzen. http://rechtaufstadt.net/about.html. Ebenso gibt es ähnliche Bündnisse unter anderem in München (https://rechtaufstadt-muc.wordpress.com/about/), Freiburg (https://www.rechtaufstadt-freiburg.-de/), Köln (http://rechtaufstadt-koeln.de/wordpress/), Potsdam (http://www.rechtaufstadt-potsdam.de) und Nürnberg (http://mietenwahnsinnstoppen-.blogsport.eu/). Hinzuweisen ist ebenfalls auf Hausbesetzungen in verschiedenen Staädten, wie beispielsweise im Mai 2017 in Bochum (http://www.bo-alternativ.de/2017/05/19/leerstehendes-haus-in-der-herner-strasse-besetzt/). Alle abgerufen am 07.06.2017.

301 Vgl. https://gentrificationblog.wordpress.com/. Abgerufen am 29.05.2017.

302 Die Freie Arbeiterinnen- und Arbeiter-Union (FAU) ist beispielsweise eine anarcho-syndikalistische Gewerkschaftsföderation, die aus lokalen Syndikaten und Gruppen besteht und als Organisation von Lohnabhängigen sich für bessere Lebensverhältnisse einsetzt sowie für eine Wirtschafts- und Gesellschaftsordnung kämpft, die auf Solidarität und Selbstverwaltung basiert. https://www.fau.org/ueber_uns/. Abgerufen am 20.05.2017.

setzungen um Stuttgart 21[303] oder im Hambacher Forst[304]. Dies zeigt, dass der öffentliche Raum umkämpft ist und darin durchaus ein Mobilisierungspotential liegt. Bewegungen könnten sich hierbei die Frage stellen, wie die Kapitalisierung und Verwertung des öffentlichen Raums stärker zu einem gesellschaftlich relevanten Thema werden kann.

d) Migration: Die Solidaritätsbewegung der letzten Jahre war in Deutschland eine der stärksten Sozialen Bewegungen. Doch der Zuwachs nationalistischer und rassistischer Tendenzen durch rechte Bewegungen (PEGIDA, Identitäre Bewegung) oder der in immer mehr Parlamenten vertretenen *Alternative für Deutschland* (AfD), doch auch restriktive Asylrechtsverschärfungen durch die etablierten Parteien führen zu immer größeren Schwierigkeiten für solidarische AkteurInnen. Diese zu stärken und zugleich innerhalb des Migrationsdiskurses neben menschenrechtlichen und ethischen Argumentationslinien auch eine grundsätzliche Auseinandersetzung über die Fluchtursachen in der Öffentlichkeit zu führen, ist eine der zentralen Herausforderungen der antirassistischen Bewegung.[305]

e) Demokratie: Die Größe der Proteste gegen den G8-Gipfel 2007[306], den G7-Gipfel 2016[307] und den G20-Gipfel 2017[308], doch auch die Blockupy-Proteste 2012-2016[309] gegen die europäische Austeritätspolitik zeigen, dass sich verschiedene Soziale Bewe-

303 Vgl. Aktionsbündnis gegen Stuttgart 21. http://www.kopfbahnhof-21.de/ueber-uns/. Abgerufen am 20.05.2017.

304 Vgl. Hambacher Forst. http://hambacherforst.blogsport.de/. Abgerufen am 20.05.2017.

305 Vgl. Georgi, Fabian: Widersprüche im langen Sommer der Migration. Ansätze einer materialistischen Grenzregimeanalyse. In: Prokla Nr. 183 (06/2016). 183-204.

306 Vgl. Heiligendamm G8 Summit: a chronology of protest and repression. http://www.statewatch.org/news/2007/nov/g8.pdf. Abgerufen am 20.05.2017.

307 Vgl. Stop G7! http://www.stop-g7-elmau.info/. Abgerufen am 20.05.2017.

308 Vgl. Infoportal zu den Protesten gegen G20-Gipfel 2017 in Hamburg. https://g20hamburg.org/de. Abgerufen am 20.05.2017.

309 Vgl. http://blockupy.org/. Abgerufen am 20.05.2017.

gungen zusammenschließen können, um solidarische und demokratische Politikformen gegenüber der ausschließenden, verarmenden, gegenwärtigen etablierten Politik zu praktizieren. Eine in Bewegungen davon ausgehende Diskussion ist, inwiefern diese Gipfelproteste und Kampagnen auch in breitere verbindliche, kontinuierliche und demokratische Organisierungsprozesse überführt werden können.[310]

f) Ökologie: Wie bereits aufgezeigt, ist die Klimabewegung in Deutschland in den letzten Jahren gewachsen, was besonders an der Vergrößerung der *Ende Gelände*-Proteste sichtbar wird.[311] Wie die Klimathematik neben der ökologischen als eine soziale Frage gesellschaftlich diskutiert und daraus entsprechende Konsequenzen gezogen werden können, ist eine der Herausforderungen für die Klimabewegung.[312]

g) Darüber hinaus sind wichtige Auseinandersetzungsfelder der Sozialen Bewegungen in Deutschland, welche auf den Welttreffen teilweise nur am Rande diskutiert wurden, u.a. Feminismus, Antisemitismus, Antifaschismus und Internationalismus. Diese spielen eine wichtige Rolle und sollen aus diesem Grund hier nicht ungenannt bleiben.

---

310 Vgl. Nowak, Peter: Inhaltlich blockiert. http://peter-nowak-journalist.de/-tag/blockupy-plattform/. Abgerufen am 20.05.2017.

311 Vgl. https://www.ende-gelaende.org/de/ Abgerufen am 20.05.2017.

312 Die Interventionistische Linke schreibt zu den Ende Gelände-Aktionstagen: „Trotz aller Erzählungen von grünem Kapitalismus, technischen Lösungen und individuellen Verzichtsappellen steuern wir kontinuierlich weiter in die Klimakrise hinein. Der Grund ist die kapitalistische Wirtschaftsordnung, die mit ihrer Profit- und Konkurrenzlogik und dem daraus resultierenden fortwährenden Expansionszwang völlig unvereinbar mit einer nachhaltigen Produktionsweise ist. Nur mit einer grundsätzlichen Veränderung, der emanzipatorischen Überwindung des Kapitalismus, lässt sich die Zerstörung unserer Lebensgrundlagen abwenden." http://interventionistische-linke.org/projekt/ende-gelaende. Abgerufen am 20.05.2017.

In diesen Aktionsfeldern könnten verschiedene AkteurInnen zusammenkommen, sich vernetzen und eine strategische Diskussion über gesellschaftliche Ansatzpunkte für Bewegungspolitik führen. Räume hierfür gibt es zwar auf Kongressen und Camps,[313] doch sind diese oft auf ein bestimmtes Themenfeld ausgerichtet. ChristInnen spielen dabei meist keine sichtbare Rolle, auch wenn es ChristInnen gibt, die daran teilnehmen.[314] Orte für eine breite strategische Diskussion und Vernetzung zu schaffen, könnte sowohl in Bezug auf die politischen Prozesse, als auch für die öffentliche Sichtbarkeit der gesamtgesellschaftlich marginalisierten Sozialen Bewegungen von Vorteil sein. Die Rolle der Kirche bei einem solchen Treffen müsste darin bestehen, einen Rahmen zu bieten, Offenheit für strategische Bündnisse zu entwickeln, die eigene Mobilisierungsfähigkeit zu nutzen und sich inhaltlich mit theologischen Positionen einzubringen. Die Frage ist jedoch, ob es derzeitig KirchenvertreterInnen gibt, die bereit dazu sind, diese Rolle einzunehmen und auszufüllen in einer Weise, wie dies auf den Welttreffen Kardinal Turkson mit seinen MitarbeiterInnen bereits realisiert.

Wenn es beispielsweise im Bezug auf Flucht und Migration zu deutlichen Stellungnahmen von Bewegungen und KirchenvertreterInnen zur europäischen Abschottungspolitik, der zugespitzten Abschiebepraxis und der nationalistischen Diskursverschiebung kommen würde, in denen es einen klaren Bewegungsbezug gibt,

313 Zum Beispiel die BUKO-Kongresse (http://www.buko.info/buko-kongresse), das Klimacamp (http://klimacamp.org/), der Welcome2stay-Kongress 2016 der Bewegungen des Willkommens, der Solidarität, der Migration, des Antirassismus (http://welcome2stay.org/de/), das queer-feministische Sommercamp (http://msfeminismus.blogsport.eu/sommercamp-2016/) u.a. Alle abgerufen am 07.06.2017.

314 Vgl. Lis, Julia: Krisenprotest im Herzen der Bestie. Theologische Herausforderungen symbolischer und politischer Praxis am Beispiel Blockupy. In: Geitzhaus, Philipp/Lis, Julia/Ramminger, Michael: Auf den Spuren einer Kirche der Armen. Zukunft und Orte befreienden Christentums. Münster 2017. 207-233, hier 210. Zitiert als Lis: Krisenprotest.

wäre dies kirchlicherseits ein wichtiger Schritt. Das nordamerikanische Regionaltreffen in Modesto kann hierfür ein Beispiel sein, bei dem sich auch Bischöfe sehr deutlich gegen Rassismus und Abschottung positioniert haben.[315] Bisher fehlt in den allermeisten Fällen in kirchlichen Verlautbarungen ein Rekurs auf Soziale Bewegungen, insofern würde dies eine deutliche Aufnahme der Impulse von Papst Franziskus durch die Ortskirche ausdrücken.

Allerdings ist im Moment ein solches Regionaltreffen in Europa aus zweierlei Gründen nur schwer möglich: Einerseits sind die leitenden KirchenvertreterInnen, jedoch auch christliche Initiativen, Gruppen und Kirchengemeinden, in vielen Fällen nicht als verlässliche oder politisch relevante PartnerInnen erfahren worden oder es gibt Vorbehalte gegenüber religiösen Institutionen und Gruppierungen.[316] Es ist aus diesem Grund nur schwer denkbar, dass auf eine kirchliche Initiative hin viele Bewegungen an einem solchen Treffen teilnehmen würden.

Zum zweiten gibt es kirchlicherseits oft keinen Bezug zu Sozialen Bewegungen.[317] Die oben aufgeführten Beispiele einer Zusammenarbeit sind auf engagierte ChristInnen zurückzuführen, jedoch nicht auf die Initiative der amtskirchlichen Strukturen.[318] Insofern könnte in Deutschland ein solches Treffen nur schwer von Bischöfen oder der deutschen Justitia et Pax-Kommission einberufen werden. Eine Möglichkeit bestünde eher darin, dass in

315 Vgl. Die Botschaft von Modesto. http://popularmovements.org/news/message-from-modesto/. Abgerufen am 03.06.2017.

316 Vgl. Kern, Bruno: Christinnen und Christen: bedingt bündnisfähig. http://www.zeitschrift-luxemburg.de/christinnen-und-christen-bedingt-buendnisfaehig/. Abgerufen am 06.06.2017.

317 Vgl. ebd. „Innerkirchlich haben die unterschiedlichen Initiativen engagierter Christinnen und Christen durchaus auf verschiedenen Ebenen, bis hin zum Ökumenischen Rat der Kirchen, politische Positionierungen durchsetzen können, ihre Verankerung in den Ortsgemeinden, also unter dem Großteil der Kirchenmitglieder, ist aber eher schwach. In den Achtzigerjahren bot der konziliare Prozess die große Chance, auch die Ortsgemeinden mit diesen Themen zu erreichen. Diese Dynamik ist inzwischen abgeflaut." Ebd.

318 Vgl. Strobel: „Kirche der Armen". 78.

Bewegungen aktive ChristInnen die Initiative ergreifen. Unwahrscheinlich ist ein Treffen der Größe wie in Rom oder Modesto, was jedoch kein Grund dafür sein muss, ein solches Experiment nicht einzugehen. In jedem Fall sollte für ChristInnen, die eine Kirche der Armen für wichtig halten, erst recht durch die Welttreffen der Anstoß gegeben sein, sich in eine Auseinandersetzung mit diesen Themenfeldern zu begeben, die Kämpfe Sozialer Bewegungen wahrzunehmen und sie solidarisch zu unterstützen.

Dies wird auch im deutschen und europäischen Kontext die Bewährungsprobe für eine Kirche der Armen sein, die sich in ihren Handlungskonzepten und der Pastoral anfragen lässt und dabei wissentlich „Gefahr läuft, sich mit dem Schlamm der Straße zu beschmutzen" (EG 45). Sowohl die Kirchen, als auch Soziale Bewegungen können durch eine gemeinsame Praxis gestärkt werden – und dies ist in den gegenwärtigen globalen Verhältnissen angesichts von Krieg, wirtschaftlicher Ausbeutung und den unterschiedlichen Unterdrückungsformen nötiger denn je. Denn es geht um nichts weniger als das biblisch verheißene gute Leben in Fülle für alle im gemeinsamen Haus dieser Erde!

Literaturverzeichnis

Abbas, Nabila: Widerstand und Resignation auf dem Weltsozialforum 2015 – Ein Echo aktueller Bewegungen? In: Forschungsjournal Soziale Bewegungen (2/2015). 103-107.

Adveniat: Pressemitteilung, 30.03.2017: Brasiliens Bischöfe rufen zu Protesten auf. http://www.adveniat.de/presse/pressemitteilungen/brasiliens-bischoefe-rufen-zu-protesten-auf.html. Abgerufen am 29.04.2017.

Andrée, Uta: Impulse aus der Ökumene zum Anliegen „eine Arme Kirche für die Armen". In: Gállegos Sanchez, Jorge/Luber, Markus (Hg.): Eine arme Kirche für die Armen. Theologische Bedeutung und praktische Konsequenzen. Regensburg 2015. 220-233.

Aquino Júnior, Francisco: Eine arme Kirche für die Armen. Eine pastoraltheologische Betrachtung. In: Gállegos Sanchez, Jorge/Luber, Markus: Eine arme Kirche für die Armen. Theologische Bedeutung und praktische Konsequenzen. Regensburg 2015. 19-42.

Arntz, Norbert: Der Katakombenpakt. Für eine dienende und arme Kirche. Kevelaer 2015.

Arntz, Norbert: Pastorale Umkehr. Das Programm des Franziskus-Pontifikats. München 2014.

Arntz, Norbert: Verdeutscht oder verdreht? Oder: Wie die vatikanische Übersetzung Evangelii Gaudium entschärft! In: Fendel, Peter/Kern, Benedikt/Ramminger, Michael: Tun wir nicht, als sei alles in Ordnung. Münster 2014. 138-145.

Bense, Frauke/Habermann, Friederike: Vom Ende der Globalisierungsbewegung – und dem, was kommt. In: Forschungsjournal Soziale Bewegungen (1/2012). 51-60.

Bergoglio, Jorge Mario: Rede vor den Kardinälen vor der Papstwahl. http://www.adveniat.de/presse/papst-franziskus/rede-im-vorkonklave.html. Abgerufen am 20.04.2017.

Böckermann, Gregor: Kapitalismus und Krieg. Die Ordensleute für den Frieden und die Deutsche Bank. http://archiv.friedens-kooperative.de/ff/ff10/6-69.htm. Abgerufen am 07.06.2017.

Boer, Dick: Erlösung aus der Sklaverei. Versuch einer biblischen Theologie im Dienst der Befreiung. Münster 2008.

Bonhoeffer, Dietrich: Widerstand und Ergebung. In: Bethge, Eberhard u.a. (Hg.): Dietrich-Bonhoeffer-Werke. Briefe und Aufzeichnungen aus der Haft. Bd. VIII. München 1998.

Botschaft von Modesto, 19.2.2017. http://popularmovements.org/-news/message-from-modesto/. Abgerufen am 03.05.2017.

Böttcher, Herbert: Der Papst und der Kapitalismus. Kapitalismuskritik als Evangelisierung. Pax-Zeitschrift (2014). http://www.oekumenisches-netz.de/wp-content/uploads/2015/03/Evangelii_Gaudium_Pax_Zeitschrift.pdf. Abgerufen am 25.01.2017.

Bröckling, Ulrich: Das unternehmerische Selbst. Soziologie einer Subjektivierungsform. Berlin 2007.

Bündnis gegen Abschiebungen Münster: Für einen sofortigen Winterabschiebestopp. Pressemeldung vom 15. Januar 2017. http://buendnismuenster.blogsport.eu/2017/01/15/pressekonferenz-am-17-01-12/. Abgerufen am 05.06.2017.

Carta de Santa Cruz 2015. http://movimientospopulares.org/wp-content/uploads/2015/06/Documento-final-EMMP.pdf. Abgerufen am 25.04.2017.

Casalis, Georges: Die richtigen Ideen fallen nicht vom Himmel. Grundlagen einer induktiven Theologie. Stuttgart 1980.

Centro de Estudios y Publicaciones (Hg.): La iglesia en América Latina. Testimonios y documentos (1969-1973). Navarra 1975.

Collet, Giancarlo: „Den Bedürftigsten solidarisch verpflichtet". Implikationen einer authentischen Rede von der Option für die Armen. In: Jahrbuch für christliche Sozialwissenschaften Nr. 33 (1992). 67-84.

Comblin, José: Lateinamerikas Kirchenväter. In: Concilium Nr. 45 (12/2009). 518-527.

da Silva Moreira, Alberto: Lateinamerikanische Theologie der Befreiung. Oder: Wie kann man ChristIn sein in einer Welt voller Ungerechtigkeit. In: Arntz, Norbert/Geitzhaus, Philipp/Lis, Julia: Erinnern und erneuern. Provokation aus den Katakomben. Münster 2018. 143-174.

da Silva Moreira, Alberto: Spiritualität der Konfliktivität. Eine Sicht aus der Befreiungstheologie. In: Collet, Giancarlo/Sattler, Dorothea (Hg.): In Konflikten leben. Mit Zorn und Zärtlichkeit an der Seite der Armen. Berlin 2012. 57-82.

Demirović, Alex: Politische Gesellschaft – Zivile Gesellschaft. Zur Theorie des integralen Staates bei Antonio Gramsci. In: Buckel, Sonja /Fischer-Lescano, Andreas (Hg.): Hegemonie gepanzert mit Zwang. Zivilgesellschaft und Politik im Staatsverständnis Antonio Gramsics. Baden-Baden 2007. 21–41.

Der Katakombenpakt: Für eine dienende und arme Kirche vom 16. November 1965. http://www.pro-konzil.de/originaltext/. Abgerufen am 15.05.2017.

Deutsche Welle: Jubel für den Papst, nicht für Politiker. http://-www.dw.com/de/jubel-f%C3%BCr-den-papst-nicht-f%C3%BCr-politiker/a-18567059. Abgerufen am 02.05.2017.

Documents World Meeting of Popular Movements. http://movimientospopulares.org/wp-content/uploads/2016/10/Documents_ingles_web.pdf. Abgerufen am 26.04.2017.

Domradio: Gesellschaftliche Verantwortung übernehmen. 99 brasilianische Bischöfe rufen zum Generalstreik auf. Domradio

(28.04.2017). https://www.domradio.de/themen/weltkirche/20-17-04-28/99-brasilianische-bischoefe-rufen-zum-generalstreik-auf. Abgerufen am 29.04.2017.

Ebert, Theodor: Erfolg durch Zivilen Ungehorsam? In: Fachjournal Soziale Bewegungen (1/2012). 60-65.

Ellacuría, Ignacio: Die Kirche der Armen, geschichtliches Befreiungssakrament. In: Ellacuría, Ignacio u.a. (Hg.): Mysterium Liberationis. Bd. II. 761-788.

Ellacuría, Ignacio: Eine Kirche der Armen. Für ein prophetisches Christentum. Freiburg/Br. 2011.

Ellacuría, Ignacio: Geschichtlichkeit des christlichen Heils. In: Ellacuría, Ignacio u.a. (Hg.): Mysterium Liberationis. Bd. I. 313-360.

Ellacuría, Ignacio: Utopie und Prophetie. In: Ellacuría, Ignacio u.a. (Hg.): Mysterium Liberationis. Bd. I. 383-432.

Erklärung anlässlich der Pressekonferenz vom 24.10.2014. http-://movimientospopulares.org/wp-content/uploads/2014/10/-Conferencia-de-Prensa-24-octubre-2014-Juan-Grabois.pdf. Abgerufen am 23.04.2017.

Erklärung des Welttreffens sozialer Bewegungen 2016. http://ww-w.itpol.de/?p=2451#more-2451. Abgerufen am 25.04.2017.

Erklärung zum Abschluss des weltweiten Treffens Sozialer Bewegungen vom 27. bis 29. Oktober in Rom. http://www.itpol.de/?p=1596. Abgerufen am 25.04.2017.

Evangelisch.de: Rekowski und Woelki: NRW muss Abschiebung nach Afghanistan aussetzen. Evangelisch.de (2017). https:-//www.evangelisch.de/inhalte/142589/10-03-2017/rekowski-und-woelki-nrw-muss-abschiebung-nach-afghanistan-aussetzen. Abgerufen am 03.06.2017.

Fisch, Andreas: Option für die Armen konkret: Zur sozialethischen Kompetenz der Kirche in Deutschland. Münster 2001.

Frank, Joachim: „Legale Wege schaffen“. Erzbischof Woelki über Flüchtlinge. Frankfurter Rundschau (18.08.2015). http://www.fr.de/politik/erzbischof-woelki-ueber-fluechtlinge-legale-wege-schaffen-a-440166. Abgerufen am 03.06.2017.

Füssel, Kuno: Die Misere der Werte unter der Diktatur des Tauschwertes. In: Bruhin, Josef/Füssel, Kuno u.a. (Hg.): Misere und Rettung. Beiträge zu Politik und Kultur. Luzern 2007. 299-310.

Füssel, Kuno/Ramminger, Michael: Kritik des Götzendienstes und des Fetischismus in der Theologie der Befreiung und bei Papst Franziskus. In: Füssel, Kuno/Josten, Ute: „Suchet zuerst das Reich Gottes und seine Gerechtigkeit“ (Mt 6,33). Münster 2016. 121-147.

Geitzhaus, Philipp: Christ_innen, soziale Bewegungen und das Prinzip Kirche. In: Geitzhaus, Philipp/Lis, Julia/Ramminger, Michael: Auf den Spuren einer Kirche der Armen. Zukunft und Orte befreienden Christentums. Münster 2017. 135-151.

Geitzhaus, Philipp: Von Franziskus zu Marx. Zur Kapitalismuskritik in der Kirche des 21. Jahrhunderts. In: Euangel (3/2016). http://www.euangel.de/ausgabe-3-2016/globale-herausforderungen/von-franziskus-zu-marx/. Abgerufen am 04.05.2017.

Geitzhaus, Philipp/Lis, Julia: Kirche in (sozialer) Bewegung. Der Papst, die Kirche und Perspektiven für eine Theologie der Befreiung in Europa. In: ChristInnen für den Sozialismus (Hg.): Widerstand und biblische Inspiration. Norderstedt 2017. 54-69.

Geitzhaus, Philipp/Ramminger, Michael: Kurzbericht zu Sozialen Bewegungen in Deutschland. Ein Beitrag zur Vorbereitung des 3. Welttreffens der Popularen Bewegungen mit Papst Franziskus in Rom 2016. http://www.itpol.de/wp-content/uploads/2014/11/Geitzhaus-Ramminger-Bericht-zu-Sozialen-Bewegungen.pdf. Abgerufen am 22.04.2017.

Georgi, Fabian: Widersprüche im langen Sommer der Migration. Ansätze einer materialistischen Grenzregimeanalyse. In: Prokla Nr. 183 (06/2016). 183-204.

Grabois, Juan: Einleitung zum Programmheft des 3. Welttreffens. 2f. http://movimientospopulares.org/wp-content/uploads/2016/10/Documents_ingles_web.pdf. Abgerufen am 25.04.2017.

Grabois, Juan: Erklärung anlässlich der Pressekonferenz vom 24.10.2014. http://movimientospopulares.org/wp-content/uploads/2014/10/Conferencia-de-Prensa-24-octubre-2014-Juan-Grabois.pdf. Abgerufen am 25.04.2017.

Grabois, Juan: Prawo do pracy, domu i ziemi [Recht auf Arbeit, Wohnung und Land]. https://www.tygodnikpowszechny.pl/prawo-do-pracy-domu-i-ziemi-68356. Abgerufen am 25.04.2017.

Gramsci, Antonio: Gefängnishefte I. Herausgegeben von Bochmann, Klaus/Haug, Wolfgang Fritz. Hamburg 1991.

Groupal Work Synthesis. http://movimientospopulares.org/english/. Abgerufen am 27.04.2017.

Hafenrichter, Marion: Zeit spenden, um Menschen willkommen zu heißen. Ehrenamtliche Flüchtlingsarbeit im Bistum Münster. In: Unsere Seelsorge (12/2015). 32-33.

Haunss, Sebastian: Geschichte und Perspektiven sozialer Bewegungen. In: Hüttner, Bernd u.a. (Hg.): Vorwärts und viel vergessen – Beiträge zur Geschichte und Geschichtsschreibung neuer sozialer Bewegungen. Neu-Ulm 2005. 27-42.

Heiligendamm G8 Summit: a chronology of protest and repression. http://www.statewatch.org/news/2007/nov/g8.pdf. Abgerufen am 20.05.2017.

Hellgermann, Andreas: Barmherzigkeit. In: Religionsunterricht an berufsbildenden Schulen (1/2017). 20-21.

Hellgermann, Andreas: Erziehung zur 'Inkompetenz' – Messianisch-widerständiger Religionsunterricht statt neoliberaler

Kompetenzgehirnwäsche. Arbeitspapier II. Münster 2013.

Hellgermann, Andreas: Nützlich, gewollt, willkommen geheißen, ausgeschlossen. In: Institut für Theologie und Politik/Netzwerk Kirchenasyl Münster (Hg.): KIRCHEN.ASYL. Kirchenasyl ist Menschenrechtsschutz – eine Handreichung. Münster 2016. 14-21.

Hinkelammert, Franz: Reflexionen zum Schuldenproblem: Die Entleerung der Menschenrechte. Arbeitspapier III. Münster 2016.

Hoff, Gregor Maria: Religionskritische Perspektiven in der Theologie von Papst Franziskus. In: Zeitschrift für Missionswissenschaft und Religionswissenschaft (2014). 297-300.

Hofmann, Werner: Ideengeschichte der sozialen Bewegung des 19. und 20. Jahrhunderts. Berlin 1970.

http://afectadosporlahipoteca.com/. Abgerufen am 23.04.2017.

http://hambacherforst.blogsport.de/. Abgerufen am 20.05.2017.

http://hambacherforst.blogsport.de/2016/10/10/sonntag-23-oktober-12-00-uhr-wald-statt-kohle-und-aktion-rote-linie-a4/. Abgerufen am 20.05.2017.

http://interventionistische-linke.org/projekt/ende-gelaende. Abgerufen am 20.05.2017.

http://klimacamp.org/. Abgerufen am 07.06.2017.

http://losmovimientos.es/12499dc_445. Abgerufen am 19.04.2017.

http://mietenwahnsinnstoppen.blogsport.eu/. Abgerufen am 07.06.2017.

http://mmtc-infor.com/de/presentacion-3/quienes-somos. Abgerufen am 23.04.2017.

http://movimientospopulares.org. Abgerufen am 24.04.2017.

http://movimientospopulares.org/audios-emmp-2016/. Abgerufen am 24.04.2017.

http://movimientospopulares.org/emmp-2014/. Abgerufen am 24.04.2017.

http://movimientospopulares.org/emmp-2015-2/. Abgerufen am 24.04.2017.

http://msfeminismus.blogsport.eu/sommercamp-2016/. Abgerufen am 07.06.2017.

http://popularmovements.org/about/. Abgerufen am 03.05.2017.

http://rechtaufstadt-koeln.de/wordpress/. Abgerufen am 07.06.2017.

http://rechtaufstadt.net/about.html. Abgerufen am 07.06.2017.

http://sasdialliance.org.za/about/fedup/. Abgerufen am 23.04.2017.

http://sdinet.org/. Abgerufen am 23.04.2017.

http://volksbewegung-nordth.de/. Abgerufen am 19.04.2017.

http://welcome2stay.org/de/. Abgerufen am 07.06.2017.

http://www.attac.de/was-ist-attac/. Abgerufen am 01.05.2017.

http://www.aufschrei-waffenhandel.de/Forderungen-Ziele.65.0.html. Abgerufen am 20.05.2017.

http://www.bo-alternativ.de/2017/05/19/leerstehendes-haus-in-der-herner-strasse-besetzt/. Abgerufen am 07.06.2017.

http://www.buko.info/buko-kongresse/. Abgerufen am 07.06.2017.

http://www.kkv-hildesheim.de/kkv-ortsgemeinschaft-hildesheim/einzelnachricht/browse/1/zurueck/aktuelles/artikel/welche-kirche-will-papst-franziskus.html. Abgerufen am 16.05.2017.

http://www.klimapilgern.de/. Abgerufen am 20.05.2017.

http://www.kopfbahnhof-21.de/ueber-uns/. Abgerufen am 20.05.2017.

http://www.lebenslaute.net/?page_id=1347. Abgerufen am 05.06.2017.

http://www.rechtaufstadt-potsdam.de. Abgerufen am 07.06.2017.

http://www.stop-g7-elmau.info/. Abgerufen am 20.05.2017.

http://www.zoominfo.com/p/Juan-Grabois/-2010285292. Abgerufen am 23.04.2017.

https://g20hamburg.org/de. Abgerufen am 20.05.2017.

https://gentrificationblog.wordpress.com/. Abgerufen am 29.05.2017.

https://interventionistische-linke.org. Abgerufen am 01.05.2017.

https://rechtaufstadtmuc.wordpress.com/about/. Abgerufen am 07.06.2017.

https://viacampesina.org/en/. Abgerufen am 23.04.2017.

https://volksbewegung.wordpress.com/ Abgerufen am 19.04.2017.

https://wachbleiben.info. Abgerufen am 03.06.2017.

https://www.ende-gelaende.org/de/. Abgerufen am 01.05.2017.

https://www.fau.org/ueber_uns/. Abgerufen am 20.05.2017.

https://www.rechtaufstadt-freiburg.de/. Abgerufen am 07.06.2017.

Institut für Theologie und Politik u.a.: Christ_innen, beteiligen wir uns gemeinsam an „Ende Gelände"! Der Geist von Pfingsten stiftet uns zum Protest in der Braunkohlegrube an. http://www.itpol.de/?p=2145. Abgerufen am 01.06.2017.

Institut für Theologie und Politik: Gegen G-20: Diese Welt anders. http://www.itpol.de/?p=2602. Abgerufen am 01.06.2017.

Institut für Theologie und Politik: Pressemitteilung, 09.11.2016: ITP auf dem Welttreffen der Sozialen Bewegungen. http://www.itpol.de/?p=2458. Abgerufen am 24.04.2017.

Institut für Theologie und Politik/ChristInnen für den Sozialismus: Solidarität muss praktisch werden. Aufruf zum Blockupy-Aktionstag am 18.03.2015 in Frankfurt. http://www.itpol.de/?p=1627. Abgerufen am 01.06.2017.

Journada de movimientos populares en Argentinia. http://movimientospopulares.org/es/jornada-de-movimientos-populares-en-argentina/. Abgerufen am 07.06.2017.

Kampagne »Aktion Aufschrei – Stoppt den Waffenhandel! Den Opfern Stimme, den Tätern Name und Gesicht«: Gute Gründe gegen den Waffenhandel. Berlin 2013. http://www.aufschrei-waffenhandel.de/fileadmin/dokumente/Neues/materialien/Argumente_f%C3%Bcr_das_R%C3%Bcstungsexportverbot.pdf. Abgerufen am 20.05.2017.

Katholische Presseagentur Österreich: Bischof ruft zum „Stören" der Politik Trumps auf. Katholische Presseagentur Österreich (20.02.2017). http://www.kathpress.at/goto/meldung/1473554/-bischof-ruft-zum-stoeren-der-politik-trumps-auf. Abgerufen am 03.05.2017.

Kern, Benedikt: „…wie Kirche praktisch sein kann". Erfahrungen einer Kirchenasyl-Unterstützerin. In: Institut für Theologie und Politik/Netzwerk Kirchenasyl Münster (Hg.): KIRCHEN.-ASYL. Kirchenasyl ist Menschenrechtsschutz – eine Handreichung. Münster 2016. 64-66.

Kern, Benedikt: Das Kirchenasyl ist umkämpft – um so mehr gilt es daran festzuhalten! Zur aktuellen Lage des Kirchenasyls. In: Institut für Theologie und Politik/Netzwerk Kirchenasyl Münster (Hg.): KIRCHEN.ASYL. Kirchenasyl ist Menschenrechtsschutz – eine Handreichung. Münster 2016. 46-51.

Kern, Benedikt: Das Kirchenasyl. Eine umkämpfte Praxis des Menschenrechtsschutzes. In: Graswurzel Revolution Nr. 414 (12/2016). 1.

Kern, Bruno: Christinnen und Christen: bedingt bündnisfähig. http://www.zeitschrift-luxemburg.de/christinnen-und-christen-bedingt-buendnisfaehig/. Abgerufen am 06.06.2017.

Kongregation für die Glaubenslehre: Schreiben an die Bischöfe der Katholischen Kirche über einige Aspekte der Kirche als Communio. 28.05.1992. http://www.vatican.va/roman_curia-/congregations/cfaith/documents/rc_con_cfaith_doc_2805199-2_communionis-notio_ge.html. Abgerufen am 03.05.2017.

KoordinatorInnen des Treffens von 2014. http://movimientospopulares.org/emmp-2014/participantes-2/participantes/. Abgerufen am 23.04.2017.

Lassak, Sandra: „Wir brauchen Land zum Leben!" Widerstand von Frauen in Brasilien und feministische Befreiungstheologie. Ostfildern 2011.

Lassak, Sandra: Volk Gottes-Theologie. In: Institut für Theologie und Politik (Hg.): Der doppelte Bruch. Das umkämpfte Erbe des Zweiten Vatikanischen Konzils. Ein Werkbuch. Münster 2011. 36-41.

Lindell, Henrik: Les évêques doivent-ils participer à la Manif pour tous? La Vie (31.01.2014). http://www.lavie.fr/debats/chretiensendebats/les-eveques-doivent-ils-participer-a-la-manif-pour-tous-31-01-2014-49338_431.php. Abgerufen am 30.04.2017.

Lis, Julia: Aufruhr und Aufbruch – Zeichen der Zeit. In: Institut für Theologie und Politik (Hg.): „Anders Mensch sein in einer anderen Kirche...". Werkbuch II. Münster 2014. 9-13.

Lis, Julia: ChristInnen und SozialistInnen – Gegner oder Bündnispartner? In: Ramminger, Michael/Segbers, Franz (Hg.): „Alle Verhältnisse umzuwerfen...und die Mächtigen vom Thron zu stürzen". Das gemeinsame Erbe von Christen und Marx. Hamburg 2018. 58-68.

Lis, Julia: Krisenprotest im Herzen der Bestie. Theologische Herausforderungen symbolischer und politischer Praxis am Beispiel Blockupy. In: Geitzhaus, Philipp/Lis, Julia/Ramminger, Michael: Auf den Spuren einer Kirche der Armen. Zukunft und Orte befreienden Christentums. Münster 2017. 207-233.

Lis, Julia: Perspektiven für eine Theologie der Befreiung in Europa. In: Arntz, Norbert/Geitzhaus, Philipp/Lis, Julia (Hg.): Erinnern und Erneuern. Provokation aus den Katakomben. Münster 2018. 199-226.

Lis, Julia/Ramminger, Michael: Eine erstaunliche Initiative. Die Welttreffen der sozialen Bewegungen. In: Informationsstelle Lateinamerila (ila), Nr. 404. (04/2017). 49-50.

Lis, Julia/Ramminger, Michael: Neue strategische Allianz? Das ITP auf dem Welttreffen der Sozialen Bewegungen in Rom. In: Institut für Theologie und Politik: ITP-Rundbrief Nr. 46 (03/2017). 2-3.

Marx, Karl: Zur Kritik der Hegelschen Rechtsphilosophie. Einleitung. In: Marx-Engels-Werke 1. Berlin 1976.

Marx, Karl/Engels, Friedrich: Manifest der Kommunistischen Partei. In: Marx-Engels-Werke 4. Berlin 1972.

Medienberichte von 2017 über die Aktion Aufschrei – Stoppt den Waffenhandel! http://www.aufschrei-waffenhandel.de/Pressespiegel.872.0.html. Abgerufen am 20.05.2017.

Mette, Norbert/Steinkamp, Hermann (Hg.): Anstiftung zur Solidarität. Praktische Beispiele der Sozialpastoral. Mainz 1997.

Metz, Johann Baptist: Die Theologie der Befreiung: Hoffnung oder Gefahr für die Kirche? Düsseldorf 1986.

Metz, Johann Baptist: Glaube in Geschichte und Gegenwart. Mainz 1977.

Metz, Johann Baptist: Memoria passionis. Ein provozierendes Gedächtnis in pluralistischer Gesellschaft. Freiburg/Br. 2006.

Migrationscharta „Freie Niederlassung für alle: Willkommen in einer solidarischen Gesellschaft! http://neuemigrationspolitik.ch/. Abgerufen am 03.06.2016.

Mociones en espanol. http://movimientospopulares.org/mociones-en-espanol/. Abgerufen am 27.04.2017.

Müller, Christian: Ich war fremd und ihr habt mich aufgenommen. Migration und Flucht in kirchenamtlichen Stellungnahmen. In: Unsere Seelsorge (12/2015). 12-17.

Neidhardt, Friedhelm/Rucht, Dieter: Auf dem Weg in die »Bewegungsgesellschaft«? Über die Stabilisierbarkeit sozialer Bewegungen. In: Soziale Welt (44/1993). 305–326.

Nietzsche, Friedrich: Zur Genealogie der Moral. In: Colli, Giorgio (u.a. Hg): Kritische Gesamtausgabe. Abt.VI, Bd. II. Berlin 1975.

Nowak, Peter: Inhaltlich blockiert. http://peter-nowak-journalist.-de/tag/blockupy-plattform/. Abgerufen am 20.05.2017.

Oliveros, Roberto: Die Rezeption der Befreiungstheologie in Lateinamerika. In: Fornet-Betancourt, Raúl: Befreiungstheologie: Kritischer Rückblick und Perspektiven für die Zukunft. Bd. 1. Mainz 1997. 84-111.

Paetzold, Christoph: Die Entwicklungsgeschichte der französischen Arbeiterpriesterbewegung von ihren Anfängen bis zu ihrem Verbot 1954. https://www.uni-muenster.de/imperia/-md/content/fb2/d-praktischetheologie/missionswissenschaft/-arbeiten/christoph.pdf. 24f. Abgerufen am 22.04.2017.

Papst Franziskus: Ansprache an die Teilnehmer der 3. internationalen Begegnung der Volksbewegungen, Aula Paolo IV, Rom, 05.11.2016. http://w2.vatican.va/content/francesco/de/speech-es/2016/november/documents/papa-francesco_20161105_mov-imenti-popolari.html. Abgerufen am 10.04.2017.

Papst Franziskus: Predigt anlässlich der Eucharistiefeier mit den neuen Kardinälen. Rom, 15.02.2015. http://w2.vatican.va/-content/francesco/de/homilies/2015/documents/papa-franc-esco_20150215_omelia-nuovi-cardinali.html. Abgerufen am 24.03.2018.

Papst Franziskus: Ansprache anlässlich des Empfangs für die Leiter der römischen Kurie, 22.12.2014. http://de.radiovatica-na.va/news/2014/12/23/die_papstansprache_an_die_kurie/11-15831. Abgerufen am 20.04.2017.

Papst Franziskus: Ansprache vor den Teilnehmern am Welttreffen der Sozialen Bewegungen in der Alten Synodenaula, Rom, 28.10.2014. http://www.itpol.de/?p=1491. Abgerufen am 10.04.2017.

Papst Franziskus: Ansprache zur Teilnahme am Welttreffen der Volksbewegungen, Messegelände „Expo Feria", Santa Cruz de la Sierra, 09.07.2015. http://w2.vatican.va/content/francesco/-de/speeches/2015/july/documents/papa-francesco_20150709_-bolivia-movimenti-popolari.html. Abgerufen am 10.04.2017.

Papst Franziskus: Apostolisches Schreiben EVANGELII GAUDIUM des Heiligen Vaters Papst Franziskus an die Bischöfe, an die Priester und Diakone, an die Personen geweihten Lebens und an die christgläubigen Laien über die Verkündigung des Evangeliums in der Welt von heute. 24.11.2013. Sekretariat der Deutschen Bischofskonferenz (Hg.), Bonn 2013.

Papst Franziskus: Botschaft aus Anlass der Begegnung der Volksbewegungen in Modesto, Kalifornien, 10.02.2017. https://w2.-vatican.va/content/francesco/en/messages/pont-messages/20-17/documents/papa-francesco_20170210_movimenti-popolari-modesto.html. Abgerufen am 03.05.2017.

Papst Franziskus: Botschaft zum 100. Jahrestag der theologischen Fakultät der katholischen Universität von Argentinien. 01.-03.09.2015. http://w2.vatican.va/content/francesco/es/messag-es/pont-messages/2015/documents/papa-francesco_20150903-_videomessaggio-teologia-buenos-aires.html. Abgerufen am 24.03.2018.

Papst Franziskus: Enzyklika LAUDATO SI von Papst Franziskus über die Sorge für das gemeinsame Haus. 24.05.2015. Sekretariat der Deutschen Bischofskonferenz (Hg.), Verlautbarungen des Apostolischen Stuhls Nr. 202. Bonn 2015.

Papst Franziskus: Grußadresse zur Eröffnung der Bischofssynode, 06.10.2014. https://w2.vatican.va/content/francesco/de/

speeches/2014/october/documents/papa-francesco_20141006-_padri-sinodali.html. Abgerufen am 17.05.2017.

Papst Franziskus: Misericordiae Vultus. Verkündigungsbulle des außerordentlichen Jubiläums der Barmherzigkeit. https://w2-.vatican.va/content/francesco/de/apost_letters/documents/papa-francesco_bolla_20150411_misericordiae-vultus.html. Abgerufen am 18.04.2017.

Papst Franziskus: Morgenmesse, 31.03.2014. http://blog.radiovatikan.de/wie-weit-geht-umkehr/. Abgerufen am 17.5.2017.

Papst Franziskus: Nachsynodales apostolisches Schreiben *Amoris Laetitia.* https://w2.vatican.va/content/francesco/de/apost_exhortations/documents/papa-francesco_esortazione-ap_20160-319_amoris-laetitia.html. Abgerufen am 06.05.2017.

Papst Franziskus: Predigt beim Besuch auf der Flüchtlingsinsel Lampedusa, 08.07.2013. http://w2.vatican.va/content/francesco/de/homilies/2013/documents/papa-francesco_20130708_omelia-lampedusa.html. Abgerufen am 18.04.2017.

Papst Franziskus/[Bergoglio, Jorge Mario]: Offener Geist und gläubiges Herz. Freiburg 2013.

Papst Johannes XXIII.: Rundfunkbotschaft vom 11. September 1962. In: Hünermann, Peter/Hilberath, Bernd Jochen (Hg.): Herders Theologischer Kommentar zum Zweiten Vatikanischen Konzil. Bd. 5. Freiburg/Br. 2006.

Papst Paul VI.: Evangelii Nuntiandi. http://w2.vatican.va/content/-paul-vi/de/apost_exhortations/documents/hf_p-vi_exh_19751-208_evangelii-nuntiandi.html. Abgerufen am 07.03.2017.

Papst Paul VI.: Populorum progressio. Nr. 264. http://w2.vatican.va/content/paul-vi/de/encyclicals/documents/hf_p-vi_enc_26031967_populorum.html. Abgerufen am 18.03.2017.

Plattform Belo Monte: „Welttreffen der Volksbewegungen“ in Rom beendet. http://plattformbelomonte.blogspot.de/2014/10/welttreffen-der-volksbewegungen-in-rom.html. Abgerufen am 02.05.2017.

Posener, Alan: Papst Franziskus ist ein primitiver Antikapitalist. Die Welt (05.12.2015). https://www.welt.de/debatte/kommentare/article149618333/Papst-Franziskus-ist-ein-primitiver-Antikapitalist.html. Abgerufen am 25.04.2017.

Pressemeldung zum ersten Welttreffen der Sozialen Bewegungen, Oktober 2014: http://movimientospopulares.org/wp-content/-uploads/2014/10/Rencontre-mondiale-des-Mouvements-populaires.pdf. Abgerufen am 25.04.2017.

Programmheft zum ersten Welttreffen: http://www.casinapioiv.-va/content/dam/accademia/booklet/booklet_movements.pdf. Abgerufen am 23.04.2017.

Puertas, Pilar: Die Entstehung der Theologie der Befreiung in Mexiko. In: Geitzhaus, Philipp/Lis, Julia/Ramminger, Michael: Auf den Spuren einer Kirche der Armen. Zukunft und Orte befreienden Christentums. Münster 2017. 21-34.

Radio Berlin-Brandenburg: Tausende Teilnehmer beim „Marsch für das Leben“. Protest gegen Abtreibung und Sterbehilfe. 17.09.2016. https://www.rbb-online.de/politik/beitrag/2016/09-/demonstration-abtreibungsgegner-berlin.html. Abgerufen am 30.04.2017.

Radio Vatikan: Jede Pfarrei soll Flüchtlinge aufnehmen! Radio Vatikan (06.09.2015). http://de.radiovaticana.va/news/2015/09/06-/papst_jede_pfarrei_soll_fl%C3%Bcchtlinge_aufnehmen!/1169-957. Abgerufen am 03.06.2017.

Ramminger, Michael: Kirchenkritische Bewegungen in der BRD und Theologie der Befreiung. In: Fornet-Betancourt, Raúl: Befreiungstheologie: Kritischer Rückblick und Perspektiven für die Zukunft. Bd. 3. Mainz 1997. 113-128.

Ramminger, Michael: Sind die Kirchen noch zu retten? In: Hippchen, Alexandra/Ramminger, Michael (Hg.): Beharrlich gegen die Macht. Otto Meyer zu Ehren. Münster 2005. 225-236.

Ramminger, Michael: Streit um die Befreiungstheologie? In: Weckel, Ludger: Die Armen und ihr Ort in der Theologie. Münster 2008. 65-81.

Ramonet, Ignacio: Le Pape François: «Quand je défends les pauvres, certains m'accusent d'être communiste!». Mémoire de luttes (29.10.2014). http://www.medelu.org/Le-Pape-Francois-Quand-je-defends. Abgerufen am 03.05.2017.

Ratzinger, Joseph: Weggemeinschaft des Glaubens. Kirche als Communio. Augsburg 2002.

Richard, Pablo: Die Theologie in der Theologie der Befreiung. In: Mysterium Liberationis. Bd. I. 189-212.

Richard, Pablo: Unser Kampf richtet sich gegen die Götzen. Biblische Theologie. In: Assmann, Hugo/Hinkelammert, Franz J./Pixley, Jorge V./Richard, Pablo/Sobrino, Jon: Die Götzen der Unterdrückung und der befreiende Gott. Münster 1984. 11-38.

Ring-Eifel, Ludwig: Geballte Fäuste und Polit-Parolen. Papst Franziskus beim Treffen der Volksbewegungen. Domradio (10.07.2015). https://www.domradio.de/themen/papst-franziskus/2015-07-10/papst-franziskus-beim-treffen-mit-volksbewegungen. Abgerufen am 02.05.2017.

Rucht, Dieter: Engagement in sozialen Bewegungen – Voraussetzungen, Formen, Wirkungen. In: Kolf, Felix/Bewegungsstiftung (Hg.): Damit sich was bewegt – Wie soziale Bewegungen und Protest die Gesellschaft verändern. Hamburg 2007. 13-44.

Rucht, Dieter: Modernisierung und neue soziale Bewegungen. Deutschland, Frankreich und USA im Vergleich. Frankfurt 1994.

Rucht, Dieter: Neuere kapitalismuskritische und antikapitalistische Bewegungen. In: Forschungsjournal Soziale Bewegungen (3/2016). 121-134.

Sánchez Suárez, José Guadalupe: Hoffen gegen alle Hoffnung. Christentum und Widerstände in Lateinamerika. In: Geitzhaus, Philipp/Lis, Julia/Ramminger, Michael: Auf den Spuren einer Kirche der Armen. Zukunft und Orte befreienden Christentums. Münster 2017. 167-185.

Sanguinetti, Julio: Entre el cielo y el barrio. https://elpais.com/elpais/2018/02/13/opinion/1518543806_514377.html. Abgerufen am 24.03.2018.

Scalfari, Eugenio: Papa Francesco a Scalfari: così cambierò la Chiesa „Giovani senza lavoro, uno dei mali del mondo". Repubblica (01.10.2013). http://www.repubblica.it/cultura/2013-/10/01/news/papa_francesco_a_scalfari_cos_cambier_la_chiesa-67630792/. Abgerufen am 20.04.2017.

Scannone, Juan Carlos: „Papst Franziskus Option für die Armen ist nicht linksgerichtet". Zenit (13.12.2015). https://de.zenit-.org/articles/papst-franziskus-option-fur-die-armen-ist-nicht-linksgerichtet/. Abgerufen am 15.04.2017.

Scannone, Juan Carlos: Volksreligiosität, Volksweisheit und Philosophie in Lateinamerika. In: Theologische Quartalsschrift Nr. 164 (1984). 203-214.

Schäfers, Michael: Wie Papst Franziskus Politik macht. Zur Sozialenzyklika „Laudato si". Köln 2017.

Seiterich, Thomas: Papst Franziskus: Sein Herz schlägt links. In: Seiterich, Thomas (Hg.): Papst Franziskus: Für eine Wirtschaft, die nicht tötet. Wir brauchen und wir wollen Veränderung. Stuttgart 2015. 7-32.

Sekretariat der Deutschen Bischofskonferenz (Hg.): Aparecida 2007. Schlussdokument der 5. Generalversammlung des Episkopats von Lateinamerika und der Karibik. Bonn 2008.

Sekretariat der Deutschen Bischofskonferenz (Hg.): Die Kirche Lateinamerikas. Dokumente der II. und III. Generalversammlung des Lateinamerikanischen Episkopats in Medellín und Puebla. Stimmen der Weltkirche 8. Bonn 1979.

Sekretariat der Deutschen Bischofskonferenz (Hg.): Die Kirche Lateinamerikas. Dokumente der II. und III. Generalversammlung des Lateinamerikanischen Episkopats in Medellín und Puebla. Stimmen der Weltkirche 8. Bonn 1979.

Selbstvorstellung des EMMP. http://movimientospopulares.org/es-/quienes-somos/. Abgerufen am 23.04.2017.

Senft, Josef: Moderner Antimodernismus? In: Hengsbach, Friedhelm u.a. (Hg): Jenseits katholischer Soziallehre. Neue Entwürfe christlicher Gesellschaftsethik. Düsseldorf 1993. 17-32.

Sobrino, Jon: Die zentrale Stellung des Reiches Gottes in der Theologie der Befreiung. In: Ellacuría, Ignacio u.a. (Hg.): Mysterium Liberationis. Bd. I. 461-506.

Sobrino, Jon: Gemeinschaft, Konflikt und Solidarität in der Kirche. In: Ellacuría, Ignacio u.a. (Hg.): Mysterium Liberationis. Bd. II. 851-900.

Spadaro, Antonio: Das Interview mit Papst Franziskus. Freiburg/Br. 2013.

Stédile, João: Interview vom 10.03.2017. Unveröffentlicht, siehe Anhang dieses Buches.

Stédile, João: Papst Franziskus und die Volksbewegungen – Die Bedeutung einer historischen Annäherung. Amerika 21 (2015). https://amerika21.de/blog/2015/07/124322/franziskus-soziale-bewegungen. Abgerufen am 23.05.2017.

Steinkamp, Hermann: Solidarität und Parteilichkeit. Für eine neue Praxis in Kirche und Gemeinde. Mainz 1994.

Steinkamp, Hermann: Sozialpastoral. Freiburg/Br. 1991.

Strobel, Katja: „Kirche der Armen" hier und heute? In: Institut für Theologie und Politik (Hg.): Der doppelte Bruch. Das umkämpfte Erbe des Zweiten Vatikanischen Konzils. Werkbuch I. Münster 2011. 78-80.

Strobel, Katja: Zwischen Selbstbestimmung und Solidarität. Arbeit und Geschlechterverhältnisse im Neoliberalismus aus feministisch-befreiungstheologischer Perspektive. Münster 2012.

Turkson, Peter: Ansprache zu Beginn des 3. Welttreffens vom 02.11.2016. http://movimientospopulares.org/speech-of-cardinal-turkson/. Abgerufen am 25.04.2017.

Turkson, Peter: Eröffnungsrede des Zweiten. Welttreffens in Santa Cruz. 07.07.2015. http://movimientospopulares.org/wp-content/uploads/2015/06/2015.07.07-pkat-intro.pdf. Abgerufen am 30.04.2017.

Turkson, Peter: Statement zur Pressekonferenz vom 07.07.2015. http://movimientospopulares.org/wp-content/uploads/2015/06/2015.07.07-pkat-intro.pdf. Abgerufen am 25.04.2017.

Vey, Judith: Gegen-hegemoniale Perspektiven. Analyse linker Krisenproteste in Deutschland 2009/2010. Hamburg 2015.

Waldenfels, Hans: Sein Name ist Franziskus. Der Papst der Armen. Paderborn 2014.

Weber, Max: Der Sinn der Wertfreiheit und Sozialwissenschaften. Tübingen 1956.

World meeting of popular movements. http://popularmovements.org/about/. Abgerufen am 07.06.2017.

Anhang

I.) Erklärung zum Abschluss des weltweiten Treffens Sozialer Bewegungen, Rom, 29.10.2014

Zum Abschluss des Welttreffens Sozialer Bewegungen wollen wir der Öffentlichkeit eine kurze Zusammenfassung dessen vorlegen, was in diesen drei historischen Tagen geschehen ist.

1. Inspiriert von Papst Franziskus und organisiert von der Päpstlichen Kommission „Justitia et Pax", der Päpstlichen Akademie für Sozialwissenschaften sowie von verschiedenen Volksbewegungen aus der ganzen Welt sind wir, eine Delegation von mehr als hundert gesellschaftlichen Führungskräften aus allen Kontinenten, in Rom zusammengekommen, um die entscheidenden Probleme und Herausforderungen der Menschheitsfamilie (insbesondere gesellschaftliche Ausgrenzung, ungleiche Verteilung der Lebenschancen, Gewalt und Umweltkrise) aus der Perspektive der Armen und ihrer Organisationen zu diskutieren, und zwar vor allem orientiert an den drei Erfahrungsbereichen: Landbesitz, Arbeit und Wohnung.

2. Die Tagung verfolgte das Ziel, die Kultur der Begegnung praktisch zu erfahren dadurch, dass Genossinnen und Genossen, Brüder und Schwestern aus verschiedenen Kontinenten, Generationen, Berufen, Religionen, Ideen und Erfahrungen beteiligt waren. Nicht nur Vertreterinnen und Vertreter aus den drei genannten Erfahrungsbereichen nahmen an dem Treffen teil, sondern auch eine große Gruppe von Bischöfen, von Mitarbeiterinnen und Mitarbeitern aus der Pastoral, von Intellektuellen und Akademi-

kern, die ebenfalls wichtige Beiträge zum Treffen beisteuerten, aber stets die vorrangige Rolle der drei Erfahrungsbereiche und der Sozialen Bewegungen respektierten. Beim Treffen waren auch Spannungen spürbar, denen wir uns aber als Geschwister gemeinsam stellten.

3. In erster Linie wurden die strukturellen Ursachen von Ungleichheit und Ausgrenzung sowohl im Zusammenhang des globalen Systems als auch in ihren jeweiligen lokalen Ausdrucksformen analysiert, und zwar immer aus der Perspektive der Armen und der armen Völker, also aus der Sicht von Bauernfamilien, aus der Sicht von Arbeitenden in rechtlich ungesicherten Arbeitsverhältnissen wie aus der Sicht von Bewohnerinnen und Bewohnern von Armenvierteln (aus Dörfern, Favelas, Slums, Elendsvierteln). Die erschreckenden Zahlen von Ungleichheit und Konzentration des Reichtums in den Händen einer Handvoll Milliardäre haben wir uns angeschaut. Diskussionsteilnehmer und Referenten waren sich darin einig, dass die Wurzeln für die gesellschaftlichen und ökologischen Missstände im ungerechten, räuberischen Charakter des kapitalistischen Systems zu finden sind, weil es den Profit für wichtiger hält als den Menschen. Die erste Geige in dieser Symphonie der Zerstörung spielt die enorme Macht der multinationalen Konzerne, die alles privatisieren und verschlingen wollen – das Denken, die Dienstleistungen und die Waren.

4. In den Arbeitsgruppen haben wir uns darauf geeinigt, dass das uneingeschränkte, dauerhafte, sichere und ganzheitliche Recht auf Landbesitz, Arbeitsplatz und Wohnung die Menschenwürde ausmacht und zu den unveräußerlichen Menschenrechten gehört, die respektiert und garantiert werden müssen. Wohnung und Nachbarschaft sind unverletzliche Größen, dürfen von Unternehmen und Staaten nicht angetastet werden; das Land gehört als gemeinschaftliches Gut allen, die es bearbeiten, so dass Landraub unmöglich gemacht wird; ein menschenwürdiger Arbeitsplatz ist die strukturelle Bedingung für ein Lebensprojekt – das waren einige der gemeinsam erhobenen Forderungen.

5. Wir haben uns auch dem Problem von Gewalt und Krieg gestellt, einem totalen Krieg bzw. – wie Franziskus sagt – einem dritten Weltkrieg in Raten. Ohne dabei den globalen Charakter dieser Probleme aus den Augen zu verlieren, haben wir besonders intensiv die Lage im Nahen Osten behandelt, vor allem die Aggression gegen das palästinensische und kurdische Volk. Die Gewalt, die von den Mafias des Narco-Terrorismus, des Waffenhandels und des Menschenhandels entfesselt wird, war ebenfalls Gegenstand einer tiefgreifenden Debatte. Zwangsumsiedlungen, die von der Gewalt, vom Agrobusiness, von dem die Umwelt vergiftenden Minenabbau und von allen Formen des Rohstoff-Abbaus (Extraktivismus) hervorgerufen werden sowie die Repression, der Bauernfamilien, Völker indigener und afrikanischer Abstammung ausgesetzt sind, waren in allen Arbeitsgruppen präsent ebenso wie das gravierende Problem der Staatsstreiche in Honduras und Paraguay und die Politik der Großmächte mit ihren Interventionen in den ärmsten Länder.

6. Die Umweltthematik war Gegenstand eines reichhaltigen Austauschs zwischen der Sichtweise von Akademikern und einfachen Leuten. Wir haben die neuesten Informationen über Umweltverschmutzung und Klimawandel bekommen, die Vorhersagen über künftige Naturkatastrophen kennengelernt und wissenschaftliche Belege dafür erhalten, dass ein unersättliches Konsumstreben und eine von den wirtschaftlich Mächtigen betriebene verantwortungslose industrielle Produktionsweise die herannahende Umweltkatastrophe erklärt. Wir müssen die Verwerfungs-Kultur bekämpfen. Selbst wenn sie strukturelle Ursachen hat, müssen wir auch von unten her eine Veränderung in den Gewohnheiten und Verhaltensweisen unserer Leute bewirken, indem wir dem Handel in der Solidarwirtschaft den Vorrang geben und wieder verwenden, was dieses System zum Abfall macht.

7. Einmal mehr haben wir erkannt, dass Krieg und Gewalt, die Verschärfung ethnischer Konflikte und der Gebrauch von Religion zur Legitimation von Gewalt ebenso wie Abholzung, Klimawan-

del und Verlust der Artenvielfalt hauptsächlich vom unerbittlichen Profitstreben vorangetrieben werden und vom kriminellen Willen, sich die ärmsten Völker zu unterwerfen, um ihre natürlichen und menschlichen Ressourcen zu plündern. Wir sind davon überzeugt, dass Soziale Bewegungen und Kirche gemeinsam handeln müssen, um diesen wirklichen Genozid an Völkern und Erde zu stoppen.

8. Eine eigene Aufmerksamkeit verdient namentlich die Situation der Frauen, weil sie durch dieses System besonders geschlagen sind. Wir erkennen an, dass ihre Lage uns dringlich abverlangt, uns überzeugt und entschieden zu engagieren für die historisch anstehenden, berechtigten Reklamationen all unserer Gefährtinnen, die inspirierend und emanzipierend wirken können für Konflikte, Prozesse und Lebensweisen. Wir fordern auch ein Ende der Stigmatisierung, der Vernachlässigung und Verwerfung von Kindern und Jugendlichen, vor allem jener, die arm, afrikanischer Abstammung bzw. Migranten sind. Wenn die Kinder keine Kindheit mehr haben, die Jugendlichen kein Lebensprojekt, gibt es für die Erde keine Zukunft.

9. Wir gefallen uns nicht im Selbstmitleid und im Klagelied über all diese zerstörerischen Realitäten, wir erheben vielmehr als Soziale Bewegungen, vor allem als die bei diesem Treffen Versammelten, den Anspruch, dass wir Ausgegrenzten, wir Unterdrückten, wir nicht resignierten, sondern organisierten Armen uns mit all unseren Kräften der chaotischen Situation stellen können und müssen, in die uns dieses System gebracht hat. In diesem Sinne haben wir unzählige Beispiele von Arbeit, Organisation und Einsatz gehört, durch die in aller Welt Millionen menschenwürdige Arbeitsplätze in der Solidarwirtschaft geschaffen, Millionen Hektar Land für die bäuerliche Landwirtschaft zurückerobert und Millionen Wohnungen bzw. Siedlungen gebaut, organisiert, verbessert bzw. beschützt wurden. Dass die kleinen Leute, die Schichten des einfachen Volkes wieder eine aktive Rolle in den Demokratien spielen, die von der Wirtschaft in Geiselhaft genom-

men wurden bzw. nur noch als Plutokratie funktionieren, ist für die Transformationsprozesse, die notwendig sind, unverzichtbar.

10. Im Hinblick auf den besonderen Kontext dieser Begegnung und den unschätzbaren Beitrag der katholischen Kirche, die unter der Leitung von Papst Franziskus dieses Treffen erst ermöglichte, haben wir auch darüber nachgedacht, welch wesentlichen Beitrag die Soziallehre der Kirche und das Denken ihres Hirten zum Einsatz für soziale Gerechtigkeit geleistet haben. Unser wichtigstes Arbeitsmaterial dafür war das Schreiben Evangelii Gaudium, das wir diskutiert haben, um zu ethischen Leitlinien für das Leben von Individuen, Gruppen und Gesellschaft zurückzufinden. Wir wollen auch hervorheben, dass viele katholische Priester und Bischöfe an der ganzen Versammlung teilgenommen und mitgearbeitet haben. Durch sie waren all jene Laienmitarbeiter und Ordensleute persönlich vertreten, die sich an der Seite der Sozialen Bewegungen engagieren und von denen wir glauben, dass sie in ihrer wichtigen Arbeit stärker unterstützt werden sollten.

11. Wir alle, Frauen und Männer, viele von uns Katholiken, konnten an einer Messfeier im Petersdom teilnehmen, die einer unserer Gastgeber, Kardinal Peter Turkson, zelebriert hat. Dabei haben wir drei Symbole für unsere Sehnsucht, für unsere Misere und für unsere Konflikte als Opfergaben präsentiert: einen Karren der Müllsammler, die Früchte der Arbeit einer Bauernfamilie und das Modell einer typischen Hütte aus einem Armenviertel. Viele Bischöfe aus allen Kontinenten waren dabei.

12. In dieser Atmosphäre von leidenschaftlicher Debatte und interkultureller Geschwisterlichkeit hatten wir die Gelegenheit, einen historischen Moment zu erleben, der unvergesslich bleiben wird: Papst Franziskus nahm an unserer Begegnung teil und fasste in seiner Ansprache unsere reale Lage, unsere Beschwerden und unsere Ideen weitgehend zusammen. Seine eindeutigen, überzeugenden Worte lassen keine zweideutigen Interpretationen zu. Er bekräftigt, dass die Sorge um die Armen das Herzstück des Evangeliums ausmacht. Sein brüderlicher, geduldiger und warm-

herziger Umgang mit allen sowie mit jeder einzelnen und jedem einzelnen von uns, vor allem mit den Verfolgten, stimmt mit seinen Worten überein und bringt zum Ausdruck, dass er solidarisch ist mit unserem politischen Einsatz, der so oft voreingenommen oder despektierlich behandelt, sogar verfolgt, unterdrückt oder kriminalisiert wird.

13. Ein weiterer Höhepunkt war die Teilnahme unseres Bruders Evo Morales, des Präsidenten der Weltversammlung der indigenen Völker. Er hat in seiner Eigenschaft als führendes Mitglied einer Sozialen Bewegung teilgenommen und uns einen Vortrag gehalten, der einerseits das kapitalistische System kritisierte und andererseits darlegte, was wir Ausgeschlossenen im Hinblick auf Landbesitz, Arbeit, Wohnen, Frieden und Umwelt erreichen können, wenn wir uns organisieren und Zugang zu Machtpositionen gewinnen, allerdings zu einer Macht, die sich als Dienst und nicht als Privileg versteht. Wir waren sehr bewegt, als er Franziskus umarmte. Das wird uns für immer im Gedächtnis bleiben.

14. Zwei Dinge nehmen wir als Ergebnisse unseres Treffens direkt mit nach Hause: erstens den „Brief der Ausgeschlossenen an die Ausgeschlossenen", um darüber mit den Gruppen an der Basis unserer Arbeitsbereiche und Sozialen Bewegungen zu arbeiten. Diesen Brief wollen wir zusammen mit der Ansprache des Papstes und den Tagungsprotokollen an möglichst viele Menschen verteilen. Und zweitens den Vorschlag, einen ständigen Gesprächskontakt zwischen Sozialen Bewegungen und Kirche aufzubauen.

15. Zusammen mit dieser kurzen Erklärung bitten wir insbesondere alle in den Medien arbeitenden Frauen und Männer, uns dabei behilflich zu sein, die Ansprache von Papst Franziskus ungekürzt zu verbreiten, weil sie – wie wir bereits sagten – unsere Erfahrungen, Überlegungen und Wünsche im Großen und Ganzen zusammenfasst.

Unser Tagungsmotto: *Landbesitz, Dach über dem Kopf und Arbeit* („tierra – techo – trabajo") sind heilige Rechte! Wollen wir sie immer wieder laut mit den folgenden Forderungen vertreten: Keine Arbeitenden ohne Rechte! Keine Familie ohne Wohnung! Keine Bauernfamilie ohne Land! Kein Volk ohne Territorium! Los gehts! Die Armen organisieren sich und kämpfen für eine humane Alternative zur ausschließenden Globalisierung! Lang lebe Papst Franziskus und seine arme Kirche für die Armen!

Übersetzung aus dem Spanischen: Norbert Arntz

Quelle: http://alainet.org/active/78404 – 29.10.2014

II.) Papst Franziskus: Ansprache vor den Teilnehmern am Welttreffen der Sozialen Bewegungen in der Alten Synodenaula, Rom, 28.10.2014

Noch einmal „Guten Tag". Ich bin glücklich, bei euch zu sein. Ich sage euch auch im Vertrauen, es ist das erste Mal, dass ich hier heruntergekommen bin, hier war ich noch nie. Wie ich schon sagte, es freut mich sehr und ich sage euch allen ein herzliches Willkommen.

Herzlich danke ich euch dafür, dass Ihr die Einladung angenommen habt, die vielen massiven sozialen Probleme der Welt von heute zu diskutieren, ihr, die am eigenen Leib Ungleichheit und Ausgrenzung erfahrt. Kardinal Turkson danke ich für seinen freundlichen Empfang. Danke, Eminenz für Ihre Arbeit und Ihre Worte.

Dieses Treffen der Sozialen Bewegungen ist ein Zeichen, ein wichtiges Zeichen: Ihr seid gekommen, um vor Gott, vor der Kirche, vor den Völkern eine Realität auszusprechen, die oft verschwiegen wird. Die Armen erleiden das Unrecht nicht nur, sondern bekämpfen es auch!

Ihr gebt Euch nicht zufrieden mit illusorischen Versprechungen, Ausreden oder Alibis. Ihr wartet auch nicht untätig darauf, dass Nichtregierungsorganisationen, Sozialpläne bzw. Hilfsmaßnahmen Euch beistehen, die nie ankommen, oder wenn sie ankommen, häufig nur dazu dienen, entweder zu narkotisieren oder zu domestizieren. Das sind gefährliche Mittel. Ihr glaubt, dass die Armen nicht länger warten, sondern die Sache selbst in die Hand nehmen wollen, sich organisieren, studieren, arbeiten, reklamieren und vor allem diese besondere Art von Solidarität praktizieren, die es unter den Leidenden, unter den Armen gibt und die unsere Zivilisation vergessen zu haben scheint, oder zumindest allzu gerne vergessen machen möchte. Solidarität ist ein Wort, das nicht immer gut ankommt, ja, ich würde sagen, dass wir es manchmal sogar zu einem unanständigen Wort gemacht haben, das man nicht sagen darf. Aber es ist ein Wort, das viel mehr meint als einige sporadische großherzige Gesten. Es meint, dass man denkt und handelt im Sinne von Gemeinschaft, dass das Leben aller wichtiger ist als die Güteranhäufung einiger weniger. [Solidarität] meint auch, die strukturellen Ursachen von Armut und Ungleichheit zu bekämpfen, wenn Arbeitsplätze fehlen, Land oder Wohnraum nicht zur Verfügung stehen, wenn Sozial- und Arbeitsrechte vorenthalten werden. [Solidarität meint], sich zu konfrontieren mit den zerstörerischen Auswirkungen des Imperiums des Geldes: Zwangsumsiedlungen, leidvolle Migration, Menschenhandel, Drogen, Krieg, Gewalt und all jene Realitäten, unter denen viele von euch leiden und die zu ändern wir alle aufgerufen sind. Solidarität, in ihrer tiefsten Bedeutung, meint eine bestimmte Art, Geschichte zu gestalten. Und das ist es, was die Sozialen Bewegungen praktizieren.

Unser Zusammentreffen hat nichts zu tun mit Ideologie. Ihr arbeitet nicht an Gedanken, ihr arbeitet an jenen Wirklichkeiten, die ich bereits erwähnt habe, und an noch vielen anderen mehr, von denen ihr mir erzählt habt… … Ihr steht mit euren Füßen auf dem Erdboden und berührt mit euren Händen Fleisch und Blut. Ihr riecht nach Elendsviertel, nach kleinen Leuten, nach Einsatz! Wir wollen, dass eure Stimme gehört werde. In der Regel hört man wenig auf sie. Vielleicht, weil sie ärgert, vielleicht weil ihr Protestschrei unbequem ist, vielleicht, weil man Angst vor der Veränderung hat, die ihr fordert. Aber ohne eure Mitwirkung, ohne tatsächlich an die Peripherien zu gehen, bewegen sich alle guten Vorschläge und Projekte, von denen wir oft auf internationalen Konferenzen hören, nur im Reich der Ideen, bleibt es nur mein Projekt. Man kann den Skandal der Armut nicht bekämpfen, indem man Besänftigungsstrategien entwickelt, die nur beruhigen und die Armen zu domestizierten, harmlosen Kreaturen machen sollen. Wie traurig ist es zu sehen, wenn mit angeblich altruistischen Taten die anderen zur Passivität verleitet werden, oder schlimmer, wenn sich dahinter Geschäfts- oder Privatinteressen verbergen. Solche Menschen würde Jesus Heuchler nennen. Wie schön ist es dagegen, wenn wir sehen, wie ganze Völker, vor allem ihre ärmsten Angehörigen und die Jugendlichen sich in Bewegung setzen. Ja, da spürt man den Wind der Verheißung, der die Hoffnung auf eine bessere Welt wieder aufleben lässt. Dieser Wind soll zu einem Sturm der Hoffnung werden. Das ist mein Wunsch.

Unser Treffen heute entspricht einem ganz bestimmten Verlangen nach etwas, das jeder Vater und jede Mutter für ihre Kinder wollen; ein Verlangen nach etwas, das für alle zu Verfügung stehen müsste, das wir aber leider heute für die allermeisten in immer weitere Ferne rücken sehen: Landbesitz, ein Dach über dem Kopf und Arbeit („tierra, techo y trabajo"). Es ist befremdlich: Wenn ich als Papst davon spreche, heißt das für einige, dass der Papst ein Kommunist ist.

Man begreift nicht, dass die Liebe zu den Armen das Herzstück des Evangeliums ist. Landbesitz, ein Dach über dem Kopf und Arbeit – das sind heilige Rechte, für die ihr euch einsetzt. Diese Rechte einzuklagen, ist keine Regelwidrigkeit, sondern gehört zur Soziallehre der Kirche. Jedes einzelne dieser Rechte will ich kurz erläutern, denn ihr habt sie als Leitworte für dieses Treffen bestimmt.

Landbesitz. Am Anfang der Schöpfung schuf Gott den Menschen als Hüter für sein Werk und beauftragte ihn, es zu bebauen und zu bewahren. Ich sehe hier Dutzende von Bäuerinnen und Bauern. Ich möchte euch beglückwünschen, weil ihr gemeinschaftlich das Land bebaut und bewahrt. Große Sorge macht mir die Vertreibung so vieler Schwestern und Brüder, die entwurzelt werden, und zwar nicht weil Krieg oder Naturkatastrophen die Ursachen sind. Vielmehr sind Landraub, Entwaldung, Enteignung und Privatisierung von Wasser sowie giftige Pestizide einige der Übel, die den Menschen aus seiner Heimat vertreiben. Diese Trennung bedeutet nicht nur ein körperliches, sondern ein existentielles und spirituelles Leiden, weil diesem Vorgang ein Verhältnis zum Land zugrunde liegt, das die ländliche Gemeinschaft und ihren spezifischen Lebensstil offenkundig zerrüttet und sogar mit Auslöschung bedroht.

Die andere Dimension dieses bereits globalen Prozesses ist der Hunger. Wenn Finanzspekulationen den Preis von Lebensmitteln bestimmen, weil sie Lebensmittel als Waren behandeln, hungern Millionen von Menschen und sterben daran. Außerdem werden Tonnen von Lebensmitteln weggeworfen. Das ist wirklich ein Skandal. Hunger ist ein Verbrechen. Ernährung ist ein unveräußerliches Menschenrecht. Ich weiß, dass einige von euch eine Landreform fordern, um wenigstens das ein oder andere dieser Probleme zu lösen. Lasst mich Euch sagen, dass in bestimmten Ländern – und hier zitiere ich das Kompendium der Soziallehre der Kirche – „die Landreform nicht nur zu einer politischen Notwendigkeit, sondern zu einer moralischen Verpflichtung [wird]" (Kompendium der Soziallehre der Kirche, 300).

Das sage also nicht nur ich allein, das steht im Kompendium der Soziallehre der Kirche. Setzt Euch also bitte weiterhin für die Würde der ländlichen Familie ein, für das Wasser, für das Leben und dafür, dass allen die Früchte der Erde zugute kommen.

Zweitens das Dach über dem Kopf (techo). Ich habe es bereits gesagt und wiederhole es noch einmal: für jede Familie eine eigene Wohnung. Wir dürfen nie aus dem Blick verlieren, dass Jesus in einem Stall geboren wurde, weil in der Herberge kein Platz war, dass seine Familie ihr Heim verlassen und nach Ägypten fliehen musste, weil sie von Herodes verfolgt wurde. Heute gibt es so viele obdachlose Familien, entweder haben sie nie eine Wohnung gehabt oder sie haben sie aus verschiedenen Gründen verloren. Familie geht nicht ohne Wohnung. Aber damit das Dach über dem Kopf ein Heim werden kann, braucht es auch eine Gemeinschaftsdimension, nämlich die Nachbarschaft ... und es ist eben die Nachbarschaft, von der aus man beginnt, an der großen Familie der Menschheit mitzubauen, vom unmittelbaren Zusammenleben mit den Nachbarn ausgehend. Heute leben wir in riesigen Städten, die sich modern, stolz und sogar arrogant geben. In Städten, die Wohlstand und zahllose Vergnügungen für eine wohlhabende Minderheit haben ... Aber tausenden von Nachbarn und Geschwistern, sogar Kindern, verweigert man das Dach über dem Kopf. Man bezeichnet sie elegant als „Menschen auf der Straße". Es ist schon komisch, wie Beschönigung und Bagatellisierung durch Euphemismen in der Welt der Ungerechtigkeit überhand nehmen. Man redet nicht in eindeutigen klaren Worten, sondern sucht nach beschönigenden Umschreibungen. Ein Mensch, ein abgesonderter Mensch, ein außen vor gehaltener Mensch, ein Mensch, der unter Elend und Hunger leidet, wird also als „Mensch auf der Straße" bezeichnet – eine elegante Lösung, nicht wahr? Sucht stets hinter jedem Euphemismus das Verbrechen, das sich dahinter verbirgt – im Einzelfall mag ich mich irren, aber im allgemeinen ist es so, dass hinter einem Euphemismus ein Verbrechen steckt.

Wir leben in Städten, die Türme, Einkaufszentren bauen und Immobiliengeschäfte betreiben ... aber einen Teil von sich selbst an den Rändern, an den Peripherien aufgeben. Wie weh tut es, wenn man hört, dass Armensiedlungen marginalisiert werden oder – noch schlimmer – dem Erdboden gleich gemacht werden sollen! Die Bilder von Zwangsräumungen, von Bulldozern, die kleine Häuschen niedermachen, sind so grausam wie Kriegsbilder. Und das sieht man heutzutage.

Ihr wisst, dass in den Armenvierteln, wo viele von euch wohnen, Werte überleben, die in den Wohngegenden der Neureichen längst vergessen sind. Die Siedlungen sind mit einer reichen Volkskultur gesegnet. Der öffentliche Raum ist nicht nur ein Transitraum, sondern Erweiterung des Heims, ein Ort, an dem man Kontakte mit den Nachbarn knüpft. Wie schön sind die Städte, die das krankmachende Misstrauen hinter sich gelassen haben, die verschiedensten Menschen zusammenführen und aus dieser Integration einen neuen Entwicklungsfaktor machen. Wie schön sind die Städte, die auch in ihrer architektonischen Gestaltung viel Raum lassen, in denen es möglich ist, Verbindungen zueinander aufzubauen, in Beziehung zu treten, die Anerkennung der Anderen voranzubringen. Daher keine Marginalisierung und keine Beseitigung von Siedlungen: Die städtische Integration muss vorangebracht werden. Dieses Wort Integration muss ab sofort das Wort Beseitigung ersetzen. Aber auch jene Projekte, die scheinbar die Armensiedlungen verschönern, die Peripherien ordentlicher gestalten sollen und die gesellschaftlichen Wundmale verdecken statt sie zu heilen, müssen ersetzt werden durch die Förderung einer echten, vom Respekt geprägten Integration. Häufig haben wir es hier mit einer Art architektonischen Makeup's zu tun, richtig? Jedenfalls geht es in diese Richtung. Lasst uns dafür arbeiten, dass alle Familien ein Zuhause und dass alle Stadtviertel eine ausreichende Infrastruktur haben (Abwasserkanäle, Strom, Gas, Asphalt) und natürlich: Schulen, Krankenhäuser oder Erste-Hilfe-Zentren, Sportverein und alles, was Verbindung schafft und zusammenführt, ebenso Zugang zu Gesundheit, Bildung und Sicherheit des Besitzes.

Drittens Arbeit (trabajo). Es gibt keine schlimmere materielle Armut – ich fühle mich dazu gedrängt, es noch einmal zu wiederholen – es gibt keine schlimmere materielle Armut als die, sich das tägliche Brot nicht zu verdienen und der Würde der Arbeit beraubt zu sein. Jugendarbeitslosigkeit, informelle Beschäftigungen und fehlende Arbeitnehmerrechte sind nicht unvermeidlich, sie ergeben sich aus einer zuvor getroffenen gesellschaftlichen Option, aus einem Wirtschaftssystem, das den Profit über den Menschen stellt, und wenn es um wirtschaftlichen Profit geht, sogar über Menschheit bzw. über den Menschen. Hier sehen wir die Auswirkungen einer Wegwerf-Kultur, die den Menschen selbst als Konsumgut betrachtet, das benutzt und dann weggeworfen werden kann.

Heute fügt man dem Phänomen der Ausbeutung und Unterdrückung eine neue Dimension hinzu, einen anschaulichen harten Gradmesser für das gesellschaftliche Unrecht: alle, die nicht integriert werden können, die Ausgeschlossenen sind „Überflüssige“, sind Abfall. Das ist die Wegwerf-Kultur. Darüber möchte ich noch etwas mehr sagen, als ich hier aufgeschrieben habe, das mir jedoch gerade in den Sinn kommt. So etwas geschieht, wenn das Geld wie ein Gott im Zentrum eines Wirtschaftssystems steht und nicht der Mensch, die menschliche Person. Ja, im Zentrum jedes gesellschaftlichen oder wirtschaftlichen Systems muss der Mensch stehen, Gottes Ebenbild, dazu geschaffen dem Universum einen Namen zu geben. Wenn der Mensch an die Seite gerückt und die Gottheit Geld an seine Stelle gesetzt wird, geschieht diese Umwertung aller Werte.

Und um das noch anschaulicher zu machen, erinnere ich an eine Lehre etwa aus dem 12. Jahrhundert. Ein jüdischer Rabbi erklärte seinen Gläubigen die Geschichte des Turmbaus zu Babel. Er erzählte, um den Turm von Babel bauen zu können, musste man viel Mühe aufwenden. Man musste Ziegel machen. Um Ziegelsteine herzustellen, musste man Lehm bereiten, Stroh herbeiholen und den Lehm mit dem Stroh vermischen und kneten, dann die Masse in Quadrate schneiden, trocknen lassen, dann im Ofen brennen, und wenn sie gebrannt und abgekühlt waren, mussten sie hinaufgetragen werden, um den Turm weiter zu bauen.

Mit all dieser Arbeit war ein Ziegel sehr teuer geworden. Wenn also ein Ziegelstein herunterfiel, war das fast eine nationale Tragödie. Wer den Ziegel hatte herunterfallen lassen, wurde schwer bestraft oder suspendiert oder ich weiß nicht, was noch mit ihm geschah. Aber wenn ein Arbeiter herunterfiel, passierte nichts. Mit dieser Geschichte erklärte ein Rabbi im 12. Jhdt. diese schrecklichen Dinge, die geschehen, wenn der Mensch im Dienste der Gottheit Geld steht.

Und im Hinblick auf das Wegwerfen, müssen wir auch aufmerksamer werden auf das, was in unserer Gesellschaft geschieht.

Ich wiederhole hier, was ich bereits in Evangelii Gaudium gesagt habe. Heutzutage werden Kinder verworfen, denn die Geburtenrate in vielen Ländern der Welt ist zurückgegangen; Kinder werden verworfen, weil man keine Nahrungsmittel hat bzw. vor der Geburt getötet. Wegwerf-Kinder.

Die älteren Menschen werden verworfen, weil sie zu nichts mehr nütze sind, weil sie nicht produzieren. Weder Kinder noch Alte sind produktiv, dann kann man sie mit mehr oder weniger ausgeklügelten Systemen langsam sich selbst überlassen. Und weil man in der jetzigen Krise wieder ein gewisses Gleichgewicht herstellen will, erleben wir einen dritten schmerzlichen Verwerfungsprozess: das Verwerfen der Jugendlichen. Millionen junger Menschen – ich will keine exakte Zahl nennen, weil ich sie nicht genau kenne, und die, die ich gelesen habe, scheint mir übertrieben – aber Millionen von jungen Menschen werden aus der Arbeitswelt herausgeworfen, sind arbeitslos.

In den europäischen Ländern, und diese Statistiken sind eindeutig, hier in Italien, sind etwas mehr als 40% der jungen Leute arbeitslos. Euch ist klar, was 40% der Jugend bedeutet, eine ganze Generation, eine ganze Generation wird für null und nichtig erklärt, um das Gleichgewicht zu wahren. In einem anderen europäischen Land übersteigt die Zahl bereits 50%, im Süden dieses Landes gar 60%. Das sind eindeutige Zahlen, Überreste des Verwerfungsprozesses. Verwerfung von Kindern, Verwerfung von Alten, die nicht produktiv sind. Jetzt wird eine Generation von jungen Leuten geopfert, Verwerfung von jungen Leuten, um ein System ins Gleichgewicht zu bringen und zu erhalten, in dessen Zentrum Gott Geld steht und nicht der Mensch.

Dieser Wegwerf-Kultur zum Trotz, dieser Kultur von überflüssig gemachten Menschen zum Trotz haben so viele von euch, die für dieses System als überflüssig gelten, ihre eigene Arbeit erfunden mit all dem, was eigentlich nichts mehr herzugeben schien ... Aber ihr habt es geschafft und schafft es immer noch mit eurer Handwerkskunst, die Gott euch gegeben hat ... mit euer Zielstrebigkeit, mit eurer Solidarität, mit eurer Gemeinschaftsarbeit, mit eurer Solidarwirtschaft .... Und lasst es mich euch so sagen: das ist nicht nur Arbeit, das ist Poesie. Danke.

Selbstverständlich haben alle Arbeitnehmer, ob sie nun im formalen System der Lohnarbeit drin sind oder nicht, das Recht auf angemessene Entlohnung, soziale Sicherheit und Altersvorsorge. Hier sind Müllsammler, Müllverwerter, Straßenhändler, Schneider, Handwerker, Fischer, Bauern, Bauarbeiter, Bergleute, Arbeiter aus selbstgeführten Unternehmen, Genossenschaftsangehörige aus unterschiedlichen Sparten und Arbeitende aus selbstorganisierten Dienststellen – sie alle sind aus dem Arbeitsrecht ausgeschlossen, ihnen verweigert man die Möglichkeit zu gewerkschaftlichem Zusammenschluss, sie haben keine ausreichenden, festen Einkünfte. Heute möchte ich eurer Stimme meine Stimme hinzufügen und euch in eurem Einsatz unterstützen.

Bei diesem Treffen habt ihr auch über Frieden und Ökologie gesprochen. Das liegt in der Logik: Man kann kein Land besitzen, man kann kein Dach über dem Kopf haben, man kann keine Arbeit haben, wenn wir keinen Frieden haben und wenn wir den Planeten zerstören. Diese wichtigen Themen müssen die Völker und ihre Basisorganisationen dringlich diskutieren. Sie dürfen nicht allein von den politischen Führungskräften behandelt werden. Alle Völker der Erde, alle Männer und Frauen guten Willens, alle müssen wir zum Schutz dieser beiden kostbaren Gaben unsere Stimmen erheben, für Frieden und für die Natur bzw. – wie Franz von Assisi sie nennt – für die Schwester Mutter Erde.

Kürzlich habe ich gesagt, und ich wiederhole das hier, wir stecken mitten im dritten Weltkrieg, allerdings in einem Krieg in Raten. Es gibt Wirtschaftssysteme, die um überleben zu können, Krieg führen müssen. Also produzieren und verkaufen sie Waffen. So werden die Bilanzen jener Wirtschaftssysteme saniert, die den Menschen zu Füßen des Götzen Geld opfern. Man denkt weder an die hungernden Kinder in den Flüchtlingslagern, noch an die Zwangsumsiedlungen, weder an die zerstörten Wohnungen, noch an die im Keim erstickten Menschenleben. Wie viel Leid! Wie viel Zerstörung! Wie viel Schmerz! Heute, liebe Brüder und Schwestern, steigt in allen Teilen der Erde, in allen Völkern, in jedem Herzen und in den Sozialen Bewegungen der Schrei nach Frieden auf: Nie wieder Krieg!

Das Wirtschaftssystem, das sich um den Götzen Geld dreht, muss auch die Natur plündern, die Natur ausplündern, um die Hektik des Konsums aufrecht erhalten zu können, von dem es lebt. Der Klimawandel, der Verlust biologischer Vielfalt, die Waldzerstörung zeigen bereits ihre verheerenden Auswirkungen in den großen Naturkatastrophen, die wir erleben. Und Ihr seid diejenigen, die am stärksten darunter zu leiden haben, die kleinen Leute, die an den Küsten in Hütten leben und die wirtschaftlich so verwundbar sind, dass sie bei einer Naturkatastrophe alles verlieren.

Brüder und Schwestern, die Schöpfung ist kein Eigentum, über das wir nach eigenem Gutdünken verfügen können. Und schon gar nicht ist sie das Privateigentum einiger weniger. Die Schöpfung ist eine Gabe, ein Geschenk, ein wunderbares Geschenk, das Gott uns gegeben hat, damit wir uns darum kümmern und es immer mit Respekt und Dankbarkeit zum Wohle aller nutzen. Ihr wisst vielleicht, dass ich an einer Enzyklika über Ökologie arbeite: Seid dessen gewiss, dass eure Anliegen darin enthalten sein werden. Ich nutze diesen Moment, um euch zu danken für euren Brief, den mir die Mitglieder der Via Campesina, der Föderation der Cartoneros und viele andere Geschwister dazu übergeben haben.

Wir sprechen über Landbesitz, Arbeit und Dach über dem Kopf ... wir sprechen über die Arbeit für Frieden und die Bewahrung der Natur ... Aber warum schauen wir dann immer noch zu, wie menschenwürdige Arbeit beseitigt, so viele Familien aus ihren Häusern vertrieben, Campesinos ihrer Länder beraubt, Kriege geführt werden und die Natur misshandelt wird? Weil man in diesem System den Menschen, die menschliche Person, aus der Mitte gerückt und sie durch etwas anderes ersetzt hat. Weil man dem Geld einen götzendienerischen Kult widmet. Weil man die Gleichgültigkeit globalisiert hat! Man hat die Gleichgültigkeit globalisiert nach dem Motto: Was geht mich das an, wie es anderen geht, wenn ich mich doch um mich selbst zu kümmern habe? Denn die Welt hat den Gott vergessen, der Vater ist. Sie ist wieder eine Waise geworden, weil sie Gott beiseite geschoben hat.

Einige von euch haben gesagt: Dieses System ist nicht mehr zu ertragen. Wir müssen es ändern. Wir müssen die Würde des Menschen wieder ins Zentrum rücken und dann auf diesem Grund alternative gesellschaftliche Strukturen errichten, die wir brauchen. Das müssen wir mit Mut, aber auch mit Intelligenz betreiben. Hartnäckig, aber ohne Fanatismus. Leidenschaftlich, aber ohne Gewalt. Und gemeinsam, die Konflikte im Blick, ohne uns in ihnen zu verfangen, immer darauf bedacht, die Spannungen zu lösen, um eine höhere Stufe von Einheit, Frieden und Gerechtigkeit zu erreichen. Wir Christen haben etwas sehr Schönes, eine Handlungsanleitung, ein revolutionäres Programm, könnte man sagen. Ich rate Euch dringend, es zu lesen. Lest die Seligpreisungen im Kapitel 5 des Matthäusevangeliums und im Kapitel 6 des Lukasevangeliums (vgl. Mt 5, 3 und Lk 6, 20) und lest den Abschnitt aus Kapitel 25 des Matthäusevangeliums. Das habe ich auch den jungen Leuten in Rio de Janeiro bereits gesagt, mit diesen beiden Texten habt ihr ein Aktionsprogramm.

Ich weiß, dass unter euch Menschen verschiedener Religionen, Funktionen, Ideen, Kulturen, Länder, Kontinente sind. Heute praktiziert ihr alle hier die Kultur der Begegnung, die so anders ist als Fremdenfeindlichkeit, Diskriminierung und Intoleranz, die wir so oft erleben. Unter den Ausgeschlossenen findet man diese Begegnung der Kulturen, wo das Gemeinsame das je Besondere nicht zunichte macht. Deshalb mag ich das Bild des Polyeder so sehr, die geometrische Figur mit vielen verschiedenen Gesichtern. Das Polyeder spiegelt das Zusammenspiel aller jeweiligen Besonderheiten, da sie in ihm ihre Originalität bewahren. Nichts wird aufgelöst, nichts geht verloren, nichts wird beherrscht, alles wird integriert, alles integriert. Heute geht es euch auch um die Synthese zwischen dem Lokalen und dem Globalen. Ich weiß, dass ihr Tag für Tag in eurer nahen Umgebung an konkreten Aufgaben, auf eurem Landgebiet, in eurem Stadtviertel, an eurem Arbeitsplatz an dieser Synthese arbeitet. Ich möchte euch dazu auch ermutigen, dass ihr weiter an dieser großen Perspektive arbeitet, damit unsere Träume hochfliegen und das Ganze umfassen.

Daher scheint mir der Vorschlag wichtig, den einige von euch mich haben wissen lassen, dass diese Bewegungen, die Erfahrungen von Solidarität, die von unten her, aus dem Untergrund des Planeten hervorwachsen, zusammen kommen, besser koordiniert werden und sich auch in Zukunft treffen können, wie ihr es in diesen Tagen getan habt. Achtung! Die Bewegung in starre Strukturen einspannen, ist niemals gut. Deshalb sprach ich vom Treffen. Noch unpassender wäre es, wenn die einen die anderen schlucken, lenken oder beherrschen wollten. Freie Bewegungen entwickeln ihre eigene Dynamik, aber dennoch sollten wir versuchen, gemeinsam auf dem Weg zu sein. Wir sind in diesem Raum, der alten Synodenaula. Jetzt gibt es eine neue Aula. Synode bedeutet genau das: „gemeinsam auf dem Wege sein". Möge dieser Ort ein Symbol für den Prozess sein, den ihr begonnen habt und voran bringen wollt.

Die Sozialen Bewegungen bringen zum Ausdruck, wie dringend unsere Demokratien verlebendigt werden müssen, weil sie oft von unzähligen Faktoren entführt werden. Für die Gesellschaft ist eine Zukunft nur vorstellbar, wenn die Mehrheit der Bevölkerung eine aktive bestimmende Rolle mit spielt. Eine solch aktive Rolle geht über die logischen Verfahren einer formalen Demokratie weit hinaus. Die Aussicht auf eine Welt mit dauerhaftem Frieden und Gerechtigkeit verlangt von uns, jeden paternalistischen Assistentialismus hinter uns zu lassen und neue Formen der Partizipation zu entwickeln, damit die sozialen Bewegungen aktiv mitwirken können. So könnte der moralische Energieschub, der aus der Eingliederung der Ausgeschlossenen in den Aufbau einer gemeinsamen Zukunft entsteht, zu Regierungsstrukturen auf lokaler, nationaler und internationaler Ebene animieren. Und das konstruktiv, ohne Groll, mit Liebe.

Von Herzen begleite ich euch auf diesem Weg. Aus tiefstem Herzen lasst uns gemeinsam sagen: Keine Familie ohne Wohnung, kein Bauer ohne Land, kein Arbeitnehmer ohne Rechte, kein Mensch ohne die Würde, die die Arbeit bedeutet.

Liebe Schwestern und Brüder: Setzt euren Kampf fort. Das tut uns allen gut. Er ist ein Segen für die Menschheit. Zur Erinnerung lasse ich euch ein Geschenk mit meinem Segen: Rosenkränze, die Handwerker, Müllsammler und Arbeiter aus der Solidarwirtschaft in Lateinamerika hergestellt haben.

In dieser Begleitung bete ich für euch, bete ich mit euch und bitte Gott, unseren Vater, euch zu begleiten und zu segnen, damit ihr von seiner Liebe erfüllt werdet und er euch auf dem Weg begleite, indem er euch reichlich jene Kraft gebe, die uns aufrecht erhält, diese Kraft ist die Hoffnung, die Hoffnung, die nicht trügt. Danke.

Übersetzung aus dem Spanischen: Norbert Arntz
Quelle: http://www.itpol.de/?p=1596.

III.) Charta von Santa Cruz, Poligimnasio Santa Rosita, Santa Cruz de la Sierra, 09.07.2015

Wir, die sozialen Organisationen, die sich anlässlich des zweiten Welttreffens der Sozialen Bewegungen in Santa Cruz de la Sierra, Bolivien, am 7., 8. und 9. Juli 2015 versammelt haben, stimmen Papst Franziskus darin zu, dass die sozialen Probleme und die der Umwelt als zwei Seiten einer Medaille erscheinen. Ein System das kein Land, keine Wohnung und keine Arbeit für alle bieten kann, welches den Frieden unter den Völkern auf die Probe stellt und auch die Mutter Erde bedroht, kann nicht länger die Zukunft des Planeten bestimmen. Wir müssen das soziale, politische, ökonomische und kulturelle Gesellschaftsmodell überwinden, in dem der Markt und das Geld in allen Bereichen den Dreh- und Angelpunkt der menschlichen Beziehungen darstellen. Unser Schrei, welcher jener der Übergangenen und Marginalisierten ist, fordert, dass die Herrschenden verstehen, dass es so nicht weitergehen kann. Die Armen in der Welt stehen gegen den sozialen Ausschluss auf, unter dem sie tagtäglich leiden. Wir wollen weder ausbeuten, noch ausgebeutet werden. Wir wollen weder ausschließen, noch ausgeschlossen sein. Wir wollen eine Lebensweise errichten, in der die Würde über allem steht. Deswegen verpflichten wir uns:

1. Befördern und vertiefen wir den Veränderungsprozess

Wir bekräftigen von Neuem unser Engagement inmitten der Prozesse des Wandels und der Befreiung, welche Resultat der Aktion der organisierten Massen ist, die aus ihrem kollektiven Gedächtnis heraus die Geschichte in die Hand nehmen und sich dazu entschließen, sie zu verändern. So wird den Hoffnungen und Utopien Leben verliehen, die uns dazu aufrufen, die Tiefenstrukturen der Unterdrückung, der Beherrschung, der Kolonisierung und der Ausbeutung zu revolutionieren.

2. In Harmonie mit Mutter Erde leben

Wir führen unsere Kämpfe zur Verteidigung und zum Schutz der Mutter Erde fort, indem wir die „Integrale Ökologie" fördern, von der Papst Franziskus spricht. Wir bleiben der indigenen Philosophie des „Buen vivir" treu, einer neuen Lebensordnung, die Harmonie und Gleichgewicht im Verhältnis unter den Menschen sowie zwischen den Menschen und der Natur hervorbringt.

Die Erde gehört uns nicht, sondern wir gehören der Erde. Wir müssen uns um sie sorgen und sie zum Wohle aller kultivieren. Wir wollen Umweltgesetze in allen Ländern, die dieses Gemeingut schützen.

Wir fordern die geschichtliche Reparation sowie einen rechtlichen Rahmen, der die Rechte der indigenen Völker auf nationaler und internationaler Ebene schützt, um einen ernsthaften Dialog zu fördern mit dem Ziel, die verschiedenartigen Konflikte zu überwinden, welche die indigenen Völker, LandarbeiterInnen und die AfroamerikanerInnen betreffen.

3. Verteidigung würdiger Arbeitsverhältnisse

Wir verpflichten uns dazu, für die Verteidigung der Arbeit als ein Menschenrecht einzustehen. Wir setzen uns ein für würdige Arbeitsverhältnisse und für die Konzeption und Umsetzung einer Politik, die alle Arbeitsrechte wieder herstellt, die vom neoliberalen Kapitalismus ebenso wie die Systeme der sozialen Sicherheit, der Rente und des Rechts auf gewerkschaftlichen Zusammenschluss abgeschafft wurden. Wir verurteilen die Prekarisierung, das Outsourcing und wir versuchen die informelle Arbeit zu überwinden durch Inklusion, jedoch niemals durch Bestrafung oder Repression.

Wir haben zugleich das Thema der MigrantInnen, der Vertriebenen und der Geflüchteten aufgeworfen. Wir ermahnen die Regierungen der reichen Länder, alle Gesetze aufzuheben, die einen diskriminierenden Umgang mit MigrantInnen auslösen und Regelungen zu schaffen, die Sklavenarbeit, Menschenhandel und Ausbeutung von Kindern überwinden. Wir befördern in den urbanen sowie den ländlichen Gebieten alternative Formen der Ökonomie. Wir wollen eine populare und eine soziale Ökonomie, die das Leben der Gemeinschaften schützt und in der die Solidarität mehr Gewicht hat als der Profit. Dies verlangt, dass die Regierungen die Anstrengungen unterstützen, die der gesellschaftlichen Basis entspringen.

4. Verbesserung unserer Viertel und Bau guten Wohnraums

Wir klagen die Spekulation und Vermarktung von Land und städtischem Gut an. Wir lehnen Zwangsräumungen, die Abwanderung vom Land und das Anwachsen der Slums ab. Wir verurteilen jede Form juristischer Verfolgung jener, die für ihr Haus und ihre Familie kämpfen, denn unserem Verständnis nach ist das Wohnen ein fundamentales Menschenrecht, welches einen universalen Charakter haben muss. Wir fordern öffentliche und partizipative Politikformen, die das Recht auf Wohnung, städtische Integration der marginalisierten Viertel und einen umfassenden Zugang zu Wohnraum einfordert, um Wohnraum mit entsprechender Sicherheit und Würde schaffen zu können.

5. Den Boden und die Ernährungssouveränität verteidigen

Wir setzen uns für eine umfassende Agrarreform ein, um die Landflächen gerecht und gleichmäßig aufzuteilen. Wir appellieren an die Aufmerksamkeit der Völker, wenn neue Formen der Akkumulation von und der Spekulation mit Landflächen entstehen. Die Flächen gehören sonst als Ware der Agrarindustrie. Dies befördert durch Monokulturen die Zerstörung der Biodiversität, den Verbrauch und die Verschmutzung des Wassers, die Vertreibung der Landbevölkerung und den Einsatz von giftigen Düngemitteln, welche die Nahrungsmittel vergiften. Wir bekräftigen erneut unseren Kampf für die endgültige Überwindung des Hungers, die Verteidigung der Nahrungssouveränität und die Produktion gesunder Lebensmittel.

Zudem verurteilen wir entschieden die Privateigentumsrechte an Saatgut durch große Agrarkonzerne ebenso wie die Einführung genmanipulierter Produkte, die die ursprünglichen Produkte ersetzen und so die Reproduktion des Lebens und die Biodiversität zerstören, eine Nahrungsabhängigkeit schaffen und irreversible Folgen für die Gesundheit und die Umwelt hervorrufen. Gleichzeitig befürworten wir die Verteidigung des traditionellen Wissens der indigenen Völker hinsichtlich einer nachhaltigen Landwirtschaft.

6. Frieden und eine Kultur der Begegnung errichten

Wir verpflichten uns entsprechend der pazifistischen Berufung unserer Völker kollektive Bemühungen zu stärken, die den Frieden zwischen allen Menschen, Völkern, Religionen, Ethnien und Kulturen sichern. Wir unterstreichen die Pluralität unserer Identitäten und kulturellen Traditionen, die gemeinsam in Harmonie zusammenwirken sollen, ohne dass die einen sich über die anderen erheben. Wir erheben uns gegen die Kriminalisierung unserer Kämpfe, denn sie sind dabei unsere Bräuche zu kriminalisieren.

Wir verurteilen jede Form der militärischen Aggression und wir mobilisieren dafür, Kriege und Destabilisierungsversuche oder Staatsstreiche, die der Demokratie und der Wahl freier Völker schaden, zu beenden. Wir weisen den Imperialismus und neue Formen des Kolonialismus zurück, seien sie militärisch, ökonomisch oder medial. Wir sprechen uns gegen die Straflosigkeit der Herrschenden aus und für die Freiheit der politischen Gefangenen.

7. Kampf gegen Diskriminierung

Wir verpflichten uns dazu, gegen jede Form der Diskriminierung zu kämpfen, sei sie aufgrund der Ethnie, der Hautfarbe, des Geschlechts, der Herkunft, des Alters, der Religion oder der sexuellen Orientierung. Jede_r unter uns, Frauen und Männer, muss die gleichen Rechte haben. Wir verurteilen Sexismus und jede Form der Gewalt gegen Frauen und wir rufen: Nicht eine Frau mehr!

8. Förderung der Meinungsfreiheit

Wir begrüßen den Aufbau von alternativen, popularen und gemeinschaftlichen Medien angesichts der zunehmend monopolisierten Medien, die die Wahrheit verdecken. Der Zugang zu Informationen und die Meinungsfreiheit sind Menschenrechte und das Fundament jeder Gesellschaft, die sich als demokratisch, frei und souverän bezeichnet. Der Protest ist ebenfalls eine legitime Weise des öffentlichen Ausdrucks. Dies ist ein Recht und wir, die wir davon Gebrauch machen, dürfen dafür nicht verfolgt werden.

9. Wissenschaft und Technologie in den Dienst der Völker stellen

Wir verpflichten uns dafür zu kämpfen, dass die Wissenschaft und das Wissen dazu genutzt werden, dem Wohlergehen der Völker zu dienen. Die Wissenschaft und das Wissen sind Errungenschaften der gesamten Menschheit und können nicht im Dienste des Profits, der Ausbeutung, der Manipulation oder der Akkumulation von Reichtümern durch einige Gruppen stehen.

Wir wollen dafür eintreten, dass sich die Universitäten mit einfachen Menschen füllen und dass ihr Wissen darauf orientiert ist, die strukturellen Probleme zu lösen, statt Reichtum für große Firmen zu generieren. So können multinationale Pharmakonzerne angeklagt und kontrolliert werden, die einerseits Profit durch Enteignung jahrtausendealten Wissens der indigenen Völker machen und andererseits durch Spekulation Gewinne auf Kosten der Gesundheit von Millionen Menschen dadurch erzielen, dass dem Geschäft mehr Wichtigkeit zugesprochen wird als dem Leben.

10. Wir verwerfen den Konsumismus und verteidigen die Solidarität als Lebensprojekt

Wir verteidigen die Solidarität als ein persönliches und kollektives Lebensprojekt. Wir verpflichten uns zum Kampf gegen den Individualismus, den Ehrgeiz, den Neid und die Habgier, die sich in unseren Gesellschaften und in uns selber einnisten. Wir arbeiten unermüdlich, um die Wegwerfkultur auszulöschen.

Wir arbeiten fortwährend daran, Brücken zwischen den Völkern zu bauen, die uns ermöglichen die Mauern des Ausschlusses und der Ausbeutung einzureißen!

Übersetzung aus dem Spanischen: Julia Lis

Quelle: http://movimientospopulares.org/sale-la-carta-de-santa-cruz/

IV.) Papst Franziskus: Ansprache zur Teilnahme am Welttreffen der Volksbewegungen, Messegelände „Expo Feria“, Santa Cruz de la Sierra, 09.07.2015.

Brüder und Schwestern, guten Abend!
Vor einigen Monaten haben wir uns in Rom versammelt und mir ist diese unsere erste Begegnung noch gegenwärtig. Während dieser Zeit habe ich Sie in meinem Herzen und in meinen Gebeten getragen. Ich freue mich, Sie erneut hier zu haben und über die besten Wege zur Überwindung der Situationen schwerer Ungerechtigkeit zu sprechen, unter denen die Ausgeschlossenen in aller Welt leiden. Danke, Herr Präsident Evo Morales, dass Sie diese Begegnung so entschlossen begleiten.

Damals in Rom habe ich etwas sehr Schönes empfunden: Geschwisterlichkeit, Charisma, Engagement, Durst nach Gerechtigkeit. Heute in Santa Cruz de la Sierra spüre ich wieder das Gleiche. Danke dafür! Durch den Päpstlichen Rat für Gerechtigkeit und Frieden unter dem Vorsitz von Kardinal Turkson habe ich auch erfahren, dass es viele in der Kirche gibt, die den Volksbewegungen nahe stehen. Das freut mich sehr! Zu sehen, dass die Kirche Ihnen allen ihre Türen öffnet, sich begleitend einbringt und es ihr gelingt, in jeder Diözese und jeder Kommission für Gerechtigkeit und Frieden eine wirkliche, ständige und engagierte Zusammenarbeit mit den Volksbewegungen zu strukturieren. Alle – Bischöfe, Priester und Laien gemeinsam mit den sozialen Einrichtungen der städtischen und ländlichen Randgebiete – lade ich ein, diese Begegnung zu vertiefen.

Gott hat es gewährt, dass wir uns heute ein weiteres Mal sehen. Die Bibel erinnert uns daran, dass Gott die Klage seines Volkes hört und auch ich möchte erneut meine Stimme mit der Ihren vereinen: die berühmten „drei T" tierra, techo y trabajo – Grund und Boden, Wohnung und Arbeit für alle unsere Brüder und Schwestern! Das habe ich gesagt und ich wiederhole es: Es sind unantastbare Rechte. Es lohnt sich, es lohnt sich, für sie zu kämpfen. Möge die Klage der Ausgeschlossenen in Lateinamerika und auf der ganzen Erde gehört werden!

1. Zuallererst: Beginnen wir mit der Einsicht, dass wir eine Veränderung brauchen! Damit es keine Missverständnisse gibt, möchte ich klarstellen, dass ich von den gemeinsamen Problemen aller Lateinamerikaner – und generell auch der ganzen Menschheit – spreche. Von Problemen, die globalen Charakter haben und die heute kein Staat im Alleingang lösen kann. Nach dieser Klärung schlage ich vor, dass wir uns folgende Fragen stellen:

Sehen wir allen Ernstes ein, dass etwas nicht in Ordnung ist in einer Welt, in der es so viele Campesinos ohne Grund und Boden, so viele Familien ohne Wohnung, so viele Arbeiter ohne Rechte gibt, so viele Menschen, die in ihrer Würde verletzt sind?

Sehen wir ein, dass etwas nicht in Ordnung ist, wenn so viele sinnlose Kriege ausbrechen und die brudermörderische Gewalt sich sogar unserer Stadtviertel bemächtigt? Sehen wir ein, dass etwas nicht in Ordnung ist, wenn der Boden, das Wasser, die Luft und alle Wesen der Schöpfung einer ständigen Bedrohung ausgesetzt sind?

Wenn wir das also einsehen, sagen wir es ganz unerschrocken: Wir brauchen und wir wollen eine Veränderung.

In Ihren Briefen und in unseren Begegnungen haben Sie mir die vielfältigen Ausschließungen und Ungerechtigkeiten geschildert, die Sie bei jeder Arbeit, in jedem Stadtviertel, in jedem Territorium erleiden. Diese sind so zahlreich und so unterschiedlich, wie Ihre Formen, ihnen entgegenzutreten, zahlreich und unterschiedlich sind. Es gibt jedoch einen unsichtbaren Faden, der alle Ausschließungen miteinander verbindet – sie sind nicht isoliert, sie sind durch einen unsichtbaren Faden miteinander verbunden. Können wir ihn erkennen? Es handelt sich nämlich nicht um diese Einzelprobleme. Ich frage mich, ob wir fähig sind zu erkennen, dass diese zerstörerischen Wirklichkeiten einem System entsprechen, das sich über den ganzen Globus ausgebreitet hat. Erkennen wir, dass dieses System die Logik des Gewinns um jeden Preis durchgesetzt hat, ohne an die soziale Ausschließung oder die Zerstörung der Natur zu denken?

Wenn es so ist, dann beharre ich darauf – sagen wir es unerschrocken –: Wir wollen eine Veränderung, eine wirkliche Veränderung, eine Veränderung der Strukturen. Dieses System ist nicht mehr hinzunehmen; die Campesinos ertragen es nicht, die Arbeiter ertragen es nicht, die Gemeinschaften ertragen es nicht, die Völker ertragen es nicht... Und ebenso wenig erträgt es die Erde, „unsere Schwester, Mutter Erde", wie der heilige Franziskus sagte.

Wir wollen eine Veränderung in unserem Leben, in unseren Wohnvierteln, in der niedrigen Bezahlung, in unserer unmittelbaren Wirklichkeit; auch eine Veränderung, welche die ganze Welt berührt, denn heute verlangt die weltweite Interdependenz globale Antworten auf die lokalen Probleme. Die Globalisierung der Hoffnung, die in den Völkern aufkeimt und unter den Armen wächst, muss an die Stelle der Globalisierung der Ausschließung und der Gleichgültigkeit treten!

Ich möchte heute mit Ihnen über die Veränderung nachdenken, die wir wollen und brauchen. Sie wissen, dass ich vor Kurzem über die Probleme des Klimawandels geschrieben habe. Doch diesmal möchte ich über einen Wandel im anderen Sinn sprechen. Über einen positiven Wandel, eine Veränderung, die uns gut tut, einen „erlösenden" Wandel, könnten wir sagen [cambio redentor; im Spanischen Original ohne Anführungszeichen]. Denn wir brauchen ihn. Ich weiß, dass Sie eine Veränderung suchen, und nicht nur Sie: Bei den verschiedenen Begegnungen, auf den verschiedenen Reisen habe ich festgestellt, dass es in allen Völkern der Welt eine Erwartung gibt, eine starke Suche, ein Sehnen nach Veränderung. Selbst in dieser immer kleineren Minderheit, die glaubt, von diesem System zu profitieren, herrscht die Unzufriedenheit und besonders die Traurigkeit. Viele erhoffen einen Wandel, der sie von dieser individualistischen, versklavenden Traurigkeit befreit.

Die Zeit, Brüder und Schwestern, die Zeit scheint reif. Es reichte nicht, dass wir untereinander gestritten haben, sondern wir wüten sogar gegen unser Haus. Heute gibt die Wissenschaft zu, was die einfachen Leute schon seit langer Zeit anprangern: Dem Ökosystem werden Schäden zugefügt, die vielleicht irreversibel sind. Die Erde, die Völker und die einzelnen Menschen werden auf fast barbarische Weise gezüchtigt. Und hinter so viel Schmerz, so viel Tod und Zerstörung riecht man den Gestank dessen, was Basilius von Cäsarea, einer der ersten Theologen der Kirche, den „Mist des Teufels“ nannte. Das hemmungslose Streben nach Geld, das regiert, das ist der „Mist des Teufels“. Der Dienst am Gemeinwohl wird außer Acht gelassen. Wenn das Kapital sich in einen Götzen verwandelt und die Optionen der Menschen bestimmt, wenn die Geldgier das ganze sozioökonomische System bevormundet, zerrüttet es die Gesellschaft, verwirft es den Menschen, macht ihn zum Sklaven, zerstört die Brüderlichkeit unter den Menschen, bringt Völker gegeneinander auf und gefährdet – wie wir sehen – dieses unser gemeinsames Haus, die Schwester und Mutter Erde.

Ich möchte mich nicht damit aufhalten, die üblen Auswirkungen dieser subtilen Diktatur zu beschreiben; Sie kennen sie. Es reicht auch nicht, die strukturellen Ursachen des augenblicklichen sozialen und ökologischen Dramas aufzuzeigen. Wir leiden unter einem gewissen Übermaß an Diagnose, das uns manchmal in einen wortreichen Pessimismus führt oder dazu, uns am Negativen zu ergötzen. Wenn wir die schwarze Chronik jedes Tages sehen, meinen wir, dass man nichts tun kann, als sich um sich selbst und den kleinen Kreis von Familie und Freunden zu kümmern.

Was kann ich, ein Cartonero, eine Catadora, ein Müllsucher, eine Müllsortiererin angesichts so vieler Probleme tun, wenn ich kaum genug zum Essen verdiene? Was kann ich Handwerker,

Straßenhändler, Fernfahrer, ausgeschlossener Arbeiter tun, wenn ich nicht einmal Arbeitsrechte habe? Was kann ich Bäuerin, ich Indio, ich Fischer tun, wenn ich kaum der Unterwerfung durch die großen Genossenschaften [gemeint sind wahrscheinlich die „großen Konzerne", Anmerkung d. Red.] widerstehen kann? Was kann ich von meinem Elendsviertel, meiner Bruchbude, meinem Dörfchen, meiner Barackensiedlung aus tun, wenn ich täglich diskriminiert und ausgegrenzt werde? Was kann dieser Student, dieser Jugendliche, dieser Vorkämpfer, dieser Missionar tun, der durch die Stadtviertel und die Gegenden läuft mit dem Herzen voller Träume, doch nahezu ohne irgendeine Lösung für seine Probleme? – Sie können viel tun, sie können viel tun! Sie, die Unbedeutendsten, die Ausgebeuteten, die Armen und Ausgeschlossenen können viel und tun viel. Ich wage, Ihnen zu sagen, dass die Zukunft der Menschheit großenteils in Ihren Händen liegt, in Ihren Fähigkeiten, sich zusammenzuschließen und kreative Alternativen zu fördern, im täglichen Streben nach den „drei T" – einverstanden? – (trabajo, techo y tierra – Arbeit, Wohnung, Grund und Boden) und auch in Ihrer Beteiligung als Protagonisten an den großen Wandlungsprozessen, an nationalen Veränderungen, regionalen Veränderungen und weltweiten Veränderungen. Lassen Sie sich nicht einschüchtern!

2. Sie sind Aussäer von Veränderung. Hier in Bolivien habe ich einen Ausdruck gehört, der mir sehr gefällt: „Wandlungsprozess". Die Veränderung, nicht verstanden als etwas, das eines Tages eintreffen wird, weil diese oder jene politische Option sich durchgesetzt hat oder weil diese oder jene soziale Struktur errichtet wurde. Wir haben die schmerzliche Erfahrung gemacht, dass ein Wandel der Strukturen, der nicht mit einer aufrichtigen Umkehr des Verhaltens und des Herzens einhergeht, darauf hinausläuft, früher oder später zu verbürokratisieren, zu verderben und unterzugehen. Man muss das Herz verändern. Darum gefällt mir das Bild des Prozesses so sehr – diese Prozesse, wo die Freude am Aussäen und gelassenen Begießen von etwas, dessen Erblühen

später andere sehen werden, an die Stelle der ängstlichen Sorge tritt, alle verfügbaren Machtbereiche zu besetzen und unmittelbare Ergebnisse zu sehen. Die Option ist, Prozesse in Gang zu setzen, und nicht, Räume zu besetzen (vgl. *Evangelii Gaudium* 223). Jeder von uns ist nicht mehr als ein Teil eines komplexen und vielschichtigen Ganzen, das in wechselseitiger Beeinflussung durch die Zeit geht – Bevölkerungsgruppen, die um Bedeutung ringen, für ein Ziel kämpfen, um in Würde zu leben, um „gut zu leben", würdig: in diesem Sinne.

Sie aus den Volksbewegungen übernehmen die immer gleichen Arbeiten, motiviert durch die Bruderliebe, die sich gegen die soziale Ungerechtigkeit auflehnt. Wenn wir das Gesicht der Leidenden sehen, das Gesicht des bedrohten Campesinos, des ausgeschlossenen Arbeiters, des unterdrückten Ureinwohners, der obdachlosen Familie, des verfolgten Migranten, des arbeitslosen Jugendlichen, des ausgebeuteten Kindes; das Gesicht der Mutter, die ihren Sohn in einer Schießerei verloren hat, weil das Quartier vom Drogenhandel eingenommen war; das Gesicht des Vaters, der seine Tochter verloren hat, weil sie der Sklaverei unterworfen wurde; wenn wir an diese „Gesichter und Namen" denken, zerreißt es uns das Herz vor so viel Leid, und wir sind erschüttert, wir alle sind erschüttert... Denn „wir haben gesehen und gehört" – nicht die kalte Statistik, sondern die Wunden der verletzten Menschheit, unsere Wunden, unser Fleisch. Das ist etwas ganz anderes als das abstrakte Theoretisieren oder die vornehme Entrüstung. Das erschüttert uns, bringt uns in Bewegung, und wir suchen den anderen, um uns gemeinsam zu bewegen. Diese zu gemeinschaftlichem Handeln gewordene Ergriffenheit kann man nicht mit dem Verstand allein begreifen: Sie besitzt ein Mehr an Sinngehalt, das nur die Leute aus dem Volk verstehen und das den wirklichen Volksbewegungen ihre besondere Mystik verleiht.

Sie leben Tag für Tag im Zentrum des menschlichen Unwetters, gleichsam darin eingetaucht. Sie haben mir von Ihren Anliegen erzählt, mich teilhaben lassen an Ihrem Ringen – schon seit der Zeit in Buenos Aires –, und ich danke Ihnen dafür. Sie, liebe Brüder, arbeiten oftmals im Kleinen, im Naheliegenden, in der ungerechten Wirklichkeit, die Ihnen aufgezwungen wurde und mit der Sie sich nicht abfinden, sondern dem götzendienerischen System, das ausschließt, demütigt und tötet, aktiven Widerstand entgegensetzen. Ich habe Sie unermüdlich arbeiten sehen für den Boden und die kleinbäuerliche Landwirtschaft, für Ihre Territorien und Gemeinschaften, für die Achtung der Würde der volksnahen Wirtschaft, für die städtische Eingliederung Ihrer Vororte und Siedlungen, für den Eigenbau von Wohnungen und die Entwicklung einer Infrastruktur der Wohnviertel sowie in vielen gemeinschaftlichen Aktivitäten, die auf die erneute Bekräftigung von etwas so Elementarem und unbestreitbar Notwendigem abzielen wie das Recht auf die „drei T“: tierra, techo, trabajo – Boden, Wohnung und Arbeit.

Diese Verwurzelung im Stadtviertel, im Grund und Boden, im Handwerk, in der Genossenschaft, dieses Sich-Erkennen im Gesicht des anderen, diese Nähe im Alltag mit seinem Elend – denn das existiert, wir haben es – und seinem täglichen Heldentum: all das erlaubt, die Sendung der Liebe zu praktizieren, nicht aufgrund von Ideen und Konzepten, sondern aufgrund der echten Begegnung zwischen Menschen. Wir müssen diese Kultur der Begegnung einführen, denn, was man liebt, sind weder die Konzepte, noch die Ideen – niemand liebt ein Konzept, niemand liebt eine Idee –; man liebt die Menschen. Die Hingabe, die wahre Hingabe geht aus der Liebe hervor, aus der Liebe zu Männern und Frauen, zu Kindern und Alten, zu Volksgruppen und Gemeinschaften... Gesichter – Gesichter und Namen, die das Herz erfüllen. Aus diesen Samen der Hoffnung, die geduldig in den vergessenen Peripherien des Planeten ausgesät werden, aus diesen Sprossen der Zärtlichkeit, die in der Dunkelheit des Ausgeschlossenseins ums Überleben kämpft, werden große Bäume heranwachsen, werden dichte Wälder der Hoffnung entstehen, um diese Welt mit Sauerstoff zu versorgen.

Ich sehe mit Freude, dass Sie im Naheliegenden arbeiten und pflegen, was aufsprosst, zugleich aber in einer weiter reichenden Perspektive die Baumpflanzung schützen. Sie arbeiten in einer Perspektive, die nicht nur den jeweiligen Sektor der Wirklichkeit in Angriff nimmt, den jeder von Ihnen vertritt und in dem er glücklich verwurzelt ist, sondern Sie versuchen auch, die allgemeinen Probleme von Armut, Ungleichheit und Ausschließung von Grund auf zu lösen.

Dafür beglückwünsche ich Sie. Es ist unerlässlich, dass die Völker und die sozialen Organisationen zugleich mit der Einforderung ihrer legitimen Rechte eine menschliche Alternative zur ausschließenden Globalisierung aufbauen. Sie sind Aussäer der Veränderung. Gott gebe Ihnen Mut, er gebe Ihnen Freude, er gebe Ihnen Ausdauer und Leidenschaft, mit dem Säen fortzufahren! Seien Sie gewiss, dass wir früher oder später die Früchte sehen werden. Die Leiter bitte ich: Seien Sie kreativ und verlieren Sie nie die Verwurzelung im Naheliegenden, denn der Vater der Lüge weiß edle Worte anderer für seine Zwecke zu gebrauchen, geistige Moderichtungen zu fördern und ideologische Posen anzunehmen. Wenn Sie aber auf soliden Fundamenten aufbauen, auf den realen Bedürfnissen und der lebendigen Erfahrung Ihrer Brüder und Schwestern – der Campesinos und der Ureinwohner, der ausgeschlossenen Arbeiter und der ausgegrenzten Familien –, dann werden Sie mit Sicherheit nicht fehlgehen.

Die Kirche kann und darf in ihrer Verkündigung des Evangeliums diesem Prozess nicht fern stehen. Viele Priester und Pastoralarbeiter erfüllen eine gewaltige Aufgabe der Begleitung und Förderung der Ausgeschlossenen der ganzen Welt, indem sie – gemeinsam mit Genossenschaften – Unternehmen vorantreiben, Wohnungen bauen und hingebungsvoll in den Bereichen des Gesundheitswesens, des Sports und des Erziehungswesens arbeiten. Ich bin überzeugt, dass die respektvolle Zusammenarbeit mit den Volksbewegungen diese Bemühungen stärken und die Wandlungsprozesse unterstützen kann.

Und halten wir immer die Jungfrau Maria in unserem Herzen gegenwärtig, ein einfaches Mädchen aus einem kleinen, abgelegenen Dorf am Rande eines großen Kaiserreiches, eine obdachlose Mutter, die es verstand, eine Grotte für die Tiere in das Haus Jesu zu verwandeln – mit ein paar Windeln und einem Überschwang an zärtlicher Liebe. Maria ist ein Zeichen der Hoffnung für die Bevölkerungsgruppen, die „Geburtswehen" erleiden, bis die Gerechtigkeit zum Durchbruch kommt. Ich bete zur Jungfrau Maria, die vom bolivianischen Volk so sehr verehrt wird, damit sie ermöglicht, dass diese unsere Begegnung ein Ferment des Wandels sei.

3. Als Letztes möchte ich, dass wir gemeinsam nachdenken über einige wichtige Aufgaben für diesen historischen Moment, denn wir wollen eine positive Veränderung zum Wohl aller unserer Brüder und Schwestern, das ist klar. Wir wollen eine Veränderung, die durch die Zusammenarbeit zwischen den Regierungen, den Volksbewegungen und anderen sozialen Kräften bereichert wird, auch das ist klar. Doch es ist nicht so leicht, den Inhalt der Veränderung, sozusagen das soziale Programm zu bestimmen, das diesen Plan der Geschwisterlichkeit und Gerechtigkeit, die wir erhoffen, widerspiegelt. Das zu bestimmen, ist nicht leicht. In diesem Sinn erwarten Sie bitte kein Rezept von diesem Papst. Weder der Papst noch die Kirche besitzen das Monopol für die Interpretation der sozialen Wirklichkeit und sie haben auch keine Lösungsvorschläge für die gegenwärtigen Probleme. Ich wage zu behaupten, dass es gar kein Rezept gibt. Die Geschichte wird von den aufeinander folgenden Generationen aufgebaut im Rahmen von Völkern, die auf der Suche nach ihrem eigenen Weg sind und die Werte achten, die Gott ihnen ins Herz gelegt hat.

Dennoch möchte ich drei große Aufgaben vorschlagen, die den entscheidenden Beitrag der Gesamtheit der Volksbewegungen erfordern:

3.1. Die erste Aufgabe ist, die Wirtschaft in den Dienst der Völker zu stellen: Die Menschen und die Natur dürfen nicht im

Dienst des Geldes stehen. Wir sagen Nein zu einer Wirtschaft der Ausschließung und der sozialen Ungerechtigkeit, wo das Geld regiert, anstatt zu dienen. Diese Wirtschaft tötet. Diese Wirtschaft schließt aus. Diese Wirtschaft zerstört die Mutter Erde.

Die Wirtschaft dürfte nicht ein Mechanismus zur Anhäufung sein, sondern die geeignete Verwaltung des gemeinsamen Hauses. Das beinhaltet, das Haus sehr bedacht zu pflegen und die Güter angemessen unter allen zu verteilen. Ihr Zweck besteht nicht allein darin, die Nahrung bzw. einen „anständigen Lebensunterhalt" zu sichern. Nicht einmal darin, den Zugang zu den „drei T" zu gewährleisten, für den Sie kämpfen, auch wenn das schon ein großer Schritt wäre. Eine wirklich gemeinschaftliche Wirtschaft – eine christlich inspirierte Wirtschaft, würde ich sagen – muss den Völkern Würde garantieren, „Wohlstand in seinen vielfältigen Aspekten" (vgl. Johannes XXIII., Enzyklika *Mater et Magister* (15. Mai 1961), 3: AAS 53 (1961), 402.). Diese letzte Aussage machte Papst Johannes XXIII. vor fünfzig Jahren. Das schließt die „drei T" ein, aber auch den Zugang zum Bildungs- und Gesundheitswesen, zur Innovation, zu künstlerischen und kulturellen Darbietungen, zum Kommunikationswesen sowie zu Sport und Erholung. Eine gerechte Wirtschaft muss die Bedingungen dafür schaffen, dass jeder Mensch eine Kindheit ohne Entbehrungen genießen, während der Jugend seine Talente entfalten, in den Jahren der Aktivität einer rechtlich gesicherten Arbeit nachgehen und im Alter zu einer würdigen Rente gelangen kann. Es ist eine Wirtschaft, in der der Mensch im Einklang mit der Natur das gesamte System von Produktion und Distribution so gestaltet, dass die Fähigkeiten und die Bedürfnisse jedes Einzelnen einen angemessenen Rahmen im Gemeinwesen finden. Sie – und auch andere Volksgruppen – fassen diese Sehnsucht auf einfache und schöne Weise in dem Ausdruck „gut leben" zusammen, was nicht das Gleiche ist wie „ein angenehmes, sorgenfreies Leben verbringen".

Diese Wirtschaft ist nicht nur wünschenswert und notwendig, sondern sie ist auch möglich. Sie ist weder Utopie noch Fantasie.

Sie ist eine äußerst realistische Perspektive. Wir können sie erreichen. Die in der Welt verfügbaren Ressourcen – eine Frucht der generationsübergreifenden Arbeit der Völker und der Gaben der Schöpfung – sind mehr als ausreichend für die ganzheitliche Entwicklung eines jeden Menschen und des ganzen Menschen. Das Problem ist hingegen ein anderes. Es existiert ein System mit anderen Zielen. Ein System, das die Produktionsrhythmen in unverantwortlicher Weise beschleunigt, das Methoden in Industrie und Landwirtschaft einführt, die um der „Produktivität" willen die Mutter Erde schädigen, und außerdem weiterhin Milliarden unserer Brüder und Schwestern die elementarsten wirtschaftlichen, sozialen und kulturellen Rechte verweigert. Dieses System verstößt gegen den Plan Jesu, gegen die Frohe Botschaft, die er brachte.

Die gerechte Verteilung der Früchte der Erde und der menschlichen Arbeit ist keine bloße Philanthropie. Es ist eine moralische Pflicht. Für die Christen ist die Verpflichtung noch stärker: Es ist ein Gebot. Es geht darum, den Armen und den Völkern das zurückzugeben, was ihnen gehört. Die universale Bestimmung der Güter ist nicht eine wortgewandte Ausschmückung der Soziallehre der Kirche. Es ist eine Wirklichkeit, die dem Privateigentum vorausgeht. Der Besitz – ganz besonders wenn er die natürlichen Ressourcen betrifft – muss immer den Bedürfnissen der Völker zugeordnet sein. Und diese Bedürfnisse beschränken sich nicht auf den Konsum. Es reicht nicht, ein paar Tropfen fallen zu lassen, wenn die Armen diesen Becher schütteln, der niemals von sich aus etwas ausgießt. Die Hilfspläne, die gewisse Dringlichkeiten versorgen, müssten nur als vorübergehende, gelegentliche Antworten gedacht werden. Niemals könnten sie die wahre Einbeziehung ersetzen: die, welche die würdige, freie, kreative, beteiligte und solidarische Arbeit gibt.

Und auf diesem Weg spielen die Volksbewegungen eine wesentliche Rolle, nicht nur indem sie fordern und anmahnen, sondern grundsätzlich, indem sie schöpferisch tätig sind. Sie sind soziale Poeten: Arbeitsbeschaffer, Wohnungsbauer, Lebensmittelproduzenten – vor allem für diejenigen, die vom Weltmarkt ausgeschlossen sind.

Ich habe aus der Nähe verschiedene Experimente kennen gelernt, in denen es den in Genossenschaften und anderen gemeinschaftlichen Organisationen zusammengeschlossenen Arbeitern gelungen ist, Arbeit zu schaffen, wo es nur Abfälle der götzendienerischen Wirtschaft gab. Und ich habe gesehen, dass einige von ihnen hier sind. Die sanierten Unternehmen, die kleinen freien Märkte und die Kooperativen der Cartoneros sind Beispiele dieser volksnahen Wirtschaft, die aus der Ausschließung hervorgeht und allmählich, mit Einsatz und Geduld, solidarische Formen annimmt, die ihr Würde verleihen. Welch ein Unterschied dazu, dass die Ausgeschlossenen durch den offiziellen Markt wie Sklaven ausgebeutet werden!

Die Regierungen, die sich die Aufgabe zu Eigen machen, die Wirtschaft in den Dienst des Volkes zu stellen, müssen die Stärkung, die Verbesserung, die Koordinierung und die Ausbreitung dieser Formen von volksnaher Wirtschaft und Gemeinschaftsproduktion fördern. Das beinhaltet, die Arbeitsprozesse zu verbessern, für eine geeignete Infrastruktur zu sorgen und den Arbeitern dieses alternativen Sektors volle Rechte zu garantieren. Wenn Staat und soziale Organisationen gemeinsam die Aufgabe der „drei T“ übernehmen, kommen die Grundsätze von Solidarität und Subsidiarität zum Tragen und ermöglichen, das Gemeinwohl in einer vollkommenen und partizipativen Demokratie aufzubauen.

3.2. Die zweite Aufgabe ist, unsere Völker auf dem Weg des Friedens und der Gerechtigkeit zu vereinen.

Die Völker der Welt wollen ihr Schicksal selbst bestimmen. Sie wollen in Frieden ihren Weg zur Gerechtigkeit gehen. Sie wollen weder Bevormundung noch Einmischung, wo der Stärkere den Schwächeren unterordnet. Sie wollen, dass ihre Kultur, ihre Sprache, ihre gesellschaftlichen Prozesse und ihre religiösen Traditionen respektiert werden. Keine faktische oder konstituierte Macht hat das Recht, den armen Ländern die volle Ausübung ihrer Souveränität abzuerkennen und wenn es dennoch geschieht, sehen wir neue Formen von Kolonialismus, welche die Möglichkeiten zu Frieden und Gerechtigkeit ernsthaft schädigen, denn „Grundlagen des Friedens sind nicht nur die Achtung der Menschenrechte, sondern auch der Respekt vor den Rechten der Völker, insbesondere dem Recht auf Unabhängigkeit" (Päpstlicher Rat für Gerechtigkeit und Frieden, Kompendium der Soziallehre der Kirche, 157).

Die Völker Lateinamerikas haben ihre politische Unabhängigkeit unter Schmerzen geboren und seitdem fast zwei Jahrhunderte einer dramatischen Geschichte voller Widersprüche erlebt, in dem Versuch, die volle Unabhängigkeit zu erlangen.

Nach vielen Unstimmigkeiten konnten in diesen letzten Jahren zahlreiche lateinamerikanische Länder eine Zunahme an Geschwisterlichkeit unter ihren Völkern beobachten. Die Regierungen der Region haben ihre Kräfte vereint, um dafür zu sorgen, dass ihre Souveränität respektiert wird, und zwar die eines jeden Landes und die der Region im Ganzen, die sie – wie einst unsere Väter – mit dem schönen Namen die „Große Heimat" bezeichnen. Ich bitte Sie, liebe Brüder und Schwestern aus den Volksbewegungen, diese Einheit zu hüten und auszubauen. Angesichts aller Spaltungsversuche ist es notwendig, die Einheit zu bewahren, damit die Region in Frieden und Gerechtigkeit wächst.

Trotz dieser Fortschritte gibt es immer noch Faktoren, die diese gerechte menschliche Entwicklung untergraben und die Souveränität der Länder der „Großen Heimat" und anderer Regionen einschränken. Der neue Kolonialismus nimmt unterschiedliche Gestalten an. Manchmal ist es die anonyme Macht des Götzen Geld: Körperschaften [hier sind wieder die Konzerne gemeint, Anmerkung der Redaktion], Kreditvermittler, einige sogenannte „Freihandelsabkommen" und die Auferlegung von „Sparmaßnahmen", die immer den Gürtel der Arbeiter und der Armen enger schnallen. Wir lateinamerikanischen Bischöfe prangern das im Dokument von Aparecida in aller Deutlichkeit an, wenn es heißt:

„Finanzinstitutionen und transnationale Konzerne entwickeln eine solche Macht, dass sie sich die jeweilige lokale Wirtschaft untertan machen, vor allem aber die Staaten schwächen, die kaum noch die Macht haben, Entwicklungsprojekte zugunsten ihrer Bevölkerungen voranzubringen“ (V. Generalversammlung des Episkopats von Lateinamerika und der Karibik, Dokument von Aparecida (29. Juni 2007, 66). In anderen Fällen sehen wir, dass unter dem edlen Mantel des Kampfes gegen Korruption, Drogenhandel und Terrorismus – schwerwiegende Übel unserer Zeiten, die ein koordiniertes internationales Eingreifen erfordern – den Staaten Maßnahmen auferlegt werden, die wenig mit der Lösung dieser Problemkreise zu tun haben und oftmals die Dinge verschlimmern.

In gleicher Weise ist die monopolistische Konzentration der sozialen Kommunikationsmittel, die entfremdende Konsummodelle und eine gewisse kulturelle Uniformität durchzusetzen versucht, eine weitere Gestalt, die der neue Kolonialismus annimmt. Es ist der ideologische Kolonialismus. Wie die Bischöfe von Afrika sagen, wird oft versucht, die armen Länder zu „Rädern eines Mechanismus, zu Teilen einer gewaltigen Maschinerie“ (Johannes Paul II., Nachsynodales Apostolisches Schreiben *Ecclesia in Africa* [14. September 1995], 52: AAS 88 [1996], 32-33; Ders., Enzyklika *Sollicitudo rei socialis* [30. Dezember 1987], 22: AAS 80 [1988], 539) zu machen.

Man muss erkennen, dass keines der schweren Probleme der Menschheit gelöst werden kann ohne Interaktion zwischen den Staaten und Völkern auf internationaler Ebene. Jede Handlung von einer gewissen Tragweite, die in einem Teil des Planeten durchgeführt wird, wirkt sich in wirtschaftlichem, ökologischem, sozialem und kulturellem Sinn auf das Ganze aus. Sogar das Verbrechen und die Gewalt haben sich globalisiert. Deshalb kann sich keine Regierung bei ihrem Handeln einer allgemeinen Verantwortung entziehen. Wenn wir wirklich eine positive Veränderung wollen, müssen wir demütig unsere wechselseitige Abhängigkeit akzeptieren, das heißt unsere heilsame wechselseitige Abhängigkeit. Interaktion ist aber nicht gleichbedeutend mit Auferlegung, es ist keine Unterordnung der einen zugunsten der Interessen der anderen. Der neue wie der alte Kolonialismus, der die armen Länder zu bloßen Rohstofflieferanten und Zulieferern kostengünstiger Arbeit herabwürdigt, erzeugt Gewalt, Elend, Zwangsmigrationen und all die Übel, die wir vor Augen haben... und zwar aus dem einfachen Grund, weil er dadurch, dass er die Peripherie vom Zentrum abhängig macht, ihr das Recht auf eine ganzheitliche Entwicklung verweigert. Und das, liebe Brüder und Schwestern, ist soziale Ungerechtigkeit, und die erzeugt eine Gewalt, die weder mit polizeilichen noch mit militärischen oder geheimdienstlichen Mitteln aufgehalten werden kann.

Wir sagen also Nein zu den alten und neuen Formen der Kolonialisierung. Wir sagen Ja zur Begegnung von Völkern und Kulturen. Selig, die für den Frieden arbeiten.

Und hier möchte ich bei einem wichtigen Thema innehalten. Es könnte nämlich jemand mit Recht sagen: „Wenn der Papst von Kolonialismus redet, vergisst er gewisse Handlungen der Kirche." Ich sage Ihnen mit Bedauern: Im Namen Gottes sind viele und schwere Sünden gegen die Ureinwohner Amerikas begangen worden. Das haben meine Vorgänger eingestanden, das hat der CELAM, der Lateinamerikanische Bischofsrat, gesagt, und auch ich möchte es sagen. Wie Johannes Paul II. bitte ich, dass die Kirche – ich zitiere – „vor Gott niederkniet und von ihm Vergebung für die Sünden ihrer Kinder aus Vergangenheit und Gegenwart erfleht" (Verkündigungsbulle des Großen Jubiläums des Jahres 2000 *Incarnationis mysterium* [29. November 1998], 11: AAS 91 [1999], 140). Ich will Ihnen sagen – und ich möchte dabei ganz freimütig sein, wie es der heilige Johannes Paul II. war –: Ich bitte demütig um Vergebung, nicht nur für die von der eigenen Kirche begangenen Sünden, sondern für die Verbrechen gegen die Urbevölkerungen während der sogenannten Eroberung Amerikas. Gemeinsam mit dieser Bitte um Vergebung möchte ich, um gerecht zu sein, auch, dass wir uns an Tausende von Priestern und Bischöfen erinnern, die sich mit der Kraft des Kreuzes entschieden der Logik des Schwertes widersetzt haben. Es gab Sünde, es gab sie, und zwar reichlich, wir aber haben nicht um Vergebung gebeten, und deshalb bitten wir um Vergebung, bitte ich um Vergebung. Doch auch dort, wo es Sünde gab, wo es reichlich Sünde gab, ist die Gnade überreich geworden (vgl. Röm 5,20) durch diese Männer, die das Recht der Urbevölkerungen verteidigt haben.

Ich bitte auch Sie alle – Gläubige und Nichtgläubige –, sich an die vielen Bischöfe, Priester und Laien zu erinnern, welche die Frohe Botschaft Jesu mutig und sanftmütig, respektvoll und friedlich verkündet haben und verkünden. Und da ich die Bischöfe, Priester und Laien erwähnt habe, möchte ich nicht die Ordensschwestern vergessen, die anonym durch unsere Armenviertel gehen und eine Botschaft des Friedens und des Guten bringen. Sie alle haben auf ihrem Weg durch dieses Leben bewegende Werke der menschlichen Förderung und der Liebe hinterlassen, oft gemeinsam mit den einheimischen Bevölkerungen oder indem sie deren Volksbewegungen begleiteten, sogar bis zum Martyrium. Die Kirche, ihre Söhne und Töchter, sind ein Teil der Identität der Völker Lateinamerikas – einer Identität, die einige Mächte hier wie in anderen Ländern unbedingt auslöschen wollen, manchmal weil unser Glaube revolutionär ist, weil unser Glaube der Tyrannei des Götzen Geld die Stirn bietet. Heute sehen wir mit Grauen, wie im Nahen Osten oder an anderen Orten der Welt viele unserer Brüder und Schwestern um ihres Glaubens an Jesus willen verfolgt, gefoltert und ermordet werden. Und wir müssen es auch anprangern: In diesem dritten Weltkrieg „in Raten", den wir erleben, ist – drastisch gesprochen – eine Art Völkermord im Gange, der aufhören muss.

Lassen Sie mich den Brüdern und Schwestern der lateinamerikanischen Eingeborenenbewegung meine zutiefst empfundene Zuneigung ausdrücken und sie beglückwünschen zu ihrem Versuch, ihre Völker und Kulturen zu vereinen. Diese Vereinigung von Völkern und Kulturen ist das, was ich gerne „Polyeder" nenne: eine Form des Zusammenlebens, in der die einzelnen Teile ihre Identität bewahren und gemeinsam eine Pluralität aufbauen, welche die Einheit nicht gefährdet, sondern stärkt. Ihre Suche nach diesem Miteinander in der Multikulturalität, welche die erneute Bekräftigung der Rechte der Urbevölkerungen mit der Achtung gegenüber der territorialen Ungeteiltheit der Staaten verbindet, bereichert und stärkt uns alle.

3.3 Und die dritte, vielleicht wichtigste Aufgabe, die wir übernehmen müssen, ist die Verteidigung der Mutter Erde.

Unser aller gemeinsames Haus wird ungestraft ausgeplündert, verwüstet und misshandelt. Die Feigheit bei ihrer Verteidigung ist eine schwere Sünde. Mit zunehmender Enttäuschung sehen wir, wie ein internationales Gipfeltreffen dem anderen folgt ohne irgendein bedeutendes Ergebnis. Es gibt ein klares, definitives und unaufschiebbares ethisches Gebot zu handeln, das nicht befolgt wird. Man darf nicht zulassen, dass gewisse Interessen – die globalen aber nicht universalen Charakters sind – sich durchsetzen, die Staaten und die internationalen Organisationen unterwerfen und fortfahren, die Schöpfung zu zerstören. Die Völker und ihre Bewegungen sind berufen, ihre Stimme zu erheben, sich zu mobilisieren und friedlich, aber hartnäckig zu fordern, dass unverzüglich geeignete Maßnahmen ergriffen werden. Ich bitte Sie im Namen Gottes, die Mutter Erde zu verteidigen. Zu diesem Thema habe ich mich in der Enzyklika Laudato si‘ gebührend geäußert, die Ihnen, glaube ich, am Ende überreicht wird.

4. Zum Schluss möchte ich Ihnen noch einmal sagen: Die Zukunft der Menschheit liegt nicht allein in den Händen der großen Verantwortungsträger, der bedeutenden Mächte und der Eliten. Sie liegt grundsätzlich in den Händen der Völker; in ihrer Organisationsfähigkeit und auch in ihren Händen, die in Demut und mit Überzeugung diesen Wandlungsprozess „begießen“. Ich begleite Sie. Und wiederholen wir, ein jeder in seinem Herzen: keine Familie ohne Wohnung, kein Campesino ohne Grund und Boden, kein Arbeiter ohne Rechte, kein Volk ohne Souveränität, kein Mensch

ohne Würde, kein Kind ohne Kindheit, kein Jugendlicher ohne Möglichkeiten, kein alter Mensch ohne ein ehrwürdiges Alter. Fahren Sie fort in Ihrem Kampf und, bitte, sorgen Sie sehr für die Mutter Erde! Glauben Sie mir, ich sage es Ihnen aus ehrlichem Herzen: Ich bete für Sie, ich bete mit Ihnen, und ich möchte Gott, unseren Vater, bitten, Sie zu begleiten und zu segnen, Sie mit seiner Liebe zu erfüllen und auf Ihrem Weg zu verteidigen, indem er Ihnen reichlich jene Kraft verleiht, die uns auf den Beinen hält: Diese Kraft ist die Hoffnung. Und ganz wichtig: Die Hoffnung enttäuscht nicht. Und bitte beten Sie für mich! Und wenn jemand von Ihnen nicht beten kann, dann bitte ich ihn – mit allem Respekt –, dass er gut an mich denkt und mir eine „gute Welle" sendet. Danke.

Quelle: http://w2.vatican.va/content/francesco/de/speeches/2015/july/documents/papa-francesco_20150709_bolivia-movimenti-popolari.html.

V.) Vorschläge für weltverändernde Aktionen, die wir, die Sozialen Bewegungen der Welt, im Dialog mit Papst Franziskus entwickelt haben, 2016

Die vom System Ausgeschlossenen, Männer und Frauen, die sich auf diesem III. weltweiten Treffen der Sozialen Bewegungen getroffen haben, erklären, dass der gemeinsame und strukturelle Grund der sozialen Krise und der Umweltkrise die Tyrannei des Geldes, d.h. das herrschende kapitalistische System und eine Ideologie, die die menschliche Würde nicht akzeptiert, ist.

Wir tragen eine historische, eine soziale, eine ökonomische, eine politische und eine Schuld der Umwelt gegenüber, die beglichen werden muss. Dazu haben wir gemeinsam hunderte von Vorschlägen formuliert, die aus den zehn Verpflichtungen unseres Treffens in Santa Cruz de la Sierra 2015 hervorgegangen sind. Alle sind wichtig, aber anlässlich dieser Erklärung bekräftigen wir:

1.) Wir wollen an Bertha Cáceres erinnern, Wortführerin bei unserem ersten Treffen, die ermordet wurde, weil sie für Veränderungen eingetreten ist. Wir fordern das Ende der Verfolgung aller Kämpferinnen unserer Bewegungen. Wir, die Völker, verteidigen das Recht auf Frieden, der in sozialer Gerechtigkeit gründet.

2.) Im Hinblick auf eine partizipative und volle Demokratie schlagen wir vor, institutionelle Mechanismen voranzutreiben, die einen tatsächlichen Zugang der sozialen Bewegungen, der originären Gemeinschaften und der Völker zu politischen und ökonomischen Entscheidungen garantieren.

3.) Im Hinblick auf die universelle Bestimmung der Naturgüter weisen wir die Privatisierung des Wassers zurück und fordern, dass es – auf der Linie der Erklärung der Vereinten Nationen - als gemeinsamer Besitz aller verstanden wird, damit niemand des Zugangs zu diesem elementaren Recht beraubt werde.

4.) Im Hinblick auf eine integrale und allgemeine Landreform schlagen wir vor, die Patentierung und genetische Manipulation aller Formen des Lebens, insbesondere von Samen, zu verbieten. Wir beharren auf der Verteidigung der Ernährungssouveränität und des Menschenrechts auf eine gesunde Ernährung ohne Pestizide, um so die großen Ernährungsprobleme lösen zu können, unter denen Milliarden von Menschen leiden.
5.) Im Hinblick auf gerechte Arbeitsreformen, die den vollständigen Zugang zu menschenwürdiger Arbeit garantieren, schlagen wir ein universelles Grundeinkommen für alle ArbeiterInnen vor, egal ob im privaten, öffentlichen oder informellen (i.O.: popularen) Sektor.
6.) Bezüglich einer integralen Stadtreform, die den Zugang zu menschenwürdigem Wohnen und Lebensraum garantiert, schlagen wir die Unverletzlichkeit familiären Wohnraums vor, um Zwangsräumungen abzuschaffen, die Familien zu Obdachlosen macht.
7.) Um Brücken zwischen den Völkern zu bauen, schlagen wir ein universelles Bürgerrecht vor, das, ohne die kulturellen Identitäten zu verleugnen, die Mauern des Ausschlusses und der Fremdenfeindlichkeit einreißt, um die menschenwürdig aufzunehmen, die sich gezwungen sehen, ihren Herkunftsort zu verlassen.

Wir wollen gemeinsam mit Franziskus daran arbeiten, dass diese Vorschläge tatsächlich effektiv verwirklicht werden, als einklagbare Rechte, die auf lokaler, nationaler und internationaler Ebene respektiert werden. Wir ermuntern die lokalen Kirchen, die Botschaften des Papstes Wirklichkeit werden zu lassen.

Übersetzung aus dem Spanischen: Michael Ramminger

Quelle: http://movimientospopulares.org/propuestas-de-accion-transformadora-que-asumimos-los-movimientos-populares-del-mundo-en-dialogo-con-el-papa-francisco/

VI.) Ansprache von Papst Franziskus an die zum Dritten Welttreffen der Sozialen Bewegungen Versammelten, Aula Paul VI., Rom, 05.11.2016

Brüder und Schwestern, guten Tag.
Bei diesem dritten Treffen bringen wir wieder den gleichen Durst zum Ausdruck, den Durst nach Gerechtigkeit, den gleichen Schrei nach Landbesitz, Obdach und Arbeit für alle. Ich danke den Delegierten, die von den Rändern der städtischen, ländlichen und industriellen Regionen aus den fünf Kontinenten gekommen sind, aus mehr als 60 Ländern, um wieder zu erörtern, wie diese Rechte zu verteidigen sind, die uns zusammenrufen.

Dank an die Bischöfe, die euch begleiten. Dank auch an die Tausenden von Italienern und Europäern, die sich am Ende dieses Treffens mit uns verbünden. Dank an die im gesellschaftlichen Leben tätigen Beobachter und Jugendlichen, die aufmerksam zuhören und lernen wollten. Wieviel Hoffnung setze ich in die jungen Leute! Ich danke auch Ihnen, Herr Kardinal Turkson, für die Arbeit, die Sie im Dikasterium getan haben. Außerdem möchte ich den Beitrag des ehemaligen uruguayischen Präsidenten José Mujica nicht vergessen, der ebenfalls anwesend ist.

Bei unserem letzten Treffen in Bolivien, bei dem die meisten aus Lateinamerika stammten, sprachen wir über die Notwendigkeit von Veränderungen, damit die Würde des Lebens geachtet werde, eine Veränderung von Strukturen; auch darüber, wie Sie, die Bewegungen des einfachen Volkes, diese Änderungen vorantreiben, Promotoren eines Prozesses sein können, in dem Millionen von großen und kleinen Aktionen kreativ miteinander verbunden zusammenlaufen können, wie in der Poesie. Deshalb hatte ich Sie als „gesellschaftliche Poeten“ bezeichnet. Auch haben wir einige wesentliche Aufgaben aufgelistet, um den Weg zu einer humanen Alternative gegenüber der Globalisierung von

Gleichgültigkeit zu finden: 1. die Wirtschaft in den Dienst der Menschen stellen; 2. Frieden und Gerechtigkeit aufbauen; 3. die Mutter Erde schützen.

Damals haben eine Cartonera und ein Landarbeiter die Schlussfolgerungen vorgetragen, die zehn Punkte von Santa Cruz de la Sierra. Darin war das Wort Veränderung bedeutungsschwer beladen, mit grundlegenden Forderungen verknüpft, für die ihr euch einsetztet: menschenwürdige Arbeit für alle aus dem Arbeitsmarkt Ausgeschlossenen; Land für Bauern und indigene Völkern; Wohnungen für obdachlose Familien; Stadtentwicklung für die Elendsviertel; Beseitigung von Diskriminierung, von Gewalt gegen Frauen und von neuen Formen der Sklaverei; Beendigung von Kriegen, organisierter Kriminalität und Repression; Meinungsfreiheit und demokratische Massenmedien; Wissenschaft und Technologie im Dienste der Menschen.

Wir haben auch gehört, dass ihr vereinbart habt, euer Leben so zu gestalten, dass dadurch der Konsumismus zurückgedrängt und stattdessen die grundlegenden Werte von Solidarität, gegenseitiger Liebe und Respekt vor der Natur wiederhergestellt werden. Damit reklamiert ihr das Glück „gut zu leben" („vivir bien"), das „gute Leben" statt des egoistischen Ideals, das die Worte betrügerisch verdreht, wenn es davon redet, „ein schönes Leben" zu haben.

Wir alle hier sind Menschen verschiedener Herkunft, Überzeugungen und Vorstellungen. Vielleicht können wir uns nicht in allem einig sein. Sicherlich denken wir über viele Dinge unterschiedlich, aber in den genannten Punkten stimmen wir überein. Ich habe auch von Treffen und Workshops erfahren, die in verschiedenen Ländern stattfanden, wo ihr die Debatten mit der konkreten Realität jeder Gemeinschaft erweitert habt.

Das ist sehr wichtig, weil die echten Lösungen für die aktuellen Probleme nicht von einer, von drei oder von tausend Konferenzen hervorgebracht werden. Sie müssen vielmehr das Ergebnis einer kollektiv erarbeiteten Einsicht sein, die zusammen mit den Geschwistern in den jeweiligen Lebensbereichen heranreift, eine

Einsicht, die je „nach Ort, Zeit und Menschen", wie St. Ignatius sagen würde, verändernde Wirkungen entfaltet.

Andernfalls riskieren wir Abstraktionen von „bestimmten plakativen Allgemeinbegriffen (Slogans), die schöne Worte sind, das Leben unserer Gemeinschaften jedoch nicht stützen können" (Brief an den Präsidenten der Päpstlichen Kommission für Lateinamerika, 19. März 2016).

Der globalisierende ideologische Kolonialismus sucht vermeintlich kulturunabhängige Rezepte zu diktieren, welche die Identität der Völker nicht respektieren. Ihr wählt andere Methoden, die zugleich lokal und universal sind. Eine solche Ausrichtung erinnert mich an die Methode Jesu, der darum bat, die Menschenmenge in Gruppen zu fünfzig zu organisieren, um das Brot zu teilen (vgl. Homilie am Fest Fronleichnam Buenos Aires, 12. Juni 2004).

Gerade haben wir das Video gesehen, in dem ihr gewissermaßen die Beschlüsse dieses dritten Treffens vorstellt. Wir haben eure Gesichter gesehen, als ihr darüber debattiertet, wie man „der Ungleichheit, die Gewalt hervorbringt" entgegentreten kann. So viele Ideen, so viel Kreativität, so viel Hoffnung in euren Worten, wiewohl ihr doch vielleicht bei weitem mehr Gründe hättet, Klagelieder anzustimmen, in Konflikten gefangen zu bleiben, der Versuchung zur Schwarzseherei zu verfallen.

Aber ihr schaut nach vorn, denkt nach, diskutiert, macht Vorschläge und handelt. Ich gratuliere euch, bin mit euch auf dem Weg und bitte euch, setzt euch weiter ein und geht voran. Das gibt mir Kraft, das gibt uns Kraft. Ich glaube, dass unser Dialog sich mit dem Einsatz so vieler Millionen, die täglich weltweit für Gerechtigkeit arbeiten, verbündet und Wurzeln schlägt.

Jetzt möchte ich einige besondere Themen aufgreifen, die ich von euch aufgenommen habe, die mich zum Nachdenken brachten und die ich euch in diesem Moment zurückgeben möchte:

Erstens: Terror und Mauern
Das alles keimt jedoch erst langsam heran, braucht – wie jeder Reifungsprozess – seine Zeit und wird zugleich durch die Geschwindigkeit eines destruktiven Mechanismus bedroht, der in gegenläufiger Richtung operiert. Starke Kräfte können diesen Reifungsprozess neutralisieren, der eine Veränderung bewirken soll, damit nicht mehr der Primat des Geldes gilt, sondern der Mensch wieder im Mittelpunkt steht. Jener „unsichtbare Faden", von dem wir in Bolivien gesprochen haben, jene ungerechte Struktur, die all die verschiedenen Ausschlussformen, unter denen ihr leidet, miteinander verbindet, kann sich verhärten und zu einer Peitsche werden, zu einer existenziellen Peitsche, die – wie im Ägypten des Alten Testaments – versklavt, der Freiheit beraubt, die einen gnadenlos schlägt und für andere zu einer ständigen Bedrohung wird, damit alle sich wie das Vieh dahin treiben lassen, wohin das vergöttlichte Geld sie haben will.

Wer also regiert? Das Geld! Wie regiert es? Mit der Peitsche von Angst, von Ungleichheit, von wirtschaftlicher, gesellschaftlicher, kultureller und militärischer Gewalt, die in einer niemals endenden Abwärtsspirale immer mehr Gewalt erzeugt. Wie viel Leid, wie viel Angst! Vor kurzem habe ich bereits gesagt, es gibt einen grundlegenden Terrorismus. Er geht hervor aus der globalen Kontrolle, die das Geld über die Erde ausübt und die ganze Menschheit in Gefahr bringt. Dieser Terrorismus ist der Grund für die daraus erwachsenden Formen des Terrorismus wie der Narko-Terrorismus, der Staatsterrorismus und für das, was manche fälschlicherweise ethnischen oder religiösen Terrorismus nennen. Kein Volk, keine Religion ist terroristisch. Zwar gibt es überall kleine fundamentalistische Gruppen. Aber der erste Terrorismus ist dies: „Du hast das Wunder der Schöpfung vertrieben, den Mann und die Frau, und hast das Geld an seine Stelle gesetzt." (Pressekonferenz auf dem Rückflug von der Apostolischen Reise nach Polen, 31. Juli 2016). Das System ist terroristisch.

Vor fast hundert Jahren sah Pius XI. voraus, dass sich allmählich eine globale Wirtschaftsdiktatur herausbildet, die er als „Imperialismus des internationalen Finanzkapitals“ bezeichnet hat (Enzyklika *Quadragesimo Anno*, 15. Mai 1931, 109). Die Aula, in der wir hier zusammen sind, wird „Paolo VI“ genannt. Und Paul VI. hat vor fast 50 Jahren die „neue missbräuchliche Form einer wirtschaftlichen Diktatur im sozialen, kulturellen und sogar politischen Bereich“ beklagt (Apostolischer Brief *Octogesima adveniens*, 14. Mai 1971, Nr. 44). Diese Worte meiner Vorgänger, die die Zukunft vorausahnten, sind hart, aber zutreffend. Die Kirche und die Propheten haben schon vor Jahrtausenden gesagt, was heute so schockiert, wenn der Papst es in einer Zeit wiederholt, in der das alles noch nie da gewesene Ausmaße erreicht hat. Die gesamte Soziallehre der Kirche und die lehramtlichen Äußerungen meiner Vorgänger rebellieren gegen den Götzen Geld, der statt der Menschheit zu dienen über sie herrscht, sie tyrannisiert und terrorisiert.

Keine Tyrannei kann sich halten, ohne unsere Ängste auszunutzen. Daher wird alle Tyrannei terroristisch. Sobald der Terror, der in den Peripherien mit Massakern, Plünderungen, Unterdrückung und Ungerechtigkeit gesät wurde, in den Zentren durch verschiedene Formen von Gewalt explodiert, sogar durch abscheuliche, feige Attentate, verfallen die Bürger, die sich immer noch einige Rechte bewahrt haben, der Versuchung, sich fälschlicherweise durch physische oder gesellschaftliche Mauern abzusichern. Die Mauern schließen die einen ein und verbannen andere. Auf der einen Seite eingemauerte, erschrockene Bürger; auf der anderen Ausgeschlossene, Verbannte, noch Verschrecktere. Will Gott, unser Vater, ein solches Leben für seine Kinder?

Die Angst wird geschürt, manipuliert ... Denn die Angst ist nicht nur ein gutes Geschäft für die Händler von Waffen und Tod, sie schwächt uns, sie wirft uns aus der Bahn, sie untergräbt unseren psychischen und spirituellen Schutz, sie macht uns unempfindlich gegenüber fremdem Leid und schließlich grausam. Sobald wir erfahren, dass man den Tod eines jungen Mannes feiert, der vielleicht den Weg verfehlt hatte, sobald wir erkennen, dass der Krieg dem Frieden vorgezogen wird, sobald wir beobachten, dass Fremdenfeindlichkeit sich ausbreitet, sobald wir feststellen, dass intolerante Pläne an Boden gewinnen; dann verbirgt sich hinter dieser scheinbar massiv sich ausbreitenden Grausamkeit der kalte Hauch der Angst. Ich bitte darum, dass wir für alle jene beten, die Angst haben, dass wir Gott darum bitten, ihnen Mut zu geben und in diesem Jahr der Barmherzigkeit unsere Herzen zu erweichen. Barmherzigkeit ist nicht einfach, nicht leicht ... sie erfordert Mut. Daher sagt Jesus uns: „Fürchtet euch nicht" (Mt 14,27), denn Barmherzigkeit ist das beste Gegenmittel gegen die Angst. Es ist viel besser als alle antidepressiven oder angstlösenden Medikamente. Viel wirksamer als Mauern, Gitter, Alarmanlagen und Waffen. Und es gibt sie umsonst: sie ist ein Geschenk Gottes.

Liebe Brüder und Schwestern, alle Mauern fallen. Lassen wir uns nicht täuschen. Ihr habt selbst gesagt: „Wir wollen weiter daran arbeiten, Brücken zwischen den Völkern zu bauen, Brücken, die es uns erlauben, die Mauern von Ausgrenzung und Ausbeutung zu überwinden" (Schlussdokument des Zweiten Welttreffens der Volksbewegungen, 11. Juli 2015 Sta. Cruz de la Sierra, Bolivien). Wir wollen uns dem Terror mit Liebe entgegenstellen.

Der zweite Punkt, den ich behandeln will: Liebe und Brücken

An einem Tag wie heute, an einem Sabbat, hat Jesus, wie das Evangelium erzählt, zwei Dinge getan, durch die der Komplott, ihn umzubringen, beschleunigt wurde. Er ging mit seinen Jüngern durch ein Kornfeld. Die Jünger waren hungrig und aßen von den Ähren. Über den „Eigentümer" des Feldes wird nichts gesagt... Dahinter steht die universelle Bestimmung aller Güter. Es ist wahr: Angesichts des Hungers hat für Jesus die Würde der Kinder Gottes Priorität gegenüber einer formalistischen, angepassten und interessebedingten Interpretation der Normen. Als die Gesetzeslehrer sich in heuchlerischer Empörung beklagten, erinnerte Jesus sie daran, dass Gott Liebe will und nicht Opfer, und klärte sie darüber auf, dass der Sabbat für den Menschen und nicht der Mensch für den Sabbat da ist (vgl. Mk 2,27). Er konfrontierte das heuchlerische, selbstgenügsame Denken mit der demütigen Intelligenz des Herzens (vgl. Homilie, Erster Kongress zur Evangelisierung der Kultur, Buenos Aires, 3. November 2006), die dem Menschen immer den Vorrang einräumt und jene Logiken ablehnt, welche die Freiheit des Menschen zu leben, zu lieben und anderen zu dienen untergraben.

Und etwas später am selben Tag beging Jesus eine noch „schlimmere" Tat, welche die Heuchler und Arroganten noch stärker ärgerte. Denn sie stellten ihm nach, weil sie einen Vorwand suchten, ihn festzunehmen. Er heilte die verdorrte Hand eines Mannes. Die Hand, das Symbol harter und starker Arbeit. Jesus gab dem Mann die Fähigkeit zurück, wieder arbeiten zu können, und stellte dadurch seine Würde wieder her. Wie viele verdorrte Hände gibt es, wie viele Menschen sind der Würde der Arbeit beraubt, weil die Heuchler sich ihrer Heilung widersetzen, um ihre ungerechten Systeme aufrechterhalten zu können. Manchmal denke ich, dass Ihr tut, was Jesus tat, wenn Ihr, die organisierten Armen, ihre eigenen Arbeitsplätze erfinden dadurch, dass ihr Kooperativen bildet, eine bankrotte Fabrik übernehmt und zum Leben erweckt, den Abfall der Konsumgesellschaft recycelt, trotz rauen Wetters auf einem Platz etwas verkauft, ein Stück Land reklamiert, um es zu bebauen und die Hungrigen zu speisen. Dann tut Ihr, was Jesus tat, weil ihr die verdorrten Hände des herrschenden sozio-ökonomischen Systems, nämlich die Arbeitslosigkeit, zu heilen versucht, wenn auch nur ein wenig, wenn auch nur vorübergehend. Kein Wunder, dass auch ihr manchmal unter Beobachtung steht und verfolgt werdet. Und es wundert mich auch nicht, dass die Arroganten keinerlei Interesse an dem haben, was ihr zu sagen habt.

Jesus hat an diesem Sabbat sein Leben aufs Spiel gesetzt. Denn nach der Heilung der Hand folgten die Pharisäer und Herodianer (vgl. Mk 3,6) ihrem Kalkül und verbündeten sich, um Jesus umzubringen, obwohl sie zwei gegnerische Parteien waren, die das Volk und auch das Imperium fürchteten. Ich weiß, dass viele von euch ihr Leben aufs Spiel setzen. Ich weiß, dass einige heute nicht hier sind, eine besonders, weil sie ihr Leben aufs Spiel gesetzt haben. An sie will ich erinnern... Aber es gibt keine größere Liebe, als sein Leben hinzugeben. Das lehrt Jesus uns.

Euer Schrei nach den „drei T" (tierra, techo y trabajo – Grund und Boden, Wohnung und Arbeit), den ich mir zu eigen mache, hat etwas von dieser demütigen Intelligenz, die zugleich stark und heilsam ist. Ein Brückenbau-Projekt der kleinen Leute gegen das Mauer-Projekt des Geldes. Ein Projekt, das ausgerichtet ist auf die ganzheitliche Entwicklung des Menschen. Einigen ist bekannt, dass unser Freund Kardinal Turkson jetzt der Präsident eines Dikasteriums ist, das diesen Namen trägt: Integrale Menschliche Entwicklung. Der Gegensatz zur Entwicklung ist wohl Verdorrung, Lähmung. Wir müssen daran mitwirken, die Welt von ihrer moralischen Verdorrung zu heilen. Dieses verdorrte System kann immer noch bestimmte kosmetische Implantate anbieten, die aber keine echte Entwicklung bedeuten: Wirtschaftswachstum, technologische Fortschritte, eine größere „Effizienz" zur Produktion von Waren, die man kauft, verwendet und wegwirft, und verwickelt uns so alle in eine schwindelerregende Dynamik zur Produktion von Abfall ... Aber das System erlaubt nicht, dass der Mensch sich ganzheitlich entwickelt, gestattet jene Entwicklung nicht, die sich nicht auf den Konsum beschränkt, die nicht dem Wohlstand einiger weniger dient, sondern alle Völker und Menschen mit ihrer vollständigen Würde einbezieht, so dass sie sich geschwisterlich an der wunderbaren Schöpfung erfreuen. Eine solche Entwicklung brauchen wir: menschlich, ganzheitlich und respektvoll im Umgang mit der Schöpfung.

Ein dritter Punkt: Konkurs und Rettungspaket

Liebe Schwestern und Brüder, zu zwei weiteren Themen, die zusammen mit den „3-T" und der ganzheitlichen Ökologie in euren Debatten während der letzten Tage eine wichtige Rolle gespielt haben und in diesem historischen Moment von zentraler Bedeutung sind, möchte ich mit Euch einige Überlegungen teilen.

Ich weiß, dass ihr einen ganzen Tag dem Drama von Migranten, Flüchtlingen und Vertriebenen gewidmet habt. Was ist angesichts dieser Tragödie zu tun? Im Dikasterium, für das Kardinal Turkson verantwortlich ist, gibt es eine Abteilung, die sich um diese Anliegen kümmert. Ich habe entschieden, dass diese Abteilung zumindest eine Zeit lang direkt dem Papst zugeordnet ist, weil es sich um eine schmachvolle Situation handelt, die ich nur mit einem Wort beschreiben kann, das mir in Lampedusa spontan in den Sinn kam: Scham.

Dort, ebenso wie in Lesbos, habe ich aus nächster Nähe das Leid so vieler Familien gespürt, die aus wirtschaftlichen Gründen oder wegen Gewalttätigkeiten aller Art aus ihrer Heimat vertrieben worden waren. Diese Menschen-Massen – das habe ich den Behörden auf der ganzen Welt gesagt – wurden durch ein ungerechtes sozio-ökonomisches System und kriegerische Konflikte verbannt, die sie nicht angestrebt hatten. Nicht jene, die heute die schmerzliche Entwurzelung aus ihrem heimischen Boden erleiden, haben das verursacht, sondern viele von denen, die sich weigern, sie zu empfangen.

Ich mache mir die Worte meines Bruders Erzbischof Hieronymus von Griechenland zu eigen: „Wer in die Augen der Kinder sieht, die wir in den Flüchtlingslagern getroffen haben, wird sofort den ganzen „Bankrott" der Menschlichkeit erkennen" (Ansprache im Flüchtlingslager Moria, Lesbos, den 16. April, 2016). Was ist los mit der Welt von heute, die beim Konkurs einer Bank sofort skandalöse Summen für die Rettung der Bank bereitstellt, aber bei diesem Konkurs der Menschlichkeit nicht einmal den tausendsten Teil zur Verfügung hat, um diese Geschwister zu retten, die so viel leiden? So ist das Mittelmeer zu einem Friedhof geworden, und nicht nur das Mittelmeer ... so viele Friedhöfe entlang der Mauern, der mit unschuldigem Blut befleckten Mauern.

Angst verhärtet das Herz und wird zu blinder Grausamkeit, die das Blut, den Schmerz, das Angesicht der anderen nicht mehr sehen will. Mein Bruder Patriarch Bartholomaios sagte: „Wer vor euch Angst hat, hat nicht in eure Augen geschaut. Wer vor Euch Angst hat, hat Eure Gesichter nicht angeschaut. Wer vor euch Angst hat, sieht eure Kinder nicht, verliert aus dem Blick, dass Würde und Freiheit Angst und Spaltung überwinden. Übersieht, dass Migration kein Problem ist, das den Nahen Osten und Nordafrika, Europa und Griechenland betrifft. Es ist ein Problem der ganzen Welt" (Rede im Flüchtlingslager Moria, Lesbos, 16. April, 2016).

Es ist in der Tat ein weltweites Problem. Niemand sollte gezwungen sein, aus seiner Heimat zu fliehen. Aber das Elend wird doppelt schlimm, wenn außer diesen schrecklichen Umständen die Migranten auch noch in die Fänge von Menschenhändlern geraten, um Grenzen überschreiten zu können, und wird dreifach, wenn sie in einem Land, von dem sie dachten, dort würden sie eine bessere Zukunft finden, verschmäht, ausgenutzt und sogar versklavt, oder auch einfach nicht eingelassen werden. Das kann man überall in Hunderten von Städten antreffen.

Ich bitte euch, tut alles, was ihr könnt, und vergesst nie, dass Jesus, Maria und Josef auch die dramatische Lage von Flüchtlingen erleben mussten. Ich bitte euch, praktiziert jene besondere Solidarität, die es zwischen jenen gibt, die das gleiche Schicksal erlitten haben. Ihr versteht es, Fabriken aus Konkursen zu reißen, aufzubereiten, was andere wegwerfen, Arbeitsplätze zu schaffen, das Land zu bebauen, Häuser zu errichten, abgeschottete Wohnviertel zu integrieren und unermüdlich Gerechtigkeit zu fordern wie die Witwe im Evangelium (vgl Lk 18,1-8). Vielleicht gehen durch euer Beispiel und eure Beharrlichkeit einigen Staaten und internationalen Organisationen die Augen auf, so dass sie geeignete Maßnahmen ergreifen, um all jene aufzunehmen und vollständig zu integrieren, die aus diesem oder jenem Grund fern von ihrer Heimat Schutz suchen, aber sich auch den Ursachen zu stellen, deretwegen Tausende von Männern, Frauen und Kindern jeden Tag aus ihrer Heimat vertrieben werden.

Beispiel geben und Ansprüche stellen sind Mittel, sich in die Politik einzumischen, und das bringt mich zu der zweiten thematischen Achse, die ihr bei Eurem Treffen diskutiert habt: die Beziehung zwischen den einfachen Menschen und der Demokratie. Eine Beziehung, die selbstverständlich flexibel sein sollte, aber Gefahr läuft, bis zur Unkenntlichkeit verschleiert zu werden. Die Kluft zwischen den kleinen Leuten und unseren derzeitigen Demokratie-Formen wird immer größer, weil Wirtschafts- und Mediengruppen sie mit ihrer enormen Macht zu dominieren scheinen. Die Sozialen Bewegungen sind, wie ich weiß, keine politischen Parteien und darin liegt – lasst es mich euch sagen – zum großen Teil ihr Reichtum, weil sie eine andere, dynamische und vitale Form gesellschaftlicher Beteiligung am öffentlichen Leben zum Ausdruck bringen. Aber habt keine Angst, euch in die wichtigen Debatten einzumischen, in die „Politik" – groß geschrieben. Wieder zitiere ich Paul VI.: „Die Politik ist eine anspruchsvolle, aber nicht die einzige Art, die schwerwiegende Christenpflicht zu erfüllen, anderen zu dienen" (Apost. Schreiben *Octogesima adveniens*, 14. Mai 1971, Nr. 46). Oder – wie ich gerne wiederhole: Die Politik ist eine der wertvollsten Formen der Nächstenliebe. Ich weiß nicht mehr, ob Paul VI. oder Pius XII. das gesagt hat.

Ich möchte darauf aufmerksam machen, dass die Beziehung zwischen Sozialen Bewegungen und Politik zwei Risiken ausgesetzt sein kann: dem Risiko, sich einwickeln zu lassen, und dem Risiko, sich korrumpieren zu lassen.

Zuerst also, sich nicht einwickeln lassen. Denn einige sagen, die Genossenschaft, die Tafel, der landwirtschaftlich ökologische

Anbau, das Mikrounternehmen, die Unterstützungsmaßnahmen ... alles das ist in Ordnung. Solange sich diese Maßnahmen im Korsett „Sozialpolitik" bewegen, solange sie die Wirtschaftspolitik bzw. die „Politik" – groß geschrieben nicht in Frage stellen, werden sie geduldet. Diese Vorstellung von Sozialpolitik als einem Politikkonzept für die Armen, aber nie zusammen mit den Armen oder der Armen selbst, und noch weit seltener integriert in ein Projekt, das Menschen zusammenführen könnte, das erscheint mir manchmal wie eine Art kosmetisch verschönerter Müllhalde, um den Abfall des Systems aufzufangen. Sobald ihr aber aus eurer Verwurzelung in die Nachbarschaft, aus eurem Alltag, aus dem Stadtviertel, von eurem Ort aus, von der Organisation eurer Gemeinschaftsarbeit aus, von persönlichen Beziehungen aus es wagt, die „Gesamtverhältnisse" in Frage zu stellen, sobald ihr pfeift und schreit, sobald ihr versucht, den Machthabern einen umfassenderen Forderungskatalog zu präsentieren, dann duldet man das nicht mehr, weil ihr das Korsett verlasst, weil ihr euch auf das Gebiet der wichtigen Entscheidungen vorwagt, die einige kleine gesellschaftliche Kasten sich selbst vorbehalten möchten. So verkümmert die Demokratie, wird zu einem inhaltsleeren Begriff, zu einer reinen Formalität, verliert ihren repräsentativen Charakter, wird blutleer, weil sie die kleinen Leute mit ihrem täglichen Kampf um ihre Würde beim Aufbau ihres Lebensweges außen vor lässt.

Ihr, die Organisationen der Ausgeschlossenen und viele weitere Organisationen aus anderen Bereichen der Gesellschaft, seid dazu berufen, die Demokratien, die eine tiefe Krise durchlaufen, wieder zu beleben und neu zu begründen. Verfallt nicht der Versuchung, euch in ein vorgegebenes Korsett einzupassen, das euch zu zweitrangigen Akteuren macht, oder schlimmer noch: zu bloßen Verwaltern des herrschenden Elends. In diesen Zeiten von Lähmung, Desorientierung und destruktiven Plänen kann die aktive Mitwirkung von kleinen Leuten, die das Gemeinwohl anstreben, mit Gottes Hilfe die falschen Propheten besiegen, die nur

Angst und Hoffnungslosigkeit ausnutzen oder magische Formeln von Hass und Grausamkeit oder von egoistischem Wohlstand und illusorischer Sicherheit verkaufen wollen.

Wir wissen: „Solange die Probleme der Armen nicht von der Wurzel her gelöst werden, indem man auf die absolute Autonomie der Märkte und der Finanzspekulation verzichtet und die strukturellen Ursachen der Ungleichverteilung der Einkünfte in Angriff nimmt, werden sich die Probleme der Welt nicht lösen und kann letztlich überhaupt kein Problem gelöst werden. Die Ungleichverteilung der Einkünfte ist die Wurzel der sozialen Übel" (Apostolische Exhortation *Evangelii Gaudium*, Nr. 202). Deshalb habe ich in Bolivien gesagt und wiederhole es hier: „Die Zukunft der Menschheit liegt nicht allein in den Händen der großen Verantwortungsträger, der bedeutenden Mächte und der Eliten. Sie liegt grundsätzlich in den Händen der Völker; in ihrer Organisationsfähigkeit und auch in ihren Händen, die in Demut und mit Überzeugung diesen Wandlungsprozess begießen" (Ansprache auf dem Zweiten Welttreffen der Volksbewegungen, Santa Cruz de la Sierra, Bolivien, 9. Juli 2015). Auch die Kirche kann und sollte, ohne ein Monopol auf die Wahrheit zu beanspruchen, öffentlich sprechen von und wirken vor allem gegen „Situationen, in denen man mit Wunden und dramatischem Leiden konfrontiert ist und die die Werte, die Ethik, die Sozialwissenschaften und den Glauben betreffen" (Ansprache beim Gipfeltreffen der Richter und Staatsanwälte gegen Menschenhandel und organisierte Kriminalität, Vatikan, 3. Juni 2016). Dieses war das erste Risiko: das Risiko, sich einwickeln zu lassen, und die Aufforderung, sich in die große Politik einzumischen.

Das zweite Risiko, von dem ich sprach, besteht darin, sich korrumpieren zu lassen. Ebenso wie die Politik nicht nur eine Angelegenheit der „Berufspolitiker" ist, ist die Korruption ausschließlich ein Laster der Politik. Es gibt Korruption in der Politik, es gibt Korruption in den Unternehmen, es gibt Korruption in den Kommunikationsmedien, es gibt Korruption in den Kirchen, und es gibt auch Korruption in sozialen Organisationen und Volksbewegungen. Es trifft zu, dass sich die Korruption in einigen Bereichen des wirtschaftlichen Lebens, vor allem in der Finanztätigkeit wie selbstverständlich eingenistet hat. Und diese hat weniger Presse als die Korruption, die auf politischem und sozialem Gebiet anzutreffen ist. Es trifft zu, dass man oft Korruptionsfälle mit schlechten Absichten manipuliert. Aber es ist auch richtig zu erklären, dass diejenigen, die ein Leben im Dienst an anderen gewählt haben, eine zusätzliche Verpflichtung haben, die über die Ehrlichkeit hinausgeht, mit der jedermann im Leben handeln sollte. Der Maßstab liegt höher: Die Berufung zum Dienst an anderen muss man mit einer starken Überzeugung von Austerität/Genügsamkeit und Demut leben. Das gilt für Politiker, aber auch für gesellschaftliche Führungskräfte und für uns, die Hirten.

(Ich habe das Wort „Austerität“ verwendet. Ich möchte klarstellen, was ich mit dem Wort meine, weil es ein missverständliches Wort sein kann: Ich meine moralische „Austerität“, Genügsamkeit im Lebensstil, Mäßigung in der Art, wie ich mein Leben, meine Familie voranbringe, moralische und menschliche „Austerität“. Denn im wissenschaftlichen Bereich, vor allem im wirtschaftswissenschaftlichen bzw. in der Wissenschaft vom Markt, hat „Austerität“ mit Anpassungsmaßnahmen zu tun. Darauf beziehe ich mich hier nicht, davon spreche ich hier nicht.).

Wer einen starken Hang zu materiellen Dingen oder zu seinem Spiegelbild hat, wer das Geld mag, üppige Bankette, prächtige Villen, raffinierte Anzüge, Luxusautos, dem würde ich empfehlen, sich damit auseinanderzusetzen, was in seinem Herzen geschieht, und zu beten, dass Gott ihn von diesen Bindungen befreie. Um den ehemaligen lateinamerikanischen Präsidenten, der hier ist, zu paraphrasieren:
Wer eine Vorliebe für all diese Dinge hat, soll sich bitte nicht in die Politik einmischen, soll sich nicht in eine soziale Organisation oder eine Soziale Bewegung begeben (Spontan ergänzt: bzw. nicht in ein Priesterseminar eintreten); denn er wird sich selbst

und den Nächsten Schaden zufügen sowie die edle Sache, um die es da geht, beschmutzen.

Gegen die Versuchung zur Korruption gibt es kein besseres Gegenmittel als die (moralische, persönliche) Genügsamkeit. Sie zu praktizieren bedeutet auch, mit gutem Beispiel vorangehen. Unterschätzt bitte nicht die Bedeutung des Beispiels. Es hat mehr Überzeugungskraft als tausend Worte, tausend Flyer, tausend „Gefällt mir“, tausend „re-tweets“, tausend Videos auf youtube. Das Beispiel eines genügsamen Lebens im Dienst an anderen ist der beste Weg, um das Gemeinwohl und das Brücken-Projekt 3-T („tierra -techo-trabajo“ – Grund und Boden, Wohnung und Arbeit) zu fördern. Ich bitte alle Führungskräfte, dass sie die Praxis dieser (persönlichen/moralischen) Genügsamkeit nie preisgeben. Und alle bitte ich, von ihren Führungskräften diese Genügsamkeit zu verlangen, die andererseits auch sehr glücklich machen kann.

Liebe Schwestern und Brüder, Korruption, Arroganz und Exhibitionismus von Führungskräften verstärken den kollektiven Glaubwürdigkeitsverlust, das Gefühl von Hilflosigkeit und steigern wiederum den Mechanismus der Angst, der dieses ungerechte System in Gang hält.

Zum Schluss möchte euch bitten, konfrontiert euch der Angst mit einem Leben im Dienst an anderen, in Solidarität und Demut zugunsten der einfachen Menschen und vor allem derjenigen, die am meisten leiden. Ihr werdet vieles falsch machen, wir alle machen Fehler, aber wenn wir auf diesem Weg bleiben, werden wir eher früher als später die Früchte zu sehen. Und ich bestehe darauf, das beste Gegenmittel gegen den Terror ist die Liebe. Liebe heilt alles.

Einige wissen, dass ich nach der Familiensynode Amoris Laetitia geschrieben habe, ein Dokument über die Liebe in jeder einzelnen Familie, aber auch über die Liebe in jener anderen Familie, die wir Nachbarschaft, Gemeinde, Volk, Menschheit nennen. Einer von euch hat mich gebeten, eine Broschüre zu verteilen, die ein Fragment des vierten Kapitels aus diesem Dokument enthält. Ich denke, ihr werdet sie am Ausgang erhalten. Geht also mit meinem Segen. Darin gibt es einige „nützliche Hinweise", das Hauptgebot Jesu zu praktizieren.

In Amoris Laetitia zitiere ich einen verstorbenen Afroamerikanischen Sprecher, Martin Luther King. Er hat sich wieder und wieder für die geschwisterliche Liebe entschieden, selbst inmitten schlimmster Verfolgungen und Demütigungen. An ihn möchte ich euch heute erinnern: „Wenn du dich auf die Ebene der Liebe, ihrer großen Schönheit und Macht, erhebst, trachtest du nur danach, bösartige Systeme zu besiegen. Die Menschen, die in diesem System gefangen sind, die liebst du, versuchst aber, das System zu besiegen [...] Hass gegen Hass steigert nur die Existenz des Hasses und des Bösen im Universum. Wenn ich dich schlage und du mich schlägst und ich dir den Schlag zurückgebe und du mir den Schlag zurückgibst und so weiter, dann ist klar, das geht ewig so weiter. Es endet einfach niemals. Irgendwo muss irgendjemand ein bisschen Verstand haben, und das ist der starke Mensch. Der starke Mensch ist derjenige, welcher die Kette des Hasses, die Kette des Bösen durchschneiden kann." Das sagte Luther King im Jahr 1957 (vgl. *Amoris laetitia* Nr. 118).

Noch einmal danke ich euch, dass ihr hier seid. Ich schätze Eure Arbeit. Ich möchte Gott unseren Vater bitten, euch zu begleiten und zu segnen, euch mit seiner Liebe zu erfüllen und euch auf dem Weg zu beschützen, indem er euch reichlich von jener Kraft gebe, die uns aufrecht gehen lässt und Mut macht, die Kette des Hasses zu brechen: Diese Kraft ist die Hoffnung. Betet bitte auch für mich. Und diejenigen, die nicht beten können, ihr wisst schon: denkt gut über mich und schickt mir einen guten Gedanken. Danke.

Übersetzung aus dem Spanischen: Norbert Arntz.

Quelle: http://w2.vatican.va/content/francesco/de/speeches/2016/november/documents/papa-francesco_20161105_movimenti-popolari.html.

VII.) Interview mit João Stédile, Sprecher der Landlosenbewegung MST, Brasilien

1.) *Welche strategische Bedeutung haben diese Treffen für Ihre Bewegung?*

Diese Treffen sind wichtig, weil sie uns die Möglichkeit bieten, uns mit anderen Sozialen (popularen) Bewegungen aller Kontinente, die ihre soziale Basis im Kampf für Arbeit, Land, Territorium und Wohnung haben, zu treffen. Und wir können mit dem Papst und den sozialen Sektoren des Vatikans diskutieren über die großen Herausforderungen und Dilemmata, die die ganze Menschheit betreffen und die so viele Probleme über die große Mehrheit unserer Völker bringen, weshalb wir versuchen uns zu organisieren, um diese konkreten Probleme anzugehen.

2.) *Wie sehen Sie die Verbindungen von diesen Welttreffen (EMMP) und anderen, wie beispielsweise dem Weltsozialforum?*

Es gibt keine Verbindung. Das, was wir erleben, geschieht einzig und allein aus der Initiative von Papst Franziskus und seinem Team.

3.) *Wie bewerten Sie die Rolle von Papst Franziskus auf den EMMP?*

Papst Franziskus ist der Anstifter, es ist seine Idee. Und auf seine Initiative hin wurden verschiedene Soziale (populare) Bewegungen aus der ganzen Welt eingeladen, ohne nach der Religion, Ethnie, Sexualität usw. zu fragen, sondern es geht ausschließlich darum, dass authentische Vertreter kommen, die wirkliche Arbeit an der Basis unter/mit den Leuten machen. Es geht darum, in den Dialog treten zu können, Ideen auszutauschen über die Schwierigkeiten, die die Mehrheit der Menschen betreffen, ihre Ursachen und die notwendigen Lösungen. Und Franziskus nutzt seine moralische Autorität, um einen Raum zu öffnen, der die

Strukturen im Vatikan öffnet, und dass die Vertreter der popularen Bewegungen sich wertgeschätzt wissen und teilnehmen.

4.) *Welche Bedeutung hat die katholische Kirche für die EMMP aus ihrer Perspektive?*

Bueno – gut, das ist ein komplexes Thema. In den letzten zwei Jahrzehnten mit den Päpsten Johannes Paul II. und Ratzinger gab es eine konservative Hegemonie im Tun der kirchlichen Strukturen. Die Päpste ernannten konservative Bischöfe auf der ganzen Welt, die gegen die Befreiungstheologie kämpften. Und das verursachte eine Distanzierung der Armen gegenüber der katholischen Kirche und sie migrierten zu den pentecostalen Strömungen. Und es verursachte auch eine Distanzierung der popularen Bewegungen von der Kirche. So wurde viel Schaden angerichtet, der viele pastorale Arbeit „desautorisierte" und viele pastorale Mitarbeiter der katholischen Kirche entmutigte, die unter den Arbeitern und den Armen im Allgemeinen tätig waren. Jetzt haben sich mit Papst Franziskus der Wind und die pastoralen Orientierungen gedreht und man sieht eine neue Hoffnung, dass die Strukturen der Kirche sich erneut ändern mit der Orientierung in Richtung der Arbeiter und der Armen. Aber das wird viel Zeit brauchen. Die Welttreffen der popularen Bewegungen sind, wie der Name sagt, ein Dialog mit Franziskus und es ist ein Raum der gegenseitigen Unterstützung von Papst Franziskus und den Vertretern der Bewegungen. Es hängt nichts von den kirchlichen Strukturen ab und der soziale Sektor, der von Kardinal Peter Turkson geleitet wird, gibt Rückendeckung, um den Plan von Franziskus möglich zu machen.

5.) *Kann die katholische Kirche etwas an einer sprachfähigen und permanenten Organisierung der Sozialen Bewegungen in der Welt beitragen?*

Das glaube ich nicht. Das sind unterschiedliche Räume. Als populare Bewegungen müssen wir unsere Autonomie haben.

6.) *Was erwarten/erhoffen Sie von der katholischen Kirche bezüglich der sozialen Kämpfe, die es in der Welt, angeregt durch die Bewegungen von unten, gibt?*

Ich hoffe, dass die Kirche die Lehren der Befreiungstheologie wieder aufgreift, die genau die Verbindung der pastoralen Arbeit, der Bewusstseinsbildung der Leute bezüglich der Existenz der Probleme, ihrer wahren Ursachen darstellt und die das Volk ermutigt sich zu organisieren und zu kämpfen, um Auswege zu finden und ihre Probleme zu lösen. Als ich jung war, dort im Innern meiner Provinz, war ich von der Arbeit der Befreiungstheologie beeinflusst, die mir viel half zu verstehen, wie die Welt und die Gesellschaft funktioniert, unsere Meister der Kirche haben uns gelehrt und ich werde nie vergessen: „Gott hilft nur denen, die sich organisieren!“, oder, wenn wir wollen, es gibt keine individuelle „Erlösung“ oder Lösung. Wir leben in einer Gesellschaft, die Probleme sind kollektiv und die Lösungen auch.

7.) *Was wäre die angemessene Fortführung dieser Welttreffen?*

Die EMMP als Dialog mit dem Papst haben schon eine Fortführung, wir haben uns schon mehrmals seit 2013 bis heute getroffen und auf jedem Treffen haben wir immer formaler knapp die Themen definiert, die vertieft werden sollen; wo wir unsere Meinungen demonstrieren als populare Bewegungen und Franziskus demonstrierte seine Meinungen, als Denker, als Pastor einer Gruppierung der universalen Gesellschaft. Und zu unserer Überraschung hatte Franziskus grundsätzlich zu jedem Thema, das wir in diesen vier Jahren angesprochen und diskutiert haben, immer eine Position, eine ideologische Gegenwehr, fortgeschrittener und auch progressiver als viele von uns, die wir in den popularen Bewegungen sind.

Fragen schriftlich gestellt von Benedikt Kern am 10.03.2017. Übersetzung aus dem Spanischen: Philipp Geitzhaus und Pilar Puertas.

Edition ITP Kompass

Bücher zur Befreiungstheologie aus dem Institut für Theologie und Politik

Michael Ramminger und Franz Segbers (Hg.)

„Alle Verhältnisse umzuwerfen ... und die Mächtigen vom Thron zu stürzen."

Das gemeinsame Erbe von Christen und Marx

Mit diesem Buch soll daran erinnert werden, dass Karl Marx' Einsichten wichtige Voraussetzung von praktischer Kritik waren und sind – gerade auch für ChristInnen. Die AutorInnen verweisen anlässlich des 200. Geburtstages von Marx aus theologischer Perspektive auf ein gemeinsames Erbe.

VSA und Edition-ITP-Kompass, Hamburg-Münster 2018, 248 Seiten

Norbert Arntz/Philipp Geitzhaus/Julia Lis (Hg.)

Erinnern und Erneuern – Provokation aus den Katakomben

Das Buch knüpft an den Katakombenpakt von 1965 an und schreibt ihn weiter. 40 Bischöfe verpflichteten sich vor über 50 Jahren auf das Programm einer armen und politisch engagierten Kirche. Angesichts von Globalisierung, Flucht und Armut birgt dieser Pakt heute eine ungeahnte Relevanz für die Kirche des 21. Jahrhunderts.

Edition-ITP-Kompass Bd. 22, Münster 2018, 292 Seiten

Franz J. Hinkelammert/Urs Eigenmann/
Kuno Füssel/Michael Ramminger

Die Kritik der Religion

Der Kampf für das Diesseits der Wahrheit

„Die Kritik der Religion. Der Kampf für das Diesseits der Wahrheit“ zeigt das doppelte Anliegen der hier versammelten Beiträge an: Kritik an der Religion und die Kritik der Religion, hier des Christentums, am neoliberalen Kapitalismus im Dienste der Befreiung des Menschen.

Edition-ITP-Kompass Bd. 21, Münster 2017, 168 Seiten

Philipp Geitzhaus/Julia Lis/
Michael Ramminger (Hg.)

Auf den Spuren einer Kirche der Armen

Zukunft und Orte befreienden Christentums

Wo sind die Orte heutiger Befreiungstheologie, welche Gegenwartsfragen muss sie sich stellen und was ist ihre Zukunft? Internationale BefreiungstheologInnen diskutieren kritisch darüber, wie eine Kirche der Armen heute aussehen kann angesichts von Globalisierung und Kapitalismus.

Edition-ITP-Kompass Bd. 20, Münster 2017, 250 Seiten

Weitere Veröffentlichungen auf unserer Homepage: www.itpol.de.
Bestellungen an: buecher@itpol.de oder an: Institut für Theologie und Politik (ITP), Friedrich-Ebert-Str. 7, 48153 Münster.

Institut für Theologie und Politik

Das Institut für Theologie und Politik (ITP) ist unabhängig, aber parteilich. Befreiungstheologie ist unser Ansatzpunkt, um Gesellschaft zu begreifen, Herrschaftsverhältnisse in Frage zu stellen und solidarische Alternativen zu entwickeln. Seit 1993 ist der Träger des ITP ein als gemeinnützig und wissenschaftlich anerkannter Förderverein. Das ITP ist ein Multiplikator befreiungstheologischer Theorie und Praxis unter aktuellen globalen gesellschaftlichen Bedingungen und Schnittstelle zwischen Kirche und Sozialen Bewegungen. Das ITP wird von einem gemeinnützigen Förderverein getragen und finanziert sich v.a. durch Spenden.

Es geht darum, neue Machtverhältnisse zu schaffen und zwar von unten her. Ein Wandel der Verhältnisse geschieht aber nicht von allein, sondern braucht Reflexion, Organisation, Beratung und Begleitung. Wir wollen uns gemeinsam mit allen auf den Weg zu einer anderen Kirche und Gesellschaft machen, die dem Reich Gottes näher kommt, als das, was heute als alternativlos gilt.

Über den Autor:

Benedikt Kern (*1988), Mag. Theol., studierte katholische Theologie an der Westfälischen Wilhelms-Universität in Münster und der Université Catholique in Lyon (Frankreich). Seit 2014 ist er Mitarbeiter im Institut für Theologie und Politik (ITP) in Münster. Seine Arbeitsschwerpunkte sind sowohl die Theologie von Papst Franziskus, Befreiungstheologie und Soziale Bewegungen, als auch Flucht, Migration und Kirchenasyl. Er berät für das Ökumenische Netzwerk Asyl in der Kirche in NRW e.V. Kirchengemeinden in Nordrhein-Westfalen in Fragen des Kirchenasyls. Er ist zudem aktiv in Sozialen Bewegungen.